作者介绍

刘世杰

中国民主建国会会员、欧美同学会会员、北京西城区政协委员，大成律师所高级合伙人律师、证券内核委员，中国政法大学法硕兼职导师，具有证券从业、独立董事、军工保密等资格，承办多家企业的上市与新三板挂牌及再融资等项目，担任多家公司独立董事。

秦荣庆

民生证券保荐代表人，具有注册会计师、注册税务师、律师、国际注册内部审计师资格，承办多家企业的上市与新三板挂牌及再融资等项目。

宋守东

中兴财光华会计师事务所合伙人，具有注册会计师资格，承办多家企业的上市与新三板挂牌及再融资等项目。

核心编委介绍

吉宗杰

具有执业律师、证券从业、独立董事、英国国际会计师资格,致力于证券市场、债券、信托、融资、投资银行金融资产与工具、企业并购等业务领域的理论研究和实践操作,担任多家公司独立董事。

王佳琳

北京桦天律师事务所律师,在金融与资本市场、全面风险与合规管理、人力资源与劳动关系管理等方面均有深入研究和丰富经验,参与多家企业的上市和新三板挂牌及再融资等项目。

周 华

大成律师事务所合伙人律师、资本市场/金融专委会委员,具有独立董事资格,致力于宏观经济及产业政策、金融和资本市场、公司治理等业务领域的理论研究和实践操作,承办多家企业的上市与新三板挂牌及再融资等项目。

专精特新企业北交所上市指南

刘世杰
秦荣庆　/ 主编
宋守东

企业管理出版社
ENTERPRISE MANAGEMENT PUBLISHING HOUSE

图书在版编目（CIP）数据

专精特新企业北交所上市指南 / 刘世杰，秦荣庆，宋守东主编．-- 北京：企业管理出版社，2022.8
ISBN 978-7-5164-2674-6

Ⅰ．①专… Ⅱ．①刘…②秦…③宋… Ⅲ．①中小企业—上市公司—中国—指南 Ⅳ．① F279.246-62

中国版本图书馆 CIP 数据核字（2022）第 134059 号

书　　名：	专精特新企业北交所上市指南
书　　号：	ISBN 978-7-5164-2674-6
作　　者：	刘世杰　秦荣庆　宋守东
策　　划：	朱新月
责任编辑：	尤颖　刘畅
出版发行：	企业管理出版社
经　　销：	新华书店
地　　址：	北京市海淀区紫竹院南路 17 号　邮　编：100048
网　　址：	www.emph.cn　电子信箱：zbz159@vip.sina.com
电　　话：	编辑部（010）68487630　发行部（010）68701816
印　　刷：	河北宝昌佳彩印刷有限公司
版　　次：	2022 年 8 月第 1 版
印　　次：	2022 年 8 月第 1 次印刷
开　　本：	710mm×1000mm　1/16
印　　张：	21.25 印张
字　　数：	260 千字
定　　价：	68.00 元

版权所有　翻印必究　·　印装有误　负责调换

编委会

主　　编： 刘世杰

副 主 编：（按姓氏笔画排序）

王佳琳　吉宗杰　宋守东　秦荣庆

执行主编： 周　华

编委会委员：（按姓氏笔画排序）

马国辉　史婵娟　刘　桐　刘晓倩

李建成　李文君　李传珺　张念春

张　荣　邹伙发　周玉婷　项武君

游正瀚　焦一凡　蒋青化

Preface | 序言

当今世界正在经历百年未有之大变局，可能颠覆我们每个人的想象。新冠肺炎疫情不断，加之其他的一些不确定性因素，导致世界多极化、经济全球化处于风雨飘摇之中。这一切，或许正如英国知名作家查尔斯·狄更斯在《双城记》中所说："这是一个最好的时代，这是一个最坏的时代。"实际上，危和机、福与祸都是互相转化的，皆借由因缘的不同而不同。

回溯2008年，金融危机使世界经济遭受重创，美、日、欧等很多国家和地区均未能幸免，德国却损失较小。研究发现，德国有坚实的实业基础，而实业基础的"尖子生"就是那些中小企业中的"隐形冠军"，且每一个世界级"航母"企业的背后，都活跃着一批与之协作配套、长期合作的专精特新中小企业；同时，德国模式也是"共同富裕"很好的范例。于是，学习"德国模式"，重视实体经济，调控金融机构，大力发展制造业的范本被加速提上日程。随之，工业和信息化部于2011年7月在发布的《中国产业发展和产业政策报告（2011）》中最早提出"专精特新"一词。

虽然新冠肺炎疫情对世界造成了巨大而深远的影响，但是，中国前进的脚步不曾停歇。国家主席习近平在2021年中国国际服务贸易交易会全球服务贸易峰会上发表视频致辞时强调，继续支持中小企业创新发展,深化新三板改革,设立北京证券交易所(以下简称北交所),打造服务创新型中小企业主阵地。

可见,设立北交所的核心之一是为专精特新中小企业服务,北交所和专精特新中小企业息息相关,二者实现了历史的交会。实际上,实体和资本是中国经济发展与腾飞的两根支柱。实体是根本,资本是保障。作为现代金融体系的重要组成部分,资本市场既是一国经济发展的"晴雨表",又是经济转型升级的"助推器",其主要功能体现在资源配置、资产定价、风险管理、财富配置等方面,需要充分发挥其作用,用好资本市场的"活水"浇灌实体经济,而实体经济,尤其是上市的专精特新中小企业也要为资本市场的良性发展提供有力支撑。

在北交所推出之际,本书作者就有结合以往工作经验撰写该书的计划和安排,并开始着手拟订大纲框架和目录;同时,编委会集中了在一线从事资本市场业务的投行、会计师、律师以及财经媒体人、独立董事共同参与写作。虽然因为种种原因导致进展迟缓,却也使本书能够更加周严和完善。另外,本书也得益于中国中小商业企业协会及其企业权益保护办公室的大力支持,尤其是其举办的"坚定走好专精特新之路——第16届中国中小企业家年会暨2021第5届中国中小企业权益保障论坛"均邀请了本书的多位作者参与了包括"北交所的设立对中小企业的影响"等多个环节的研讨,使编委会对专精特新企业和北交所有了更真切、更深入的了解。

本书共分为回顾篇、战略篇、实务篇三个组成部分,书中在对专精特新企业和北交所的阐述方面可谓体系完整、内容翔实、结构紧凑、逻辑严密,且历史沿革、理论与实务并重,有助于企业家、相关人士更好地了解专精特新企业和北交所的规则、实操及有效的上市路径。但是,百密难免一疏，千虑终有一失，书中若有疏漏或不足之处，敬请读者批评指正。

本书仅是一株刚刚破土的"幼苗"，但是因为根植于专精特新企业和北交所这片"热土"的缘故，就像古希腊神话中靠在大地上的大力神安泰，能够从大地汲取源源不断的力量。我们关心着、见证着、参与着、感受着专精特新企业和北交所，实愿本书即便是尘露之微也能够增润嵩岱，尤其希望读者能够因本书、因专精特新企业和北交所而受益。

市场有风险，参与须谨慎。书中的理论分析、实操做法、专业判断仅是作者根据专业知识、实务经验就特定事项或案例做出的个案处理，谨供参考；书中内容、信息、观点或结论等也均不构成对任何机构或个人的投资建议，读者不应将书中内容、信息、观点或结论等作为做出投资决策的参考因素，更不应将其用来取代自己的判断。

是为序。

主编　刘世杰

CONTENTS 目录

第一篇 回顾篇
001

第一章 专精特新企业与北交所 // 003

第一节 专精特新企业与北交所的因缘际会 // 003
第二节 专精特新企业已驶入时代的快车道 // 013
第三节 如何申报成为专精特新"小巨人"企业 // 025
第四节 北交所欢迎的上市标的企业与行业 // 043

第二章 北交所与资本市场 // 044

第一节 北交所的历史使命 // 044
第二节 北交所与资本市场 // 061

第二篇 战略篇
065

第三章 北交所上市条件的深度解读 // 067

第一节 北交所上市条件的规则体系 // 067
第二节 北交所上市条件的具体规则 // 069

第四章　北交所发行上市标准流程 //079

第一节　发行上市的标准流程 //079
第二节　北交所与科创板、创业板审核时限对比 //088
第三节　特殊情形项处理 //090
第四节　北交所申报材料 //098

第五章　北交所上市的三"最"选择 //101

第一节　选择最佳上市时机 //101
第二节　选聘最优中介机构 //105
第三节　选定得力私募机构 //112

第三篇　实务篇

117

第六章　新三板挂牌条件和北交所上市条件 //119

第一节　新三板基础层挂牌条件 //119
第二节　新三板创新层条件 //134
第三节　北交所发行上市条件 //141

第七章　挂牌新三板实现北交所上市 //143

第一节　公司改制与辅导 //143
第二节　挂牌申请与核准 //161
第三节　挂牌同时进入创新层 //171

第八章　新三板创新层 // 172

第一节　创新层的进层条件 // 172
第二节　创新层降层调整情形 // 176
第三节　层级调整时间限制 // 181

第九章　北交所上市审核关注的事项及案例 // 182

第一节　北交所上市审核重点关注的行业和法律问题 // 182
第二节　北交所上市审核重点关注的财务问题 // 221
第三节　北交所上市审核重点关注的其他问题 // 293

参考文献 // 324

第一篇

回 | 顾 | 篇

第一章
专精特新企业与北交所

2021年9月2日,国家主席习近平在2021年中国国际服务贸易交易会全球服务贸易峰会上发表视频致辞时强调,继续支持中小企业创新发展,深化新三板改革,设立北京证券交易所,打造服务创新型中小企业主阵地。可见,设立北交所的核心之一是为专精特新中小企业服务,北交所和专精特新中小企业息息相关,二者实现了历史的交会。

第一节
专精特新企业与北交所的因缘际会

一、专精特新企业的渊源与北交所的交会

2019年9月,习近平总书记在河南考察,在郑州煤矿机械集团股份有限公司总装车间,总书记强调指出,制造业是实体经济的基础,实体经济是我国发展的本钱。而中国实体经济的80%是工业,工业的87%则是制造业。同时,中小企业是我国经济的主要组成部分,中小企业贡献了我国

50%以上的税收、60%以上的GDP、70%以上的技术创新、80%以上的城镇劳动就业以及90%以上的企业数量。专精特新中小企业专业性强、创新动力足、机制灵活，更是科技创新的主阵地和产业链、供应链的重要参与者。

2008年的金融危机，世界经济遭受重创，美、日、欧等很多国家和地区均未能幸免，德国却损失较小。研究发现，德国有坚实的实业基础，这实业基础的"尖子生"就是那些被称为"隐形冠军"的中小企业，而且每一个世界级"航母"企业的背后，都活跃着一批与之协作配套、长期合作的专精特新中小企业；同时，德国模式也是"共同富裕"很好的范例。于是，学习"德国模式"，重视实体经济，控制金融财团，重视制造业的范本被加速提上日程。

实际上，英国经济学家E.F.舒马赫于1973年就写过《小的是美好的》一书，倡导企业小规模、专业化。被尊为"隐形冠军之父"的德国著名管理学家赫尔曼·西蒙教授则在1996年出版了《隐形冠军——未来全球化的先锋》一书，提出了"隐形冠军"的理念及评判标准，即该企业在其所在的领域排前三或所在大洲排第一，年营收不超过50亿美元，公众知名度不高的中小型企业。"隐形冠军"的特质是"专注、专业、创新、长期主义"。美国学者保·伯林翰则在2006年出版了《小巨人》一书，提出"不做大也能成功的经营新境界"。

"专精特新"一词作为中国官方的表达，最早源于工业和信息化部在2011年7月发布的《中国产业发展和产业政策报告（2011）》，由时任工业和信息化部总工程师的朱宏任在新闻发布会上代表工业和信息化部提出。报告提出，"十二五"规划时期，我国将推动兼并重组与促进中小企业健康发展并举。促进中小企业健康发展的下一步政策重点是要完善中小企业发展的外部环境，加快推动中小企业服务体系建设，建立中小企业减负长效机制,大力推动中小企业向专精特新方向发展,即专业、精细管理、特色和创新。现在,专精特新通常被认为是企业具有专业化、精细化、特色化、新颖化的发展特征,"专"即专业化与专项技术;"精"即产品的精致性、工艺技术的精深性和企业管理的精细化;"特"即产品或服务的独特性与特色化,"新"即自主创新、模式创新与新颖化。

2011年9月22日,工业和信息化部发布《"十二五"中小企业成长规划》,进一步提出,"坚持专精特新。将专精特新发展方向作为中小企业转型升级、转变发展方式的重要途径,引导中小企业优化生产要素配置,促进中小企业集聚发展,形成一批'小而优''小而强'的企业,推动中小企业和大企业协调发展。"

2013年7月16日,工业和信息化部发布《关于促进中小企业专精特新发展的指导意见》,该指导意见具有更加突出了营造公平竞争的发展环境、更加突出建立促进中小企业发展的长效机制、更加突出金融和财税支持的重要性、更加突出提升中小企业创新和专业化能力水平、更加突出强化组织领导和统筹协调等五方面鲜明特点。

2018年11月26日,工业和信息化部发布《关于开展专精特新"小巨人"企业培育工作的通知》,基于专精特新"小巨人"企业是专精特新中小企业中的佼佼者,是专注于细分市场、创新能力强、市场占有率高、掌握关键核心技术、质量效益优的排头兵企业,目标在于培育专精特新"小巨人",促进其在创新能力、国际市场开拓、经营管理水平、智能转型等方面得到提升发展。此后,工业和信息化部在2019—2021年公布了三批专精特新"小巨人"名单。

2019年8月,中央财经委第五次会议强调,"要发挥企业家精神和工匠精神,培育一批专精特新中小企业"。

2019年11月19日，中共中央与国务院发布《关于推进贸易高质量发展的指导意见》，"鼓励行业龙头企业提高国际化经营水平，逐步融入全球供应链、产业链、价值链，形成在全球范围内配置要素资源、布局市场网络的能力。支持推动中小企业转型升级，聚焦主业，走专精特新国际化道路。"中小企业走专精特新国际化道路有利于中小企业提高抵御风险的能力，减少贸易摩擦、新冠肺炎疫情等突发情况对企业造成的影响；有利于中小企业扩大市场份额，提高企业效益；有利于中小企业走差异化成长道路，构建企业核心竞争力，赢得长期市场竞争优势。

2020年7月，工业和信息化部等17个部委联合发文，提出健全专精特新中小企业、专精特新"小巨人"企业和制造业单项冠军梯度培育体系、标准体系和评价机制，引导中小企业走专精特新之路。

2021年1月23日，财政部和工业和信息化部发布《关于支持专精特新中小企业高质量发展的通知》，旨在以习近平新时代中国特色社会主义思想为指导，着眼于推进中小企业高质量发展和助推构建双循环新发展格局，中央财政在2021—2025年累计安排100亿元以上奖补资金，引导地方完善扶持政策和公共服务体系，分三批（每批不超过三年）重点支持1000余家国家级专精特新"小巨人"企业高质量发展，促进这些企业发挥示范作用，并通过支持部分国家（或省级）中小企业公共服务示范平台强化服务水平，聚集资金、人才和技术等资源，带动1万家左右中小企业成长为国家级专精特新"小巨人"企业。

2021年3月12日，国家在公开的《中华人民共和国国民经济和社会发展第十四个五年规划和2035年远景目标纲要》（以下简称国家"十四五"规划）中明确，实施领航企业培育工程，培育一批具有生态主导力和核心竞争力的龙头企业。推动中小企业提升专业化优势，培育专精特新"小巨人"

企业和制造业单项冠军企业。

2021年6月1日,工业和信息化部等六部门发布《关于加快培育发展制造业优质企业的指导意见》,提出构建优质企业梯度培育格局;分类制定完善遴选标准,选树"小巨人"企业、单项冠军企业、领航企业标杆;健全梯度培育工作机制,引导专精特新中小企业成长为国内市场领先的"小巨人"企业,聚焦重点行业和领域引导"小巨人"等各类企业成长为国际市场领先的单项冠军企业,引导大企业集团发展成为具有生态主导力、国际竞争力的领航企业。力争到2025年,梯度培育格局基本成型,发展形成万家"小巨人"企业、千家单项冠军企业和一大批领航企业。

实际上,国家主席习近平历来高度重视中小企业,对中小企业发展作出了一系列重要指示批示,还指出"我国中小企业有灵气、有活力,善于迎难而上、自强不息",强调"中小企业能办大事"。刘鹤副总理于2021年7月27日在全国"专精特新"中小企业高峰论坛上则指出,"专精特新"的灵魂是创新。我国经济发展到当前这个阶段,科技创新既是发展问题更是生存问题。我们强调专精特新,就是要鼓励创新,做到专业化、精细化、特色化。各位企业家要以"专精特新"为方向,聚焦主业、苦练内功、强化创新,把企业打造成掌握独门绝技的"单打冠军"或者"配套专家"。

2021年7月30日,中共中央政治局会议提出,"要强化科技创新和产业链供应链韧性,加强基础研究,推动应用研究,开展补链强链专项行动,加快解决'卡脖子'难题,发展专精特新中小企业"。这是我国首次在中央层面提出发展专精特新中小企业,并将之与"补链强链"及解决"卡脖子"难题联系到一起。我国高科技产业链之所以存在关键核心环节缺失、"卡脖子"技术较多等难题,一个重要原因就是缺乏一批专注于细分市场、聚焦主业的专精特新"小巨人"企业、"单项冠军"或"配套专家"。

2021年9月2日，在国家主席习近平宣布支持中小企业创新发展，深化新三板改革，设立北交所，打造服务创新型中小企业主阵地的同日，中国证券监督管理委员会（**以下简称证监会**）发布题为《坚持错位发展、突出特色建设北京证券交易所，更好服务创新型中小企业高质量发展》的新闻，证监会将进一步深化新三板改革，以现有的新三板精选层为基础组建北交所，总体平移精选层上市、交易、转板、退市等基础制度，进一步提升服务中小企业的能力，打造服务创新型中小企业主阵地。

至此，专精特新中小企业与北交所正式因缘际会，这注定是一个里程碑式的历史性节点。

二、专精特新企业的发展与北交所的助力

2021年11月6日，国务院促进中小企业发展工作领导小组办公室发布《关于印发提升中小企业竞争力若干措施的通知》，强调提升中小企业竞争力是构建新发展格局、推动高质量发展的重要基础，并特别提出要深化新三板改革，发挥北京证券交易所服务中小企业作用，打造服务创新型中小企业主阵地。推动上海、深圳、北京证券交易所和新三板提供全流程、全周期咨询服务，助力中小企业上市挂牌融资。完善创业投资发展和监管政策，畅通私募股权和创业投资基金"募投管退"各环节，促进中小企业创新创业创造。发挥国家中小企业发展基金、国家新兴产业创业投资引导基金、国家科技成果转化引导基金等作用，带动社会资本扩大直接融资规模。鼓励中小企业通过并购重组对接资本市场。

2021年11月15日，北交所正式开市。当日，81家首批上市企业中有50%以上是专精特新中小企业，其中有16家专精特新"小巨人"企业。另外，国家级的专精特新"小巨人"企业已有超过296家在A股上市，其中

有128家在上海证券交易所（以下简称上交所）上市，另168家在深圳证券交易所（以下简称深交所）上市。

2021年11月30日，国务院促进中小企业发展工作领导小组办公室发布《为专精特新中小企业办实事清单的通知》，从加大财税支持力度、完善信贷支持政策、畅通市场化融资渠道、推动产业链协同创新、提升企业创新能力、推动数字化转型、加强人才智力支持、助力企业开拓市场、提供精准对接服务、开展万人助万企活动等10个方面提出31项具体举措，特别要求"证券交易所、新三板为有上市或挂牌意向的专精特新中小企业提供全流程、全周期咨询服务，优化中小上市公司再融资机制，研究扩大分类审核适用范围。在区域性股权市场推广设立专精特新专板""对拟上市专精特新中小企业开展分类指导、精准培育、投融资对接，提高企业在资本市场融资的能力。国家中小企业发展基金加快推进子基金遴选，引导社会资本加大对专精特新中小企业的股权投资规模"等。

2022年3月5日，国务院总理李克强在第十三届全国人民代表大会第五次会议上所作的《政府工作报告》中指出，"着力培育专精特新企业，在资金、人才、孵化平台搭建等方面给予大力支持。推进质量强国建设，推动产业向中高端迈进。"

2022年6月1日，工业和信息化部发布《优质中小企业梯度培育管理暂行办法》，并将自2022年8月1日起实施。该办法旨在进一步加强优质中小企业梯度培育工作，推动中小企业高质量发展，明确优质中小企业是指在产品、技术、管理、模式等方面创新能力强、专注细分市场、成长性好的中小企业，且其由创新型中小企业、专精特新中小企业和专精特新"小巨人"企业三个层次组成；同时，该办法界定了创新型中小企业、专精特新中小企业、专精特新"小巨人"企业的评价或认定标准，并以附件形式发布。

截至目前,工业和信息化部共公布三批专精特新"小巨人"企业,其中,2019年5月第一批248家,2020年11月第二批1744家,2021年7月第三批2930家,合计4922家。目前,仍持有"小巨人"称号的企业数量为4762家。就此,在我国已有的大约4000万家中小企业中,已经形成了11.3万家专精特新培育企业、4万多家省级专精特新中小企业、4762家国家级专精特新"小巨人"企业、596家单项冠军企业的良好局面。

可见,我国对中小企业的培育已经形成中小企业—专精特新培育企业—省市级专精特新中小企业及/或专精特新"小巨人"企业—国家级专精特新"小巨人"企业—制造业单项冠军的培育梯次,专精特新、专精特新"小巨人"在这个体系中起着承上启下的关键作用,是推动中小企业由小到大、由大到强、由强变优的关键交汇点。

"十四五"规划期间,工业和信息化部将培育孵化带动百万家创新型中小企业,培育10万家省级专精特新企业,1万家专精特新"小巨人"企业,1000家单项冠军企业。鼓励更多的中小企业走向专精特新,就是让我国的制造业从"三低一弱"(低附加值、低技术含量、低质量和弱品牌),逐步走向"三高一强"(高附加值、高技术含量、高质量和强品牌),从而"增强制造业核心竞争力"。

第三批专精特新"小巨人"企业从地域分布来看,在东、中、西部分别有1773家、746家、411家,占比分别为61%、25%、14%,与全国制造业企业区域分布规律基本保持一致。数量最多的省份前三名依次是浙江、广东和山东,三省合计约占全国总量的1/4;从城市维度上看,国家级专精特新"小巨人"数量排名前十的城市分别是北京、上海、宁波、深圳、天津、重庆、成都、青岛、厦门、东莞;而从整体数据看,山东、广东、浙江的专精特新中小企业总量也居于前列。按照企业注册地统计,除四个直辖市外，宁波、深圳、成都3个城市上榜企业数量位列前三，均超过100家，其中宁波为非直辖市第一名；青岛排名第四，共有97家企业上榜；紧随其后的厦门、东莞、西安、长沙上榜企业数量都超过70家；广州、郑州上榜企业数量也进入前十。

从细分行业分布看，专精特新"小巨人"企业呈现出"6789"的特点：超六成属于工业"四基"领域，超七成深耕行业10年以上，超八成居所在省份细分市场首位，超九成集中在制造业领域，具有小配件蕴含高技术、小企业支撑大配套、小产业干成大事业等特点，在产业基础高级化、产业链现代化方面发挥重要作用。

工业和信息化部中小企业局有关负责人认为，"小巨人"企业是具有三类"专家"特征的企业：一是深刻理解用户需求的"行业专家"，以高质量满足用户需求为目标，在细分领域深耕细作，有1/5的"小巨人"企业国内市场占有率超过50%；二是掌握关键核心技术的"配套专家"，上天、入海、探月、高铁等大国工程中，都能找到"小巨人"企业的产品，大多数企业都在为龙头骨干企业配套；三是应用新技术、新工艺、新材料、新模式，不断迭代产品和服务的"创新专家"。

北交所的设立有利于打造服务创新型中小企业主阵地，对资本市场更好服务构建新发展格局、推动高质量发展作出新的重大战略部署，为进一步深化新三板改革、完善资本市场对中小企业的金融支持体系指明了方向、提供了遵循。同时，也有利于打造符合中国国情、有效服务专精特新中小企业的资本市场专业化发展平台，努力建设一个规范、透明、开放、有活力、有韧性的资本市场，更好服务实体经济高质量发展，尤其是需要培育好基础层、创新层，促使更多的专精特新中小企业能够脱颖而出。

关键是，北交所的申请企业必须来源于新三板创新层，这就好像向沪深交易所申请的企业可以通过自学与高人指点的方式成才，然后鲤鱼跳龙门直接读博士（上市）；而想申请北交所的企业，必须先读新三板这所学校的本科（*新三板基础层*）及/或硕士（*新三板创新层*），然后才能读博士（*北交所上市*），整套制度衔接具有明显的中小企业孵化特点。

总之，设立北交所，是实施国家创新驱动发展战略、持续培育发展新动能的重要举措，也是深化金融供给侧结构性改革、完善多元化资本市场体系的重要内容，对于更好发挥资本市场功能作用、促进科技与资本融合、支持专精特新中小企业创新发展具有重要意义。

第二节
专精特新企业已驶入时代的快车道

一、专精特新中小企业千帆竞发，百舸争流

前已述及，自2011年至今，专精特新、专精特新"小巨人"逐渐升温，成了新的国家发展战略的一部分。"专精特新"这一热词，先后于2021年3月12日被写入国家"十四五"规划，于2021年7月30日被提上中共中央政治局会议，于2021年9月2日被新设的北交所作为上市标的的主要来源。国务院促进中小企业发展工作领导小组办公室于2021年11月30日要求"证券交易所、新三板为有上市或挂牌意向的专精特新中小企业提供全流程、全周期咨询服务，优化中小上市公司再融资机制，研究扩大分类审核适用范围"。

同时，近年来，受原材料价格上涨、订单不足、用工难用工贵、应收账款回款慢、新冠肺炎疫情、部分地区停电限电等影响，专精特新中小企业成本压力加大、经营困难加剧。国务院办公厅于2021年11月10日发布《关于进一步加大对中小企业纾困帮扶力度的通知》，与《关于印发提升中小企业竞争力若干措施的通知》和《为专精特新中小企业办实事清单的通知》在助企纾困与激发活力两方面并举，既利当前、又惠长远，形成了支

持中小企业发展的"1+2"长短政策"组合拳"。"1+2"长短政策"组合拳"的重要着眼点就是助力北交所服务专精特新中小企业。这些政策加上其他政策进一步加强了对专精特新中小企业政策支持力度,专精特新中小企业政策支持体系正加快形成。

当前,专精特新"小巨人"企业创新能力强劲。"小巨人"企业的研发人员占比基本达到25%,平均研发强度超过了7%。国家统计局公布的数据显示,2020年规上工业企业研发强度为1.41%。全国工商联公布的数据显示,全国研发投入前1000家民营企业2020年研发投入强度为2.57%。"小巨人"企业平均专利数超过50项,共设立国家级研发中心312家,院士工作站500余个,省级技术中心、工程中心、研究院近5000个,已经成为中小企业创新发展的"排头兵""领头雁"。另外,14家"小巨人"企业在2021年11月参与申报的13个项目获得了2020年度国家科学技术奖,"小巨人"企业支撑了创新的大格局。

专精特新中小企业政策支持体系既是专精特新中小企业发展的政策依据,更是北交所加快服务专精特新中小企业、提高中小企业创新能力和专业化水平的基本抓手和关键指南。

二、专精特新中小企业中流击水,后顾无忧

如何培育更多优质企业,助力更多专精特新中小企业成长为"小巨人"企业?工业和信息化部中小企业局致力于把培优企业与做优产业相结合,支持企业自身创新与加强社会化服务相结合,在政策上发力,在服务上用力,加大财税金融政策支持力度,通过第三方评估促进各地建立更好的营商环境,与各类服务机构合作推出更多的专精特新中小企业专属服务产品,

解决企业不同发展阶段的痛点、堵点、难点，具体可以参阅以下《关于印发提升中小企业竞争力若干措施的通知》从 11 个方面提出的 34 项具体举措。

（一）落实落细财税扶持政策

（1）加强财政资金支持。通过中央财政有关专项资金引导地方加大对专精特新中小企业的支持力度。各地发挥中小企业发展专项资金作用，完善中小企业公共服务体系和融资服务体系，支持中小企业提升创新能力和专业化水平（财政部、工业和信息化部等有关部门及各地方按职责分工负责）。

（2）高质量落实惠企税收政策。各地落细落实各项惠企政策，着力推动将"企业找政策"转变为"政策找企业"，把惠企政策用好用足；鼓励地方根据形势变化，出台降本减负、援企稳岗等助企措施，把政策制定和落实情况作为中小企业发展环境评估的重要内容（各地方负责）。

（3）推动税费精准服务。发挥全国 12366 纳税缴费服务热线"小微企业服务专线"作用，提升 12366 纳税服务平台小微企业专栏服务能力，依托大数据手段筛选确定符合政策适用条件的中小企业纳税人、缴费人，及时主动有针对性地推送优惠政策，帮助企业充分享受税费减免红利（税务总局负责）。

（二）加大融资支持力度

（4）加强信贷支持。深入实施中小微企业金融服务能力提升工程，支持金融机构深化运用大数据、人工智能、区块链等技术手段，改进授信审批和风险管理模型,持续加大小微企业首贷、续贷、信用贷、中长期贷款投放规模和力度;发挥知识产权质押信息平台作用,实施知识产权质押融资入园惠企行动,增强中小企业利用无形资产融资能力;深化银担合作,持续完善银行、担保机构对小微企业贷款风险分担机制(人民银行、银保监会、财政部、工业和信息化部、知识产权局、开发银行按职责分工负责)。

(5)新金融服务模式。规范发展供应链存货、仓单和订单融资,发挥人民银行征信中心动产融资统一登记公示系统作用,提升企业通过动产担保融资的便利度;鼓励保险机构发展供应链保险业务;提高供应链金融数字化水平,引导金融机构开展标准化票据融资业务(人民银行、银保监会、工业和信息化部按职责分工负责)。

(6)加强直接融资支持。深化新三板改革,发挥北京证券交易所服务中小企业作用,打造服务创新型中小企业主阵地;推动上海、深圳、北京证券交易所和新三板提供全流程、全周期咨询服务,助力中小企业上市挂牌融资;完善创业投资发展和监管政策,畅通私募股权和创业投资基金"募投管退"各环节,促进中小企业创新、创业、创造;发挥国家中小企业发展基金、国家新兴产业创业投资引导基金、国家科技成果转化引导基金等作用,带动社会资本扩大直接融资规模;鼓励中小企业通过并购重组对接资本市场(证监会、人民银行、发展改革委、科技部、工业和信息化部、财政部、商务部按职责分工负责)。

(7)加强融资配套体系建设。建立健全中小企业信用信息归集、共享、查询、公开机制;大力推进地方征信平台建设,支持征信机构发展针对中小企业融资的征信产品和服务;发挥全国中小企业融资综合信用服务平台作用,推广"信易贷"模式;开展中小企业金融知识普及教育活动和多层次融资对接活动（人民银行、银保监会、发展改革委、工业和信息化部、贸促会、全国工商联按职责分工负责）。

（三）加强创新创业支持

（8）发挥创新平台支撑作用。发挥国家制造业创新中心等产业创新、技术创新、标准创新平台的作用，加强对中小企业原始创新、研发成果中试熟化等方面的支持。健全科技资源开放共享机制，推动科研大型仪器向中小企业开放使用（发展改革委、科技部、工业和信息化部、市场监管总局按职责分工负责）。

（9）推动大中小企业协同创新。发挥大企业作用，带动产业链上下游中小企业加强协作配套。引导龙头企业、高等院校、科研院所发挥创新带动作用，向中小企业开放技术、人才、数据等创新资源，构建以企业为主体、市场为导向、产学研相结合的协同创新体系（教育部、科技部、工业和信息化部、国资委、全国工商联按职责分工负责）。

（10）加强优质企业梯度培育。健全由创新型中小企业、专精特新中小企业、专精特新"小巨人"企业、制造业单项冠军企业构成的优质企业梯度培育体系。举办全国专精特新中小企业高峰论坛等活动，深化专精特新发展理念，促进专精特新企业群体不断提升创新能力和专业化水平。调整完善国家科技计划，加大对中小企业研发支持力度（工业和信息化部、科技部按职责分工负责）。

（四）提升数字化发展水平

（11）推动数字化产品应用。实施中小企业数字化赋能专项行动，培育推广一批符合中小企业需求的数字化平台、系统解决方案、产品和服务，打造100个可复制、可推广赋能应用场景，满足中小企业研发设计、生产制造、经营管理、市场营销等数字化需求（工业和信息化部负责）。

（12）加强工业互联网赋能。开展工业互联网平台赋能深度行活动，为中小企业提供数字化转型评价诊断服务和解决方案。支持地方和龙头企业建设工业互联网园区网络，开展面向中小企业的网络互联试点示范（工业和信息化部、全国工商联按职责分工负责）。

（13）提升智能制造水平。开展智能制造进园区活动，帮助中小企业加快制造装备联网、关键工序数控化等数字化改造，建设智能生产线、智能车间和智能工厂，推动实现精益生产、精细化管理和智能决策（工业和信息化部负责）。

（五）提升工业设计附加值

（14）推动工业设计赋能。推动发挥国家级工业设计中心、国家工业设计研究院等机构作用，为中小企业提供覆盖全生命周期的系统性工业设计服务，提升中小企业产品附加值（工业和信息化部负责）。

（15）鼓励设计服务方式创新。推动开展工业设计云服务，鼓励工业设计服务机构与中小企业建立战略联盟，建立市场利益共享和风险共担机制，激发设计成果转化动力和活力（工业和信息化部负责）。

（六）提升知识产权创造、运用、保护和管理能力

（16）引导开展专利布局。充分发挥各地专利导航服务基地作用，鼓励中小企业加强产业关键技术和核心环节专利申请，有效开展专利布局。推动发明专利审查提质增效，压减专利审查周期，为中小企业创新成果提供有力保护（知识产权局负责）。

（17）促进知识产权转化应用。深入实施专利转化专项计划，择优奖补一批促进专利技术转移转化成效显著的省份，支持中小企业获取和转化专利技术，面向中小企业加大知识产权优势企业和示范企业培育力度。实施中小企业知识产权战略推进工程，开展工业企业知识产权运用试点工作（财政部、知识产权局、工业和信息化部按职责分工负责）。

（18）加强知识产权保护维权。开展知识产权海关保护指导与服务，打击进出口侵权违法活动，畅通维权渠道。推动商业秘密保护示范基地、示范企业建设，加强中小企业商业秘密保护。完善国际知识产权风险预警机制，开展海外展会知识产权法律服务（海关总署、市场监管总局、贸促会按职责分工负责）。

（七）助力开拓国内外市场

（19）发挥展会和平台对接作用。借助中国进出口商品交易会、中国国际中小企业博览会、APEC中小企业技术交流暨展览会等展会活动，充分发挥中外中小企业合作区、境外经贸合作区、中小企业跨境撮合服务平台作用，帮助中小企业开拓国内外市场（工业和信息化部、商务部、市场监管总局、贸促会按职责分工负责）。

（20）加强采购支持。严格执行《政府采购促进中小企业发展管理办法》，落实预留采购份额、价格评审优惠、优先采购等措施，提高中小企业在政府采购中的份额。引导大企业面向中小企业发布产品和服务采购计划，输出配套产品标准和质量管理体系。加强大中小企业采购对接服务，打破供需信息壁垒，助力中小企业挖掘市场潜力（工业和信息化部、财政部、商务部、国资委、全国工商联按职责分工负责）。

（21）引导加强品牌建设。以商标品牌指导站为载体，推动中小企业优化商标品牌管理体系。依托国家电子商务示范基地和电子商务示范企业，打造电商新消费品牌。开展广告助企行动，推动国家广告产业园区和从事广告业务的大型企事业单位主动对接服务中小企业。加强优质中小企业出口商品品牌推广（商务部、市场监管总局、贸促会、知识产权局按职责分工负责）。

（22）推动跨境电商发展。增设一批跨境电子商务综合试验区，实施中国跨境电商企业海外推广计划，引导中小企业利用跨境电商开拓国际市场。优化覆盖全球的海外仓网络，提高海外仓数字化、智能化水平，促进中小企业"借船出海"。完善B2B出口监管模式，优化跨境电商零售进口退货措施。发挥"贸法通"平台作用，为中小企业跨境贸易投资提供商事法律咨询、案件应对等服务（商务部、海关总署、贸促会按职责分工负责）。

（23）促进国际合作。扩大和深化二十国集团、亚太经合组织、金砖国家等机制在中小企业领域务实合作，为推动中小企业更好融入区域和全球价值链营造良好环境。加大自贸协定宣介力度，帮助企业用好用足自贸协定优惠政策。进一步缩减全国和自贸试验区外资准入负面清单，为中小企业吸引外资提供更多机遇（工业和信息化部、商务部、发展改革委按职责分工负责）。

（八）提升绿色发展能力

（24）推动节能低碳发展。引导中小企业参与实施工业低碳行动和绿色制造工程，支持开发绿色技术、设计绿色产品、建设绿色工厂、申请和获得绿色产品认证。组织开展中小企业节能诊断，为中小企业提供节能解决方案，助力挖掘节能潜力（*发展改革委、工业和信息化部、生态环境部、市场监管总局按职责分工负责*）。

（25）优化环保评价和执法机制。落实新版环评分类管理名录，简化中小企业项目环评管理，缩小项目环评范围，减少应履行环评手续的中小企业项目数量。对污染物排放量小、环境风险低、生产工艺先进等符合条件的小微企业按程序纳入监督执法正面清单，减少现场执法检查次数（*生态环境部负责*）。

（九）提升质量和管理水平

（26）支持提升产品质量。开展质量基础设施"一站式"服务行动，推动质量基础设施统筹建设、综合运用、协同服务，提供认证认可、检验检测等服务和解决方案。对监督抽查、缺陷产品召回等各类执法活动中发现的质量问题，组织专家开展质量技术帮扶，帮助企业改进设计和制造技术（*市场监管总局、工业和信息化部按职责分工负责*）。

（27）引导企业管理创新。完善中小企业管理咨询专家库，鼓励入库专家开展中小企业管理咨询诊断等活动。引导中小企业加强管理创新实践和创新成果总结、推广，建立现代企业制度，提升国际化经营能力，促进提质增效和创新发展（*工业和信息化部、贸促会按职责分工负责*）。

（28）推动企业合规化建设。引导企业增强合规意识，建立合规管理组织架构、制度体系和运行机制，提升合规管理能力。开展线上线下法律培训，定期举办企业合规国际论坛，做好企业国际化经营合规风险排查，组织专家团队出具专属评估报告，帮助企业提升合规经营水平（贸促会、全国工商联按职责分工负责）。

（十）提升人才队伍素质

（29）培育企业家队伍。加强对企业家的培养、激励和保护，大力弘扬企业家精神。建立健全企业家参与涉企政策制定机制，对推进缓慢的地方进行督促。开展中小企业经营管理领军人才培训和"企业微课"在线培训，通过在线直播课和慕课等录播课形式"送政策、送技术、送管理"（发展改革委、教育部、工业和信息化部、全国工商联按职责分工负责）。

（30）优化职称评审机制。建立中小企业职称申报兜底机制，为中小企业专业技术人员职称评定提供绿色通道，支持有条件的地方对中小企业专业技术人才实行单独分组、单独评审，或组织开展中小企业专项评审（人力资源和社会保障部会同各地方按职责分工负责）。

（31）促进人才供需对接。开展全国中小企业网上百日招聘高校毕业生、金秋招聘月等活动，通过网络、现场、入校等线上线下各类招聘形式，加强中小企业人才对接，提供优质高效的流动人员人事档案管理服务（工业和信息化部、教育部、人力资源和社会保障部按职责分工负责）。

（十一）加强服务体系建设

（32）健全服务体系。发挥中小企业公共服务平台网络骨干作用，推进中小企业公共服务示范平台、制造业"双创"服务平台、小微型企业创业创新示范基地建设，发展中小企业服务产业，形成政府公共服务、市场化服务和社会化公益服务相结合的服务体系，全面提升服务支撑能力（国务院促进中小企业发展工作领导小组各成员单位按职责分工负责）。

（33）加强服务队伍建设。发挥各级中小企业服务中心带动作用，集聚服务资源，加强与协会、商会、学会等社会团体的协同联动，发展志愿服务队伍，增强服务供给力量和水平（国务院促进中小企业发展工作领导小组各成员单位按职责分工负责）。

（34）创新服务方式。充分运用大数据、云计算等新一代信息技术，整合线上线下服务资源，形成一批可推广的"数字+"服务模式。建设全国中小企业服务一体化平台移动端，为中小企业提供一站式服务。举办"创客中国"中小企业创新创业大赛等赛事活动，完善赛前发掘、赛中对接、赛后跟踪的服务机制，推动创新项目落地孵化。将每年6月设为"全国中小企业服务月"，推动营造全社会共同服务中小企业的良好氛围（国务院促进中小企业发展工作领导小组各成员单位按职责分工负责）。

为了让上述举措能够有效落地实施，国务院促进中小企业发展工作领导小组办公室在《为专精特新中小企业办实事清单的通知》中进一步明确。当然，暂且不说其他政策支持，单从获颁专精特新中小企业、专精特新"小巨人"企业证书这一荣誉资质与优先北交所上市及资金奖励而言，就对中小企业具有极大的利好。

就资金奖励而言，一般是国家、省（自治区、直辖市）、地级市、区县均会给予获得国家级专精特新"小巨人"企业称号的企业奖励。鉴于各地的政策大同小异，仅仅是额度不同，以北京中小企业为例：国家一般直接奖励 600 万元 / 家，每年 200 万元；北京一般一次性奖励相应的现金以及辅之其他的配套补助；北京下属的区县一般根据自身财政与发展状况的不同对本区县内获得国家级专精特新"小巨人"企业称号的企业一次性给予 20 万~50 万元不等的奖励。

当然，由于各省（自治区、直辖市）、地级市等也有自己评选的省地级专精特新中小企业、专精特新"小巨人"企业，省（自治区、直辖市）、地级市、区县一般也会给予资金奖励。

第三节
如何申报成为专精特新"小巨人"企业

作为中小企业中的佼佼者,专精特新中小企业要想成为"小巨人"企业,就要锚定专精特新继续精耕细作。

1. "专"即专业化(主营业务专业专注)

企业要专注于核心业务,具备专业化生产、服务和协作配套的能力,其产品和服务在产业链某个环节中处于优势地位,为大企业、大项目和产业链提供优质零部件、元器件、配套产品和配套服务,主要特征是产品用途的专门性、生产工艺的专业性、技术的专有性和产品在细分市场中具有专业化发展优势。

2. "精"即精细化(经营管理精细高效)

企业在经营管理中按照精益求精的理念建立了精细高效的制度、流程和体系,并且能够精细、高效地经营管理以及实现精细化设计、精细化生产、精细化管理、精细化服务,形成了核心竞争力,其产品或者服务品质亦属精良,主要特征是产品的精致性、工艺技术的精深性和企业管理的精细化。

3. "特"即特色化（产品服务独具特色）

企业针对特定市场或者特定群体，能够利用特色资源、传统技艺和地域文化，并采用独特的工艺、技术、配方和特殊原料研制生产或者提供独具特色的产品或服务，具有独特性、独有性、独家生产特点或具有特殊功能，有较强影响力和品牌知名度，主要特征是产品或服务的特色化。

4. "新"即新颖化（创新能力成果显著）

企业依靠自主创新、科技成果转化、联合创新或引进消化吸收再创新方式持续开展技术创新、管理创新和商业模式创新，创新能力、成效、效益均显著，拥有自主知识产权，企业产品或者服务具备较高技术含量或附加值且属于新经济、新产业领域或新技术、新工艺、新创意、新模式等方面创新成果，具有良好的发展潜力，主要特征是产品（技术）或服务的创新性、先进性，具有较高的技术含量、较高的附加值和显著的经济与社会效益。

根据党的十九届五中全会部署和中共中央办公厅、国务院办公厅《关于促进中小企业健康发展的指导意见》以及工业和信息化部《关于促进中小企业专精特新发展的指导意见》等指导思想，现就如何申报成为专精特新"小巨人"企业及相关注意事项梳理如下。

一、申报条件及具体说明

（一）基本条件

以下基本条件，须同时满足（见表1-1）。

表 1-1　申报基本条件

主体资格	境内（不含港澳台）工商注册登记、连续经营3年以上、具有独立法人资格、符合《中小企业划型标准规定》的中小企业，且属于省级中小企业主管部门认定或重点培育的专精特新中小企业或其他创新能力强、市场竞争优势突出的中小企业
专业化	长期专注并深耕于产业链某一环节或某一产品，能为大企业、大项目提供优质零部件、元器件和配套产品，或直接面向市场并具有竞争优势的自有品牌产品
持续创新及研发	在研发设计、生产制造、市场营销、内部管理等方面不断创新并取得比较显著的效益，具有一定的示范推广价值
长远发展	公司治理规范、信誉良好、社会责任感强，生产技术、工艺及产品质量性能国内领先，注重绿色发展，加强人才队伍建设，有较好的品牌影响力，具备发展成为相关领域国际知名企业的潜力

（二）专项条件

以下专项条件，满足其一即可（见表1-2）。

表 1-2　申报专项条件

经济效益	截至上年末的近两年主营业务收入或净利润的平均增长率达到5%以上，企业资产负债率不高于70%
专业化程度	截至上年末，企业从事特定细分市场时间达到3年及以上；主营业务收入占营业收入达70%以上；主导产品在细分市场占有率位于全省前3位，且在国内细分行业中享有较高知名度和影响力
创新能力	企业拥有有效发明专利（含集成电路布图设计专有权，下同）两项或实用新型专利、外观设计专利、软件著作权5项及以上；自建或与高等院校、科研机构联合建立研发机构，设立技术研究院、企业技术中心、企业工程中心、院士专家工作站、博士后工作站等；企业在研发设计、生产制造、供应链管理等环节，至少1项核心业务采用信息系统支撑
经营管理	企业拥有自主品牌；取得相关管理体系认证，或产品生产执行国际、国内、行业标准，或是产品通过发达国家和地区产品认证（国际标准协会行业认证）

(三) 分类条件

以下类别，符合其一即可（见表1-3）。

表1-3 申报分类条件

类别	上年度营业收入 （以X表示）	近两年研发经费支出 占营业收入比重	其他
一	X ≥ 1亿元	≥ 3%	——
二	5000万元 ≤ X < 1亿元	≥ 6%	——
三	X < 5000万元	——	同时满足近两年内新增股权融资额（实缴）≥ 8000万元，且研发投入经费 ≥ 3000万元，研发人员占企业职工总数比例 ≥ 50%等，创新成果属于"领域条件"所列的细分行业关键技术，并有重大突破

(四) 行业条件

专精特新"小巨人"企业主导产品应优先聚焦制造业短板弱项，符合《工业"四基"发展目录》所列重点领域，具体如下。

（1）从事细分产品市场属于制造业核心基础零部件、先进基础工艺和关键基础材料。

（2）符合制造强国战略十大重点产业领域（新一代信息技术产业、高档数控机床和机器人、航空航天装备、海洋工程装备及高技术船舶、先进轨道交通装备、节能与新能源汽车、电力装备、农机装备、新材料、生物医药及高性能医疗器械等）。

（3）属于产业链供应链关键环节及关键领域"补短板""锻长板""填空白"产品。

（4）围绕重点产业链开展关键基础技术和产品的产业化攻关。

（5）属于新一代信息技术与实体经济深度融合的创新产品。

需要特别说明的是，伴随着工业和信息化部发布的《优质中小企业梯度培育管理暂行办法》于 2022 年 8 月 1 日起实施，则 8 月 1 日前已被省级中小企业主管部门认定的专精特新中小企业和已被工业和信息化部认定的专精特新"小巨人"企业，继续有效，但是有效期（最长不超过 3 年）到期后自动失效，复核时将按该办法执行，而此后新申请的企业也需要按该办法的规定提交申请。

二、申报流程及所需资料

专精特新"小巨人"企业认定是逐级进行的。省级专精特新"小巨人"企业（或重点培育）认定与筛选会根据地方实际情况而定，国家级专精特新"小巨人"企业认定是从各省级中小企业主管部门认定（或重点培育）的专精特新中小企业，或拥有被认定为专精特新产品的中小企业中产生。入围企业需要市省逐级初核、评审后推荐，经国家相关部门进行条件论证、部门会审、专家审核、公示等多个流程后给予认定。以下为国家级专精特新"小巨人"企业申报的一般流程及所需资料。

（一）企业自主申报

满足前述申报条件的企业，可将相关申请材料进行网上提交申报并将纸质材料报送至省级中小企业主管部门。

申报材料包括:《专精特新"小巨人"企业申请书》（附件 1，2021 年）及佐证材料（附件 2，2021 年）等（以申报当年工业和信息化部公布的《工业和信息化部办公厅关于开展第×××批专精特新"小巨人"企业培育工作的通知》为准）。

佐证材料一般包括以下几项。

（1）企业营业执照复印件；

（2）经会计师事务所审计的申报年度前两年的会计报表和审计报告复印件；

（3）主导产品市场占有率或排名的佐证材料；

（4）与填报内容对应的其他相关佐证材料复印件，如：银行信用等级证，专利证、注册商标证，产品认证、质量管理体系认证证书，省级以上科技成果奖证书，高新技术企业证书、企业技术中心证书，以及获近三年省级以上奖励和荣誉证书等。

同时，工业和信息化部也会按照省、自治区、直辖市分配名额（附件3，2021年）。

附件 1

第三批专精特新"小巨人"企业
申 请 书

企业名称（盖章）_____

推荐时间_____

推荐单位（盖章）_____

工业和信息化部

填 报 说 明

一、本申请书第一至第五部分由申请专精特新"小巨人"的企业（以下简称申请企业）填写，第六部分由推荐单位填写。

二、"推荐单位"为申请企业注册所在地的省、自治区、直辖市及计划单列市、新疆生产建设兵团中小企业主管部门（简称省级中小企业主管部门）。

三、申请企业填写主导产品时应参照国家统计局《统计用产品分类目录》中的产品分类或行业分类惯例。

四、申请企业须根据本通知列明的申请条件，上传相关说明或佐证材料，并保证所填内容和提交资料准确、真实、合法、有效、无涉密信息。如弄虚作假，取消本次申请资格，且三年内不得申请。

五、省级中小企业主管部门组织报送纸质材料，作为我部审核的工作依据。纸质材料应与在线填报材料一致。

六、省级中小企业主管部门须严格按照"第六部分"所列初核指标，认真对企业填写内容进行初审核实，提出推荐意见，并加盖公章。

一、企业基本情况				
企业名称			所在省份	
通讯地址			邮编	
法定代表人		电话	手机	
联系人		电话	手机	
传真		E-mail		
注册时间		注册资本（万元）		
统一社会信用代码				
根据《中小企业划型标准规定》（工信部联企业〔2011〕300号），企业规模属于			□中型　□小型 □微型	
所属行业①	2位数代码及名称：＿＿＿＿＿＿＿			
具体细分领域	4位数代码及名称：＿＿＿＿＿＿＿			
从业人数		其中研发人员数		
企业类型	□国有　□合资　□民营　□其他			
上市情况 □无上市计划 □有上市计划 □已上市（*股票代码：＿＿＿＿＿*）	上市计划（如有，请填写） 1. 上市进程： □未进行上市前股改 □已完成上市前股改 □已提交上市申请 2. 拟上市地： □上交所主板　□上交所科创板 □深交所主板 □深交所创业板　□新三板			
二、经济效益				
重要指标	X 年		X+1 年	
营业收入	万元		万元	
主营业务收入	万元		万元	
主营业务收入增长率	%		%	
净利润总额	万元		万元	
净利润增长率	%		%	

---

① 按照最新版本的国民经济行业分类的大类行业填写所属行业。

续表

资产总额	万元	万元
资产负债率	%	%
上缴税金	万元	万元
近两年内是否获得新增股权融资	□否 □是	如是，请填写金额： 万元
三、专业化程度		
主导产品名称（中文）	从事该产品领域的时间（单位：年）	
主导产品类别①		
行业领军企业（3个以内）	1._____ 2._____ 3._____	
是否属于《工业强基工程实施指南（2016—2020年）》"四基"领域	□否 □是 如是，请打钩 □核心基础零部件（元器件） □关键基础材料 □先进基础工艺 □产业技术基础 如属下列领域，请打钩 □5G □集成电路 □新能源 □工业软件	
是否在产业链关键领域实现"补短板""填空白"	□否 □是 如是，请填写 "补短板"的产品名称：_____ 或填补国内（国际）空白的领域：_____ 或替代进口的国外企业（或产品）名称：_____ 说明（是否在细分领域实现关键技术首创等情况，30字以内）： _____	
主导产品是否为国内外知名大企业直接配套	□否 □是 如是，请填写 1._____ 2._____ 3._____	
重要指标	X年	X+1年
主导产品国内市场占有率及本省排名	市场占有率： % 本省排名：	市场占有率： % 本省排名：

---

① 对照《统计用产品分类目录》，填写产品对应的第四级或第五级产品类别名称，并填写对应的8位或10位数字代码。无法按该目录分类的，可按行业惯例分类。如是新产品请标明。

续表

主导产品销售收入占本企业营业收入比重	%	%
主导产品出口额	万美元	万美元
四、创新能力		
研发机构建设情况（企业自建或与高等院校、科研机构联合建立）	技术研究院	□国家级____个 □省级____个
企业技术中心	□国家级__个	□省级__个
企业工程中心	□国家级__个	□省级__个
工业设计中心	□国家级__个	□省级__个
院士专家工作站	□有	□无
博士后工作站	□有	□无
合作院校机构名称（3个以内）1.____ 2.____ 3.____ 研究领域已获得成果及应用情况（30字以内）：_____		
相关指标	X 年	X+1 年
研发经费总额	万元	万元
研发经费占营业收入比重	%	%
研发人员占全部职工比重	%	%
拥有专利情况	有效专利总数_____项 其中发明专利_____项　　实用新型专利_____项 外观设计专利_____项　　软件著作权_____项	
主持或参与制（修）的标准数量和名称	主持制（修）_____项 参与制（修）_____项 名称：	主持制（修）_____项 参与制（修）_____项 名称：
数字化赋能	业务系统是否向云端迁移	□是　□否
	是否拥有制造业与互联网融合试点示范项目	□是　□否
核心业务采用信息系统支撑情况（可多选）	□研发设计 CAX　□生产制造 CAM　□经营管理 ERP/OA □运维服务 CRM　□供应链管理 SRM　□其他_____ （请说明）	

续表

获得相关部门认定的称号（有效期内）	1. 高新技术企业 □ 2. 技术创新示范企业（国家级 □　省级 □） 3. 工业企业知识产权运用试点企业（国家级 □　省级 □） 4. 智能制造试点示范企业（国家级 □　省级 □） 5. 绿色工厂 □　　6. 质量标杆 □ 7.《产业基础领域先进技术产品转化应用目录》入编企业 □ 8. 其他□＿＿＿＿＿＿＿＿＿＿（请说明）
近两年是否承担过国家重大科技项目	□否　　　□是　如是，请填写名称＿＿＿＿＿＿＿＿
近两年是否获得过国家级技术创新类项目	□否　　　□是　如是，请填写名称＿＿＿＿＿＿＿＿
五、经营管理	
产品生产执行标准	□国际标准　□国家标准　　标准全称 □行业标准　□地方标准
产品获得发达国家或地区权威机构认证情况（多选）	UL □　　CSA □　　ETL □　　GS □ 其他 □＿＿＿＿＿＿＿＿＿＿（请说明）
企业获得的管理体系认证情况（可多选）	ISO9000 质量管理体系认证□ ISO14000 环境管理体系认证□ OHSAS18000 职业安全健康管理体系认证□ 其他□＿＿＿＿ （请说明）
企业总体情况简要介绍（300字以内，请勿另附页）	一、企业经营管理概况。从事细分领域及从业时间，企业在细分领域的地位，企业经营战略等 二、企业主导产品情况。关键领域"补短板"，参与关键核心技术攻关情况等；属于产业链供应链情况；知识产权积累和运用情况等 三、企业获得的省级以上的荣誉或称号情况等 四、是否属于工业稳增长和转型升级成效明显市（州）内企业
真实性声明	以上所填内容和提交资料均准确、真实、合法、有效、无涉密信息，本企业愿为此承担有关法律责任 法定代表人（签名）：　　　　　（企业公章）：

续表

六、初核推荐		
\multicolumn{3}{c}{（省级中小企业主管部门填写，加盖公章）}		
初核指标 （请在符合项后面打√）	分类指标 （3选1）	a. 上年度营业收入1亿元及以上，且近两年企业研发经费支出占营业收入比重不低于3%；□ b. 上年度营业收入5000万（含）~1亿元（不含），且近两年企业研发经费支出占营业收入比重不低于6%；□ c. 上年度营业收入不足5000万元，同时满足：近两年内新增股权融资额（实缴）8000万元（含）以上，研发投入3000万元（含）以上，研发人员占企业职工总数50%（含）以上，创新成果属于本通知"二、重点领域"细分行业关键技术重大突破□
	必备指标 （6项）	1. 企业主营业务收入占营业收入70%以上；□ 2. 企业主导产品细分市场占有率位于全省前3位，且在国内细分行业中享有较高知名度和影响力；□ 3. 资产负债率不高于70%；□ 4. 拥有有效发明专利两项或实用新型、外观设计专利、软件著作权5项及以上；□ 5. 取得相关管理体系认证；或产品生产执行国际、国家、行业标准；或产品通过发达国家和地区认证；□ 6. 三年内未发生过重大安全、质量、环境污染事故等违法记录□
省级中小企业 主管部门推荐意见 （必填，须盖章）	\multicolumn{2}{l}{经初审核实： 该企业符合"分类指标"中 a□ b□ c□ 类要求（3选1） 该企业符合"6项必备指标"中的_____项 推荐意见： （请填同意或不同意） 推荐单位（公章）： 　　日期：　　年　　月　　日}	

附件 2

佐证材料（供参考）

1. 企业营业执照复印件；
2. 经会计师事务所审计的 X、X+1 年度会计报表和审计报告复印件；
3. 主导产品市场占有率或排名的佐证材料；
4. 与填报内容对应的其他相关佐证材料复印件（银行信用等级证，专利证、注册商标证，产品认证、质量管理体系认证证书，省级以上科技成果奖证书，高新技术企业证书、企业技术中心证书，以及获近三年省级以上奖励和荣誉证书等）。

附件 3

各推荐第三批专精特新"小巨人"企业汇总表

省级中小企业主管部门（盖章）：_____

序号	企业名称	主导产品名称 （拟对外发布）	是否是省级专精特新中小企业（拥有省级专精特新产品）	所属分类（填写附件1"六、初核推荐"中"分类指标（3选1）"的字母序号）
1				
2				
3				
…				

说明：
省级专精特新中小企业（产品）包括：各省级中小企业主管部门培育认定的专精特新中小企业（产品）、省级专精特新"小巨人"企业、"小巨人"企业、高成长中小企业、成长型中小企业、"隐形冠军"（不含制造业单项冠军）等。

（二）省级中小企业主管部门推荐、初核

省级中小企业主管部门按照宁缺毋滥的原则，坚持标准、严格把关，负责组织推荐和初核工作，推荐报送至工业和信息化部的企业总数不超过 200 家，其中上年度营业收入不足 5000 万元的企业数不超过 10 家；重点从省级认定的专精特新中小企业中择优组织填写专精特新"小巨人"企业申请书，并参考"佐证材料"进行初审核实，提出推荐意见。

（三）省级中小企业主管部门初审后报送

省级中小企业主管部门在公示期限届满前将加盖公章的正式文件、推荐汇总表、申请书纸质件（以上均为一式两份），邮政特快专递（EMS）至工业和信息化部中小企业局（北京市西长安街 13 号，100804）。

（四）工业和信息化部审核及公示

工业和信息化部组织对各地上报的推荐材料进行审核（包括条件论证、部门会审、专家审核等多个流程）。根据审核结果，确定并发布某一批次的专精特新"小巨人"企业名单。

三、申报时间与注意事项

（一）申报时间

专精特新"小巨人"企业的申报时间较为集中但非固定且无规律，须以申报当年工业和信息化部公布的相关通知为准。例如，2018 年第一批专

精特新"小巨人"企业的申报、初审时间为2018年11月至12月，2020年第二批专精特新"小巨人"企业的申报、初审时间为2020年8月，2021年第三批专精特新"小巨人"企业的申报、初审时间为2021年4月至5月。

（二）无须申报/不推荐的情形

1. 积极因素

已列为工业和信息化部制造业单项冠军企业或产品的企业，不再推荐。

2. 消极因素

有下列情况之一的企业，不得被推荐；一经发现，撤销专精特新"小巨人"企业认定。

（1）申请过程中提供虚假信息的；

（2）近三年发生过重大安全、质量、环境污染事故的；

（3）有偷漏税或其他违法违规、严重失信行为的。

（三）应先行申报入选省级专精特新中小企业名单

虽然入选省级专精特新中小企业名单并非入选国家专精特新中小企业名单的必经之路，但是各省级中小企业主管部门向工业和信息化部推荐时会重点，甚至单一地从省级认定的专精特新中小企业中择优推荐。因此，初创型及成长型企业应在满足省级专精特新中小企业申报条件时先行申报入选条件较为宽松的省级专精特新中小企业名单，以此增加成功入选国家专精特新中小企业名单的概率。

（四）动态管理

专精特新"小巨人"企业有效期为 3 年，实行动态管理。工业和信息化部组织对入选满 3 年的企业进行复核，不符合条件或未提交复核申请材料的企业将予以撤销。有效期内如发现虚假申报或存在违法违规行为的，一经查实，立即予以撤销。因此，即使入选国家级专精特新"小巨人"企业名单，各企业也应关注该认定的有效期，及时提交复核申请材料，更为重要的是各企业须保持持续规范、诚信经营的状态等。

第四节
北交所欢迎的上市标的企业与行业

证监会在2021年9月2日发布的新闻及在2021年10月30日发布的《北京证券交易所向不特定合格投资者公开发行股票注册管理办法（试行）》（以下简称《注册管理办法》）等规定表明，北交所主要服务创新型中小企业，重点支持先进制造业和现代服务业等领域的企业，旨在培育一批专精特新中小企业，形成创新创业热情高涨、合格投资者踊跃参与、中介机构归位尽责的良性市场生态。

北交所精准锁定的专精特新中小企业的主导产品应符合《工业"四基"发展目录》所列重点领域，从事细分产品市场属于制造业核心基础零部件、先进基础工艺和关键基础材料；或符合制造强国战略明确的十大重点产业领域（新一代信息技术产业、高档数控机床和机器人、航空航天装备、海洋工程装备及高技术船舶、先进轨道交通装备、节能与新能源汽车、电力装备、农机装备、新材料、生物医药及高性能医疗器械），属于重点领域技术路线图中有关产品；或属于国家和省份重点鼓励发展的支柱和优势产业。

第二章
北交所与资本市场

第一节
北交所的历史使命

一、北交所历史沿革
（一）北交所的今生

银泰证券股转业务部总经理、"新三板读书会"创始人、《新三板改变中国》的作者张可亮认为"这次改革就是以'精选层'为基础成立北交所，而不是将整个新三板都改为北交所，基础层和创新层依然是新三板。这样一来就彻底理顺了各个市场之间的关系，精选层企业就名正言顺地成为上市公司，北交所就是与上交所、深交所齐名的证券交易所，所有的政策法规都可以一致起来"。"精选层的诞生，已经打破了多层次资本市场的改革思路，开创了多元化资本市场建设的新局面。""今天北交所的成立，终于可以说三足鼎立的格局已成，上交所在区位上重点服务长三角、江浙沪，在定位上服务硬科技；深交所在区位上重点服务珠三角、大湾区，在定位上服务新经济；北交所在区位上重点服务京津冀乃至整个北方地区，在定位上服务专精特新的中小民营企业。北交所的成立，使得中国资本市场的布局更加合理、功能更加完善，补足了资本市场在支持中小民营企业方面的不足，标志着中国开启了三个市场共同服务实体经济、服务科技创新的新格局。"

2021年9月3日，证监会召开新闻发布会，就设立北交所的重要意义、北交所的定位等进行了说明，全国中小企业股份转让系统有限责任公司（以下简称全国股转公司）表示将高质量建设北交所；同日，证监会发布《关于就〈北京证券交易所向不特定合格投资者公开发行股票注册管理办法（试行）〉等规章公开征求意见的通知》，就《注册管理办法》《北京证券交易所上市公司证券发行注册管理办法（试行）》《北京证券交易所上市公司持续监管办法（试行）》《证券交易所管理办法》等公开征求意见；与此同时，北交所正式完成工商注册登记。

2021年9月5日，北交所发布《关于上市规则、交易规则和会员管理规则公开征求意见的通知》，就该三项规则公开征求意见。

2021年9月10日，北交所官方网站（网址：www.bse.cn）上线试运行。官网上线试运行初期，主要包含三个内容模块：一是业务规则模块，当前主要作为北交所各项业务规则公开征求意见的平台，是各类市场主体参与规则制定的重要渠道；二是投资者教育模块，对北交所相关业务规则进行官方解读，是广大投资者理解业务规则核心要义的学习平台；三是北交所简介和要闻板块，对北交所基本情况进行介绍，及时展示市场重要新闻和发展动态，是各类用户迅速获取北交所资讯的有效途径。

同日，北京证券交易所就公开发行并上市、上市公司再融资和重大资产重组审核规则公开征求意见，并开展交易支持平台压力测试。一方面，就三项规则公开征求意见；另一方面，宣称为验证市场技术系统承载能力，已与深圳证券通信有限公司共同搭建测试环境，将于9月11日由全国股转公司、深圳证券通信有限公司、中证指数有限公司等各证券公司、信息商、基金公司等市场相关机构共同测试、验证各参测机构技术系统的承载能力。

2021年10月30日，证监会发布北交所发行上市、再融资、持续监管三件规章以及相关的十一件规范性文件；同日，为做好制度衔接，北交所发布上市与审核方面的四件基本业务规则及六套配件细则和指引的正式稿。

2021年11月2日，北交所发布《北京证券交易所交易规则（试行）》《北京证券交易所会员管理规则（试行）》两件基本业务规则及三十一件细则、指南、指引。

2021年11月12日，北交所发布《北京证券交易所业务收费管理办法》《北京证券交易所合格境外机构投资者和人民币合格境外机构投资者证券交易实施细则》等六件业务规则、细则、指南、指引，并将自2021年11月15日起正式实施，北交所开市进入倒计时。

2021年11月15日，北交所正式开市。当日，81家首批上市企业中有一半以上是专精特新中小企业，其中有16家专精特新"小巨人"企业。

目前，北交所的其他各项制度和安排也在持续推进和完善中，北交所也将会有更多机会参与专精特新中小企业的培育、成长和发展过程，从解决中小企业融资难、融资贵等核心问题倒逼促进更多的创新型中小企业走专精特新发展之路。随着国家和地方政府对专精特新"小巨人"企业培育工作提速，北交所服务专精特新中小企业梯度培育的作用和能力也必将进一步提升。

（二）北交所的前世

实际上，中国人很早就在北京设立了证券交易所，并在辛亥革命后的 1918 年 6 月 5 日就已经成立并开业，后曾改称北平证券交易所①。当时该交易所被确定为股份有限公司，以经营股票、债券为主，同时兼做外币的交易。

在北平证券交易所成立的 1918 年，各种金融机构纷纷成立，也使得北平证券交易所水涨船高、交易频繁。1927 年，公债发行中心南移，北平证券交易所也自此风光不再、每况愈下，至 1933 年上半年的手续费收入只有区区 1677 元，已不能维持营业，陷入停顿状况。之后，北平证券交易所经营公债失去往日的优势，经营每况愈下。

北平证券交易所于 1950 年 1 月 30 日重新挂牌营业，由于过分投机，加上政府管理严格，经纪人出现巨额呆账，资金周转不灵，许多经纪人停业等原因，北平证券交易所于 1952 年 10 月宣告关闭。之后，随着我国对农业、手工业和资本主义工商业社会主义改造的完成，直至 1990 年 12 月与 1991 年 7 月，上交所、深交所才先后开业，中国才再次有了真正现代意义上的证券交易所。

众所周知，上交所与深交所都是服务于较成熟上市公司的证券交易所，而实际上绝大多数中小企业不符合这两个交易所上市条件，但是众多中小企业尤其需要资本市场的支持，设立"场外证券交易市场"显得非常必要和急切。此后，历经 STAQ 与 NET 法人股交易系统分别于 1990 年 4 月 25 日、1993 年 4 月 28 日开通到二者于 1999 年 9 月 9 日停止交易，以及到 2001 年 6 月的代办股份转让系统启动（*后被称为老三板*），终于于 2006

---

① 为区别于当前的"北京证券交易所"，以下相关行文表述为"北平证券交易所"。

年年初迎来了北京中关村科技园区建立的新股份转让系统，因与"老三板"标的明显不同，被形象地称为"新三板"。自此，新三板终于走上历史舞台。目前的"新三板"市场格局于2009年7月《证券公司代办股份转让系统中关村科技园区非上市股份有限公司报价转让试点办法》正式实施后形成。2012年，经国务院批准，非上市股份公司股份转让试点扩大，首批扩大试点新增上海张江高新技术产业开发区、武汉东湖新技术产业开发区和天津滨海高新区，全国股转公司遂于2012年9月20日在国家工商总局注册并闪亮登场。2013年12月31日起，全国股转公司面向全国接收企业挂牌申请。

2020年3月1日，正式修订施行的《中华人民共和国证券法》（以下简称《证券法》）进一步明确了新三板作为"国务院批准的其他全国性证券交易场所"的法律地位，夯实了新三板场内、集中、公开市场的性质。

为贯彻落实党中央、国务院关于深化金融供给侧结构性改革的要求，提高资本市场服务中小企业和民营经济能力，证监会于2019年10月25日正式启动全面深化新三板改革。本次改革围绕改善市场流动性、强化融资功能、优化市场生态、加强多层次资本市场有机联系4条主线，重点推出向不特定合格投资者公开发行并设立精选层、优化定向发行、实施连续竞价交易、建立差异化投资者适当性制度、引入公募基金、确立转板上市制度和深化差异化监管等改革举措。2020年7月27日，精选层正式设立并开市交易，首批32家公司入选。2021年2月26日，上交所、深交所分别发布精选层转科创板、创业板的转板上市办法，明确转板条件。随着改革举措陆续落地，新三板市场定位进一步明晰、市场结构进一步完善、市场功能进一步提升、市场生态进一步优化、市场韧性活力进一步显现。截至 2020 年年末,新三板存量挂牌公司 8187 家,中小企业占比 94%,总市值 2.65 万亿元。2020 年,新三板全市场融资额同比上升 27.91%,其中,公开发行融资 105.62 亿元;股票交易成交额 1294.64 亿元,日均成交额同比上升 57.44%;市场 10 只指数全部实现上涨。截至 2021 年 9 月 1 日,精选层公司共计 66 家,其中观典防务、翰博高新、泰祥股份、龙竹科技、新安洁 5 家已经在此前宣布转板。

二、北交所设立思路

(一)基本思路

深化新三板改革,设立北交所,是资本市场更好支持中小企业发展壮大的内在需要,是落实国家创新驱动发展战略的必然要求,是新形势下全面深化资本市场改革的重要举措。设立北交所,也意味着以服务中小企业为己任的新三板将站上改革新起点,中国资本市场改革发展又迈出关键一步。

(二)实施原则(设计理念)

根据证监会《坚持错位发展、突出特色建设北京证券交易所更好服务创新型中小企业高质量发展》的意见,建设北交所的主要思路是:严格遵循《证券法》,按照分步实施、循序渐进的原则,总体平移精选层各项基础制度,坚持北交所上市公司由创新层公司产生,维持新三板基础层、创新层与北交所"层层递进"的市场结构,同步试点证券发行注册制。在实施过程中,将重点把握好以下原则。

1. 坚守"一个定位"

北交所牢牢坚持服务创新型中小企业的市场定位，尊重创新型中小企业发展规律和成长阶段，提升制度包容性和精准性。

2. 处理好"两个关系"

一是北交所与沪深交易所及区域性股权市场坚持错位发展与互联互通，发挥好转板上市功能；二是北交所与新三板现有创新层、基础层坚持统筹协调与制度联动，维护市场结构平衡。

3. 实现"三个目标"

一是构建一套契合创新型中小企业特点的涵盖发行上市、交易、退市、持续监管、投资者适当性管理等基础制度安排，补足多层次资本市场发展普惠金融的短板；二是畅通北交所在多层次资本市场的纽带作用，形成相互补充、相互促进的中小企业直接融资成长路径；三是培育一批专精特新中小企业，形成创新创业热情高涨、合格投资者踊跃参与、中介机构归位尽责的良性市场生态。

（三）规则体系

北交所的规则体系是以国家层面的《中华人民共和国公司法》（以下简称《公司法》）、《证券法》等法律、法规为基础，以证监会的规章、规范性文件和北交所的业务规则、细则、指引、指南等共同建构的一套契合创新型中小企业特点和发展规律的规则体系。该规则体系充分体现资本市场对创新型中小企业的针对性、包容性和精准性。

具体而言，北交所的规则体系可以分为法律法规、部门规章、业务规则、服务指南，其中业务规则又包括发行融资、持续监管、交易管理、市场管理四个方面，为了更清晰地表述，现以表格的形式列示如下（见表2-1）。

表 2-1 北交所规则体系

序号	类别	名称	发文主体	重要内容
1	法律	《中华人民共和国证券法》	全国人大常委会	规范证券发行和交易行为
2	法律	《中华人民共和国公司法》	全国人大常委会	规定公司设立程序、组织机构活动原则及其对内外关系
3	行政法规	《证券公司监督管理条例》	国务院	规范证券公司的行为
4	行政法规	《证券公司风险处置条例》	国务院	规范证券公司的风险处置工作
5	部门规章	《证券交易所管理办法》	证监会	规定证券交易所的职能、组织机构、对证券交易活动及其会员的监督安排,为北交所运行提供上位法依据
6	部门规章	《北京证券交易所向不特定合格投资者公开发行股票注册管理办法》	证监会	规范北交所注册制公开发行行为
7	部门规章	《北京证券交易所上市公司证券发行注册管理办法（试行）》	证监会	规范北交所上市公司证券发行行为
8	部门规章	《北京证券交易所上市公司持续监管办法（试行）》	证监会	主要规范公司治理、信息披露、股份减持、股权激励、重大资产重组等
9	部门规章	《非上市公众公司监督管理办法》	证监会	规范非上市公众公司股票转让和发行行为
10	部门规章	《非上市公众公司信息披露管理办法》	证监会	规范非上市公众公司的信息披露行为
11	部门规章	《公开发行证券的公司信息披露内容与格式准则第46号——北京证券交易所公司招股说明书》	证监会	配套申报文件、信息披露文件格式指引
12	部门规章	《公开发行证券的公司信息披露内容与格式准则第47号——向不特定合格投资者公开发行股票并在北京证券交易所上市申请文件》	证监会	配套申报文件、信息披露文件格式指引

续表

序号	类别	名称	发文主体	重要内容
13	部门规章	《公开发行证券的公司信息披露内容与格式准则第48号——北京证券交易所上市公司向不特定合格投资者公开发行股票募集说明书》	证监会	配套申报文件、信息披露文件格式指引
14	部门规章	《公开发行证券的公司信息披露内容与格式准则第49号——北京证券交易所上市公司向特定对象发行股票募集说明书和发行情况报告书》	证监会	配套申报文件、信息披露文件格式指引
15	部门规章	《公开发行证券的公司信息披露内容与格式准则第50号——北京证券交易所上市公司向特定对象发行可转换公司债券募集说明书和发行情况报告书》	证监会	配套申报文件、信息披露文件格式指引
16	部门规章	《公开发行证券的公司信息披露内容与格式准则第51号——北京证券交易所上市公司向特定对象发行优先股募集说明书和发行情况报告书》	证监会	配套申报文件、信息披露文件格式指引
17	部门规章	《公开发行证券的公司信息披露内容与格式准则第52号——北京证券交易所上市公司发行证券申请文件》	证监会	配套申报文件、信息披露文件格式指引
18	部门规章	《公开发行证券的公司信息披露内容与格式准则第53号——北京证券交易所上市公司年度报告》	证监会	配套申报文件、信息披露文件格式指引
19	部门规章	《公开发行证券的公司信息披露内容与格式准则第54号——北京证券交易所上市公司中期报告》	证监会	配套申报文件、信息披露文件格式指引

续表

序号	类别	名称	发文主体	重要内容
20	部门规章	《公开发行证券的公司信息披露内容与格式准则第55号——北京证券交易所上市公司权益变动报告书、上市公司收购报告书、要约收购报告书、被收购公司董事会报告书》	证监会	配套申报文件、信息披露文件格式指引
21		《公开发行证券的公司信息披露内容与格式准则第56号——北京证券交易所上市公司重大资产重组》		配套申报文件、信息披露文件格式指引
22	北交所业务规则：发行融资类	《北京证券交易所上市委员会管理细则》	北交所	规定北交所上市委员会的组织、职责与权利、工作程序、工作纪律与监督管理
23		《北京证券交易所证券发行上市保荐业务管理细则》		规定保荐机构在北交所上市保荐、持续督导业务的工作安排
24		《北京证券交易所证券发行与承销管理细则》		北交所证券发行业务办理指引、指南
25		《北京证券交易所上市公司证券发行上市审核规则（试行）》		规范北交所上市公司证券发行上市的审核工作
26		《北京证券交易所上市公司向特定对象发行优先股业务细则》		规范北交所上市公司向特定对象发行优先股业务
27		《北京证券交易所上市公司向特定对象发行可转换公司债券业务细则》		规范北交所上市公司向特定对象发行可转换公司债券业务
28		《北京证券交易所上市公司重大资产重组审核规则（试行）》		规范北交所上市公司重大资产重组审核行为
29		《北京证券交易所向不特定合格投资者公开发行股票并上市业务规则适用指引第1号》		规范北交所股票上市和持续监管事宜

续表

序号	类别	名称	发文主体	重要内容
30	北交所业务规则：发行融资类	《北京证券交易所向不特定合格投资者公开发行股票并上市业务办理指南第1号——申报与审核》	北交所	北交所向不特定合格投资者公开发行股票并上市业务办理指南
31		《北京证券交易所向不特定合格投资者公开发行股票并上市业务办理指南第2号——发行与上市》		北交所向不特定合格投资者公开发行股票并上市业务办理指南
32		《北京证券交易所上市公司重大资产重组业务指引》		规范北交所上市公司重大资产重组行为
33		《北京证券交易所上市公司证券发行与承销业务指引》		北交所证券发行业务办理指引、指南
34		《北京证券交易所上市公司向特定对象发行可转换公司债券业务办理指南第1号——发行与挂牌》		北交所可转债业务办理指南
35		《北京证券交易所上市公司向特定对象发行可转换公司债券业务办理指南第2号——存续期业务办理》		北交所可转债业务办理指南
36		《北京证券交易所上市公司证券发行业务办理指南第1号——向不特定合格投资者公开发行股票》		北交所证券发行业务办理指引、指南
37		《北京证券交易所上市公司证券发行业务办理指南第2号——向特定对象发行股票》		北交所证券发行业务办理指引、指南
38		《北京证券交易所上市公司证券发行业务办理指南第3号——向原股东配售股份》		北交所证券发行业务办理指引、指南
39		《北京证券交易所行业咨询委员会管理细则》		规定北交所行业咨询委员会的职能及工作规范
40		《北京证券交易所证券发行承销自律委员会管理细则》		规定北交所证券发行承销自律委员会的职能及工作规范

续表

序号	类别	名称	发文主体	重要内容
41	北交所业务规则：持续监管类	《北京证券交易所股票上市规则（试行）》	北交所	规范北交所股票上市和持续监管事宜
42		《北京证券交易所上市公司持续监管指引第1号——独立董事》		北交所持续监管指引
43		《北京证券交易所上市公司持续监管指引第2号——季度报告》		北交所持续监管指引
44		《北京证券交易所上市公司持续监管指引第3号——股权激励和员工持股计划》		北交所持续监管指引
45		《北京证券交易所上市公司持续监管指引第4号——股份回购》		北交所持续监管指引
46		《北京证券交易所上市公司持续监管指引第5号——要约收购》		北交所持续监管指引
47		《北京证券交易所上市公司持续监管指引第6号——内幕信息知情人管理及报送》		北交所持续监管指引
48		《北京证券交易所上市公司持续监管指引第7号——转板》		北交所持续监管指引
49		《北京证券交易所上市公司业务办理指南第1号——股票停复牌》		北交所上市公司业务办理指南
50		《北京证券交易所上市公司业务办理指南第2号——股票限售及解除限售》		北交所上市公司业务办理指南
51		《北京证券交易所上市公司业务办理指南第3号——权益分派》		北交所上市公司业务办理指南

续表

序号	类别	名称	发文主体	重要内容
52	北交所业务规则：持续监管类	《北京证券交易所上市公司业务办理指南第4号——证券简称或公司全称变更》	北交所	北交所上市公司业务办理指南
53		《北京证券交易所上市公司业务办理指南第5号——表决权差异安排》		北交所上市公司业务办理指南
54		《北京证券交易所上市公司业务办理指南第6号——定期报告相关事项》		北交所上市公司业务办理指南
55		《北京证券交易所上市公司业务办理指南第7号——信息披露业务办理》		北交所上市公司业务办理指南
56		《北京证券交易所股票向不特定合格投资者公开发行与承销业务实施细则》	北交所、中登公司	北交所证券发行业务办理指引、指南
57	北交所业务规则：交易管理类	《北京证券交易所交易规则》	北交所	规范北交所的证券交易行为
58		《北京证券交易所投资者适当性管理办法（试行）》		规定北交所投资者的适当性管理安排，引导投资者理性参与本所市场证券交易
59		《北京证券交易所投资者适当性管理业务指南》		规定投资者资产认定、合格投资者证券账户信息报送标准及流程
60		《北京证券交易所上市公司股份协议转让业务办理指引》		规定北交所上市公司股份协议转让业务受理要求和办理程序
61		《北京证券交易所上市公司股份协议转让业务办理指南》		规定北交所上市公司股份协议转让业务办理流程和材料要求
62		《北京证券交易所交易异常情况处理细则》		规定北交所交易异常情形及处置办法

续表

序号	类别	名称	发文主体	重要内容
63	北交所业务规则：交易管理类	《北京证券交易所合格境外机构投资者和人民币合格境外机构投资者证券交易实施细则》	北交所	规范北交所合格境外机构投资者和人民币合格境外机构投资者的证券交易行为
64		《北京证券交易所合格境外机构投资者和人民币合格境外机构投资者信息报备指南》	北交所	规范北交所合格境外机构投资者和人民币合格境外机构投资者的信息报备行为
65		《北京证券交易所上市公司股份协议转让细则》	北交所、中登公司	规定北交所上市公司股份协议转让业务受理要求和办理程序
66		《北京证券交易所全国中小企业股份转让系统证券代码、证券简称编制指引》	北交所、全国股转公司	规定北交所和全国中小企业股份转让系统证券代码、证券简称的编制及管理安排
67		《北京证券交易所全国中小企业股份转让系统交易单元管理细则》		规定北交所和全国中小企业股份转让系统交易单元的管理安排
68		《北京证券交易所全国中小企业股份转让系统交易单元业务办理指南》		规定交易参与人在北交所、全国中小企业股份转让系统办理交易单元初次开通、新增、变更、出租、撤销、缴费等业务安排
69	北交所业务规则：市场管理类	《北京证券交易所会员管理规则（试行）》	北交所	规范北交所会员证券交易及其相关业务活动
70		《北京证券交易所业务收费管理办法》		规范北交所业务收费管理安排
71		《北京证券交易所自律监管措施和纪律处分实施细则》		规定对违反北交所业务规则的监管对象实施自律监管措施和纪律处分的相关安排
72		《北京证券交易所自律管理听证实施细则》		规范北交所的自律管理听证程序

续表

序号	类别	名称	发文主体	重要内容
73	北交所业务规则：市场管理类	《北京证券交易所复核实施细则》	北交所	规范北交所自律管理工作
74		《北京证券交易所全国中小企业股份转让系统证券公司执业质量评价细则》	北交所、全国股转公司	规定券商在北交所和全国中小企业股份转让系统有限责任公司的执业质量评价安排

注：表中"中登公司"指中国证券登记结算有限责任公司，下同

三、北交所法律属性及地位

北交所是经国务院批准设立的中国第一家公司制证券交易所，受证监会监督管理。

北交所自2021年9月3日注册成立至今只有一个股东——"全国中小企业股份转让系统有限责任公司"，注册资金是10亿元。而全国股转公司有7个股东，其中，深交所、上交所、中登公司各持股20%，中国金融期货交易所股份有限公司、上海期货交易所各持股16.67%，大连商品交易所和郑州商品交易所各持股3.33%。北交所经营范围为依法为证券集中交易提供场所和设施、组织和监督证券交易以及证券市场管理服务等业务。

北交所成立之初的领导班子来自全国股转公司和证监会。公司董事长是全国股转公司董事长徐明，副董事长兼总经理是全国股转公司总经理隋强。公司共8位董事，其中4位来自全国股转公司，另外4位来自证监会，包含两位会计领域专家。公司监事会主席是全国股转公司的党委副书记、监事长党小卉。北交所组织架构如图2-1所示。

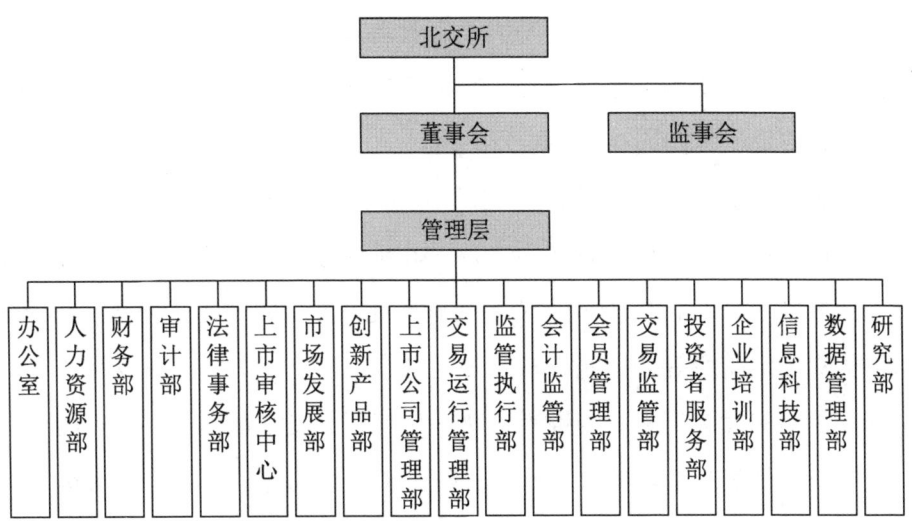

图 2-1 北交所组织架构

目前，全球证券交易所的组织形式主要分为会员制与公司制两种。二者的主要区别为：(1) 设立目的不同。会员制交易所不以营利为目的，由会员共同出资设立；公司制证券交易所则以营利为目的，由投资人共同出资设立。(2) 决策机构不同。会员制交易所的权力机构为会员大会，由会员大会就重要事项予以决策，往往实行一人一票的表决原则，且其还可以进行股票买卖与交割；公司制证券交易所的权力机构为股东会或股东大会，由股东会或股东大会就重要事项予以决策，一般实行一股一票的表决原则。(3) 适用法律和规则不同。会员制证券交易所由会员自行监管和相互约束，参与操作的成员可以参与股票交易中的股票交易和交付，其证券交易佣金和上市费用一般较低，在一定程度上可以防止上市股票的场外交易，但交易所在对会员的自律管理中可能存在利益冲突及一定程度的不公平现象；公司制交易所的主要收入来自上市费和一定比例的交易量带来的证券交易佣金，且其成员权不归属于在交易所开展交易活动的会员，非公司制交易所股东的证券公司不对证券交易所享有管理权，对证券交易所享有管理权的主体一般也不能参与证券交易，交易所在证券交易中能保持中立和超脱的地位，有助于维护证券交易的公平性。

与组织形式为会员制的沪深交易所不同，北交所组织形式为公司制，参考国际经验，其有以下优势：（1）公司制交易所具备上市融资功能，具有一定规模后可以上市，会员制交易所则无此功能。例如，纽约证券交易所、纳斯达克、港交所等公司制交易所都已融资上市。（2）公司制交易所符合全球交易所的发展趋势，与世界接轨，且有利于更好地提供服务；而会员制交易所由于参与交易的买卖双方仅限于证券交易所的会员，新会员的进入一般需要原会员的一致同意，这形成了事实上的垄断，不利于提供服务质量和降低收费标准。

北交所虽为公司制交易所，但实行会员管理制度。其目的有以下几点：（1）落实上位法的要求。《证券法》规定了证券交易所应当制定会员管理规则，《证券交易所管理办法》就证券交易所对会员的监管职责予以规范，授权证券交易所规定会员种类、资格及权利义务。（2）便于市场理解。在公司制下，交易所对参与市场业务的证券公司的监管要求与会员制交易所对会员的监管要求总体一致。从市场参与者的角度看，公司制交易所对参与业务的证券公司使用"会员"的表述，便于接受和理解。（3）符合境内外公司制交易所的实践。境内外公司制交易所对参与市场业务的证券公司实施会员管理已有成熟经验，《北京证券交易所会员管理规则（试行）》予以了充分借鉴。

第二节
北交所与资本市场

自 1990 年 12 月沪、深两大交易所设立,以及中国证券交易市场进入集中交易新时代以来,中国资本市场不断改革创新、增加供给,响应国民经济迅猛发展及对外开放持续深入带来的新需求、新挑战。北交所的成立,是中国资本市场现代化进程上的又一里程碑,有利于进一步构建我国多层次、互联互通、服务于国家战略的资本市场。

一、北交所与沪深交易所

证监会在发布的《坚持错位发展、突出特色建设北京证券交易所更好服务创新型中小企业高质量发展》一文中,提出了设立北交所应重点处理好"两个关系":一是北交所与沪深交易所和区域性股权市场坚持错位发展与互联互通,发挥好转板上市功能;二是北交所与新三板现有创新层、基础层坚持统筹协调与制度联动,维护市场结构平衡。

北交所与沪深交易所的地位并无二致,就服务对象而言则各有分工和侧重。沪深交易所的主板将继续承担对大中型企业上市融资的服务职能:上交所的科创板继续坚持面向世界科技前沿、经济主战场、国家重大需求，继续承担符合国家战略、突破关键核心技术、市场认可度高的科技创新企业上市融资的服务职能；深交所的创业板则继续承担对高新技术企业、战略性新兴产业企业和成长型创新创业企业上市融资的服务职能。而北交所的服务对象则是创新型中小企业，尤其是专精特新"小巨人"企业。

二、多层次资本市场

资本市场作为金融市场的重要组成部分之一，承担着沟通投资端与融资端的角色。投资端的不同资金有着不同的投资回报期待和风险承受能力，融资端最主要的参与者——企业也因处于不同发展阶段而有着差异化的投资需求。因此，构建多层次的资本市场，将不同的投资方（资本供给）和融资方（资本需求）匹配，是优化资源配置、为中国经济发展提供持续动力的必然要求。

北交所、上交所、深交所、新三板及区域性股权市场构成了多层次资本市场。与沪深交易所相比，北交所的服务对象更早、更小、更新，既补上了资本市场在支持创新型中小企业方面的短板，又推动中国资本市场更加向多层次、包容性的方向发展；同时，北交所将充分利用已有的新三板体系，打造新三板基础层、创新层到北交所层层递进的市场结构，与沪深交易所一起为企业提供全阶段的资本市场服务，增强中国资本市场的全球竞争力。

区域性股权市场则主要服务于地方性中小微企业的股权挂牌、交易、融资。近些年，区域性股权市场不断发展壮大，加之法律保障，其战略意义和现实作用也越来越被市场关注。2020年3月1日，新修订实施的《证券法》首次将区域性股权市场纳入调整范围，并明确其法律地位为按照国务院规定设立的区域性股权市场为非公开发行证券的发行、转让提供场所和设施,具体管理办法由国务院规定。区域性股权市场由此步入快速发展期,必将积极地与北交所、上交所、深交所、新三板等形成良性互动。

三、互联互通的资本市场

不同企业处于不同发展阶段要求资本市场多层次化,单个企业的动态发展则要求不同层次的资本市场之间能做到互联互通。资本市场的互联互通不仅能促进优胜劣汰、提高资源配置效率,还能帮助企业逐步熟悉和适应资本市场的游戏规则,提高参与资本市场的企业质量,实现企业与投资者的共赢。北交所成立后,作为新三板与主板、科创板、创业板的沟通渠道,打造可进可退的资本市场通道,进一步打掉上市公司壳价值,使生产要素正向分配,进一步增强中国资本市场的包容性和适应性,提升资本市场活力。

综上所述,就北交所与沪深交易所为核心的多层次资本市场错位发展与互联互通的关系,如图2-2所示。

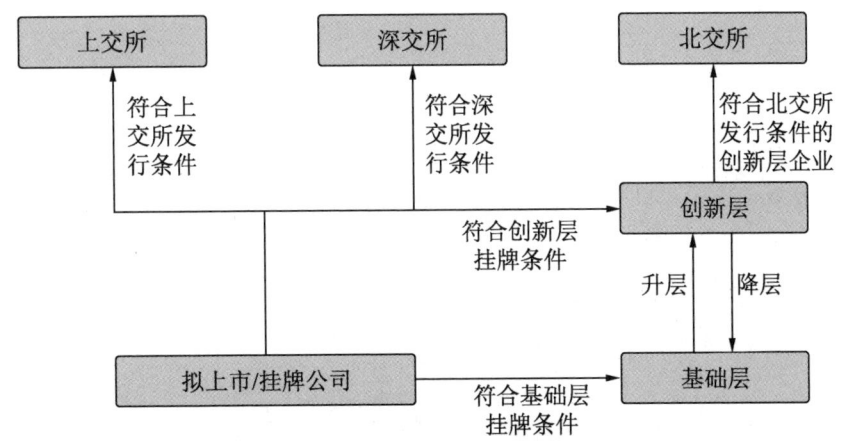

图2-2 北交所与沪深交易所为核心的多层次资本市场错位发展与互联互通的关系

第二篇

战 | 略 | 篇

第三章
北交所上市条件的深度解读

第一节
北交所上市条件的规则体系

北交所整体平移了新三板精选层的制度安排，并借鉴科创板、创业板注册制改革成熟经验，试点证券公开发行注册制。

2021年9月3日，证监会就北交所有关基础制度安排向社会公开征求意见，新闻通稿中明确"北京证券交易所新增上市公司来源于在新三板挂牌满十二个月的创新层公司，维持'层层递进'的市场格局。贯彻新发展理念，突出专精特新中小企业特点，明确简便、包容、精准的发行条件，建立多元、灵活、充分博弈的承销机制，聚焦服务实体经济，大力支持科技创新。试点证券公开发行注册制，建立北交所审核与证监会注册各有侧重、相互衔接的审核注册流程，各项安排与科创板、创业板总体保持一致"。

在《证券法》《公司法》的基础上，证监会发布的《注册管理办法》以及北交所发布的《北京证券交易所股票上市规则（试行）》（以下简称《北交所上市规则》）中对北交所上市条件作出了具体规定。总体来说，北交所公开发行并上市的条件包括以下三点。

（1）属于北交所服务对象，即创新型中小企业，尤其是专精特新企业；

（2）符合《注册管理办法》规定的发行条件，符合《北交所上市规则》规定的上市条件，主要包括主体资格条件、市值和财务指标、股本及公开发行比例要求、股东人数及发行对象人数要求；

（3）避免出现《注册管理办法》和《北交所上市规则》制度中"负面清单"情形。

第二节
北交所上市条件的具体规则

一、主体资格条件

（一）核心主体资格条件

北交所上市主体条件中，最核心的要求就是"发行人为在全国中小企业股份转让系统（以下简称全国股转系统，即新三板）连续挂牌满12个月的创新层挂牌公司"[①]。

根据《注册管理办法》和《北交所上市规则》中对公开发行主体的规定，在全国股转系统连续挂牌满12个月的创新层企业，可以申请公开发行并在北交所上市。具体来说需要满足以下两点。

（1）发行人在申报北交所上市时是新三板挂牌创新层企业；

（2）在新三板连续挂牌满12个月。此处"12个月"是指从新三板挂牌开始，而并非指进入创新层之后再等12个月。也就是说，计算是否满12个月时，可以合并计算基础层和创新层的累计挂牌时间。

[①] 《注册管理办法》第九条；《北交所上市规则》第2.1.2条。

（二）其他主体资格条件

根据《注册管理办法》第十条的规定，发行人申请公开发行股票，应当符合以下条件。

（1）具备健全且运行良好的组织机构；

（2）具有持续经营能力，财务状况良好；

（3）最近三年财务会计报告无虚假记载，被出具无保留意见审计报告；

（4）依法规范经营。

与新三板精选层公开发行条件相比，北交所根据《证券法》第十二条的规定修订了对发行人持续盈利能力的要求，简化了规范经营的表述。

二、市值和财务指标

（一）北交所四套市值和财务指标

北交所的市值指标和财务指标借鉴科创板、创业板经验，共设有四套标准。从差异化原则出发，市值标准由低到高，财务条件也覆盖了不同发展阶段、行业类型、商业模式和融资需求的企业，企业可以结合自身财务状况、公司治理特点、发展阶段以及上市后的持续监管要求等，自行选择适用标准。

根据《北交所上市规则》规定：发行人申请公开发行并上市，市值及财务指标应当至少符合下列标准中的一项[①]（以下所称预计市值是指以发行人公开发行价格计算的股票市值），如图3-1所示。

---

① 《北交所上市规则》第2.1.3条。

市值+净利润 （定位：营利）	· 市值≥2亿元 · 最近两年净利润≥1500万元或最近一年净利润≥2500万元 · 加权平均净资产收益率≥8%
市值+营业收入+现金流 （定位：成长）	· 市值≥4亿元 · 最近两年营业收入平均≥1亿元且最近一年营业收入增长率≥30% · 最近一年经营活动产生的现金流量净额为正
市值+营业收入+研发投入 （定位：产业化）	· 市值≥8亿元 · 最近一年营业收入≥2亿元 · 最近两年研发投入合计占最近两年营业收入合计比例≥8%
市值+研发投入 （定位：研发）	· 市值≥15亿元 · 最近两年研发投入合计≥5000万元

图 3-1　北交所上市条件（市值与财务指标）

1. 市值 + 净利润（标准定位：营利）

预计市值不低于 2 亿元，最近两年净利润均不低于 1500 万元且加权平均净资产收益率不低于 8%，或者最近一年净利润不低于 2500 万元且加权平均净资产收益率不低于 8%。

预计市值是指以发行人公开发行价格计算的股票市值。

2. 市值 + 营业收入 + 现金流（标准定位：成长）

预计市值不低于 4 亿元，最近两年营业收入平均不低于 1 亿元且最近一年营业收入增长率不低于 30%，最近一年经营活动产生的现金流量净额为正。

3. 市值 + 营业收入 + 研发投入（标准定位：产业化）

预计市值不低于 8 亿元，最近一年营业收入不低于 2 亿元，最近两年研发投入合计占最近两年营业收入合计比例不低于 8%。

4. 市值+研发投入（标准定位：研发）

预计市值不低于15亿元，最近两年研发投入合计不低于5000万元。

研发投入通常包括研发人员工资费用、直接投入费用、折旧费用与长期待摊费用、设计费用、装备调试费、无形资产摊销费用、委托外部研究开发费用、其他费用等[①]。

上述财务指标，北交所延续了新三板精选层的审核要求，2021年11月12日北交所发布的《北京证券交易所向不特定合格投资者公开发行股票并上市业务规则适用指引第1号》对上市标准中各项指标的理解与适用进行了细化说明。

发行人选择适用第一套标准上市的，要求保荐机构应重点关注：发行人最近一年的净利润对关联方或者有重大不确定性的客户是否存在重大依赖，最近一年的净利润是否主要来自合并报表范围以外的投资收益，最近一年的净利润对税收优惠、政府补助等非经常性损益是否存在较大依赖，净利润等经营业绩指标大幅下滑是否对发行人经营业绩构成重大不利影响等。

发行人选择适用第一、二、三套标准上市的，要求保荐机构均应重点关注：发行人最近一年的营业收入对关联方或者有重大不确定性的客户是否存在重大依赖，营业收入大幅下滑是否对发行人经营业绩构成重大不利影响。

发行人选择适用第三套标准上市的，其最近一年营业收入应主要源于前期研发成果产业化。

---

① 《北京证券交易所向不特定合格投资者公开发行股票并上市业务规则适用指引第1号》。

发行人选择适用第四套标准上市的，其主营业务应属于新一代信息技术、高端装备、生物医药等国家重点鼓励发展的战略性新兴产业。保荐机构应重点关注：发行人创新能力是否突出、是否具备明显的技术优势、是否已取得阶段性研发或经营成果。

（二）北交所与科创板、创业板指标对比

北交所与科创板、创业板指标对比如表3-1所示。

表3-1 北交所与科创板、创业板指标对比

北交所	科创板	创业板
标准一：市值＋净利润＋（净资产收益率） 预计市值≥2亿元，最近两年净利润均≥1500万元且加权平均净资产收益率≥8% 或预计市值≥2亿元，最近一年净利润≥2500万元且加权平均净资产收益率≥8%	标准一：市值＋净利润／（正营收） 预计市值≥10亿元，最近两年净利润均为正且累计净利润≥5000万元 或预计市值≥10亿元，最近一年净利润为正且营业收入≥1亿元	标准二：市值＋净利润＋营收 预计市值≥10亿元，最近一年净利润为正且营业收入≥1亿元 标准一：最近两年净利润均为正 且累计净利润≥5000万元
标准二：市值＋营收＋（营收增长率）＋现金流 预计市值≥4亿元，最近两年平均营业收入≥1亿元且最近一年营业收入增长率≥30%，最近一年经营活动产生的现金流量净额为正	标准三：市值＋营收＋现金流 预计市值≥20亿元，最近一年营业收入≥3亿元且最近3年经营活动产生的现金流量净额累计≥1亿元	－
－	标准四：市值＋营收 预计市值≥30亿元且最近一年营业收入≥3亿元	标准三：市值＋营收 预计市值≥50亿元且最近一年营业收入≥3亿元

续表

北交所	科创板	创业板
标准三：市值+营收+研发营收占比 预计市值≥8亿元，最近一年营业收入≥2亿元且最近两年研发投入合计占最近两年营业收入合计比例≥8%	标准二：市值+营收+研发营收占比 预计市值≥15亿元，最近一年营业收入≥3亿元且最近三年累计研发投入占最近三年累计营业收入的比例≥15%	—
标准四：市值+研发投入 预计市值≥15亿元，最近两年研发投入累计≥5000万元	标准五：市值+研发投入 预计市值≥40亿元，主要业务或产品须经国家有关部门批准，市场空间大，目前已取得阶段性成果，并获得知名投资机构一定金额的投资。医药行业企业须至少有一项核心产品获准开展二期临床试验，其他符合科创板定位的企业须具备明显的技术优势并满足相应条件	—

标准一定位营利，在"市值+净利润"的标准之下，北交所最低2亿元的市值要求相比科创板、创业板市值10亿元的指标明显降低；但北交所在净利润之外还有净资产收益率不低于8%的要求，这对企业的盈利能力提出了较高的要求。

标准二定位成长，在"市值+营收+现金流"的标准之下，北交所对市值和营收的要求远低于科创板、创业板。另外，科创板要求不低于1亿元的三年经营性现金流，可见其注重企业发展的长期性与稳定性；而北交所则增加了近一年营收增长率不低于30%的要求，体现其对于企业成长性的重视。

标准三定位产业化，在"市值+营收+研发营收占比"的标准之下，科创板较北交所在各方面都有更高指标要求，尤其是15%的研发投入占累计营收比例要求，这也体现了科创板注重"硬科技"的特点。创业板对研发营收占比并无要求，可以说，北交所居中设置该指标，既体现对于"专精特新"的研发要求，又适应中小企业的实际情况而降低了指标要求。

标准四定位研发，在"市值+研发投入"的标准之下，北交所仅对市值和总研发投入进行了要求，创业板无此项要求；科创板对于企业在研发方面已经取得的阶段性成果要求较高，要求医药行业企业至少有一项核心产品获准开展二期临床试验，且对市值要求较高，要求至少不低于40亿元。从北交所的指标来看，体量越大、科技含量越高的企业，对其营利或营收的硬性指标要求越小。

三、股权分散度

除了主体资格条件和市值财务指标外，申请北交所上市的公司还须满足公众化水平的要求，在北交所对外资料中也称为股权分散度要求，包括股本及公开发行比例要求、股东人数及发行对象人数要求。

根据北交所发布的《北交所上市规则》规定，股权分散度具体要求包括以下四点内容。

（1）最近一年期末净资产不低于5000万元；

（2）向不特定合格投资者公开发行（以下简称公开发行）的股份不少于100万股，发行对象不少于100人；

（3）公开发行后，公司股本总额不少于3000万元；

（4）公开发行后，公司股东人数不少于200人，公众股东持股比例不低于公司股本总额的 25%；公司股本总额超过 4 亿元的，公众股东持股比例不低于公司股本总额的 10%。

股权分散度是境内外证券市场常用的上市挂牌条件，公司达到一定的股权分散度，有利于深化外部股东对内部股东的约束，进一步改善公司治理水平，同时也是北交所实施连续竞价交易方式的基础。

四、负面清单

（一）"合规性"负面清单

合规守法是上市的义务及门槛，《北交所上市规则》中为发行人、发行人控股股东、实际控制人及发行人董事、监事、高级管理人员设置了明确的禁止红线。

申请北交所上市不得存在如下违规情形。

（1）最近 36 个月内，发行人及其控股股东、实际控制人存在贪污、贿赂、侵占财产、挪用财产或者破坏社会主义市场经济秩序的刑事犯罪，存在欺诈发行、重大信息披露违法或者其他涉及国家安全、公共安全、生态安全、生产安全、公众健康安全等领域的重大违法行为。

（2）最近 12 个月内，发行人及其控股股东、实际控制人、董事、监事、高级管理人员受到证监会及其派出机构行政处罚，或因证券市场违法违规行为受到全国股转公司、证券交易所等自律监管机构公开谴责。

（3）发行人及其控股股东、实际控制人、董事、监事、高级管理人员因涉嫌犯罪正被司法机关立案侦查，或涉嫌违法违规正被证监会及其派出机构立案调查，尚未有明确结论意见。

（4）发行人及其控股股东、实际控制人被列入失信被执行人名单且情形尚未消除。

（5）未按照《证券法》规定在每个会计年度结束之日起4个月内编制并披露年度报告，或者未在每个会计年度的上半年结束之日起2个月内编制并披露中期报告。

（6）证监会和北交所规定的，对发行人经营稳定性、直接面向市场独立持续经营的能力具有重大不利影响，或者存在发行人利益受到损害等其他情形。

"合规性"负面清单是对《注册管理办法》公开发行条件的补充，尤其是增加了对于发行人经营稳定性、直接面向市场独立持续经营能力具有重大不利影响，或存在发行人利益受到损害等其他情形，隐含了经营稳定性、独立性、同业竞争、关联交易等内容，体现了北交所在示范引领和"反哺"新三板创新层、基础层中小企业的同时，坚持高级交易市场的定位。

（二）"行业性"负面清单

北交所主要服务创新型中小企业，重点支持先进制造业和现代服务业等领域企业，在明确其服务专精特新企业的同时，也有明确的"行业性"负面清单。

2021年1月12日，北交所发布《北京证券交易所向不特定合格投资者公开发行股票并上市业务规则适用指引第1号》的公告，其中"1-9 行业相关要求"明确了其对特定行业的限制性要求："发行人属于金融业、房地产业企业的，不支持其申报在本所发行上市。发行人生产经营应当符合国家产业政策。发行人不得属于产能过剩行业（*产能过剩行业的认定以国务院主管部门的规定为准*）、《产业结构调整指导目录》中规定的淘汰类行业，以及从事学前教育、学科类培训等业务的企业。"

综上，属于金融业、房地产业、产能过剩行业、淘汰类行业、学前教育及学科培训类企业，一般不被支持在北交所发行上市。

五、信息披露要求

《注册管理办法》和《北交所上市规则》均在规则总则中对发行人做出了信息披露义务要求，以促进公司规范运作。

《北交所上市规则》对发行条件还有一项特别规定：发行人具有表决权差异安排的，该安排应当平稳运行至少一个完整会计年度，且相关信息披露和公司治理应当符合证监会及全国股转公司相关规定。

第四章
北交所发行上市标准流程

第一节
发行上市的标准流程

北交所实行电子化审核，申请、受理、问询、回复等事项均通过北交所审核系统办理。发行人通过保荐机构以电子文档形式向北交所提交申请文件。

整个路径如图 4-1 所示。

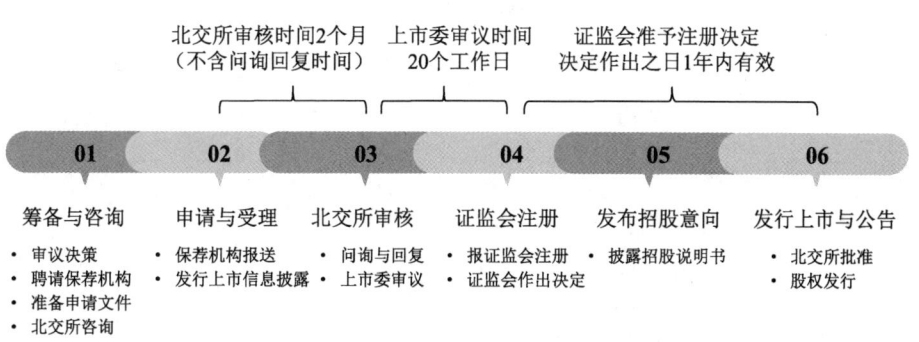

图 4-1 北交所发行上市标准流程

一、筹备与咨询

北交所实行注册制,即采用"北交所审核+证监会注册"模式。企业在正式申请上市前,需要完成各项准备工作。

(一)审议决策

《公司法》第三十七条规定,公司增加或者减少注册资本,应当由股东大会作出决议;《证券法》第十三条规定,公司公开发行新股,应当报送股东大会决议。另根据《注册管理办法》,在正式提交申报前,公司需要先完成关于发行上市的内部审议决策程序。

发行人董事会应当依法就发行上市的具体方案、募集资金使用的可行性及其他必须明确的事项作出决议,并提请股东大会审议通过。独立董事应当就证券发行事项的必要性、合理性、可行性、公平性发表专项意见。监事会应当对董事会编制的募集说明书等文件进行审核并提出书面审核意见。

股东大会就发行证券作出决议,至少应当包括下列事项。

(1)本次发行证券的种类和数量(数量上限);

(2)发行方式、发行对象或范围、现有股东的优先认购安排(如有);

(3)定价方式或发行价格(区间);

(4)限售情况(如有);

(5)募集资金用途;

(6)决议的有效期;

(7)对董事会办理本次发行具体事宜的授权;

(8)发行前滚存利润的分配方案;

(9)其他必须明确的事项。

股东大会就发行证券事项作出决议，必须经出席会议的股东所持表决权的 2/3 以上通过。

（二）聘请保荐机构、准备申请文件

完成上市决策审议后，企业应聘请保荐机构进行保荐，并准备相关申请报送文件。根据《北京证券交易所向不特定合格投资者公开发行股票并上市审核规则（试行）》（以下简称《发行上市审核规则》）第十条规定：发行人申请公开发行股票并上市的，应当按照规定聘请保荐机构进行保荐，并委托保荐机构通过审核系统报送下列文件：（1）证监会规定的招股说明书、发行保荐书、审计报告、法律意见书、公司章程、股东大会决议等注册申请文件。（2）上市保荐书。（3）北交所要求的其他文件。

（三）北交所咨询委员会

针对申报前咨询业务规则理解与适用的问题，北交所设立行业咨询委员会，专门负责为发行上市审核提供专业咨询和政策建议[①]。《北京证券交易所行业咨询委员会管理细则》第十条规定："咨询委就下列事项提供咨询意见：（1）发行上市申请文件中与发行人业务、技术相关的信息披露问题。（2）国内外科技创新及产业化应用的发展动态。（3）本所相关行业信息披露规则的制定。（4）本所根据工作需要提请咨询的其他事项。"

在提交发行上市申请文件前，发行人及其保荐机构可以就重大疑难、重大无先例事项等涉及业务规则理解与适用的问题，向北交所提出书面咨询或现场咨询。

---

① 《北京证券交易所行业咨询委员会管理细则》第二条规定："咨询委是本所专家咨询机构，负责为发行上市审核提供专业咨询和政策建议。"

二、申请与受理

（一）申请及受理时间

北交所设立了专门的发行上市审核机构（以下简称审核机构），对发行人的发行上市申请文件进行审核。

《发行上市审核规则》有以下规定。

发行人通过保荐机构提交申报文件，申报后北交所须对申请文件的齐备性进行核对，并在5个工作日内作出是否受理的决定。北交所按照收到发行人发行上市申请文件的先后顺序予以受理。

发行上市申请文件齐备的，出具受理通知；发行上市申请文件不齐备的，一次性告知需要补正的事项，补正时限最长不得超过30个工作日，多次补正的，补正时间累计计算。发行人补正发行上市申请文件的，申请时间以发行人最终提交补正文件的时间为准。

自注册申请文件受理之日起，发行人及其控股股东、实际控制人、董事、监事、高级管理人员，以及与本次股票公开发行相关的保荐人、证券服务机构及相关责任人员，即承担相应法律责任。未经北交所同意，不得对已受理的发行上市申请文件进行更改。

（二）不予受理情形

存在下列情形之一的，不予受理。

（1）发行上市申请文件不齐备且未按要求补正；

（2）保荐机构、证券服务机构及其相关人员不具备相关资质；或者因证券违法违规，被采取认定为不适当人选、限制业务活动、一定期限内不接受其出具的相关文件等相关措施，尚未解除；或者因公开发行股票并上市、上市公司证券发行、并购重组业务涉嫌违法违规，或其他业务涉嫌违法违规且对市场有重大影响被立案调查、侦查，尚未结案；

（3）存在尚未实施完毕的股票发行、重大资产重组、可转换为股票的公司债券发行、收购、股票回购等情形；

（4）其他情形。

保荐机构报送的发行上市申请文件在12个月内累计两次被不予受理的，自第二次收到不予受理通知之日起3个月后，方可报送新的发行上市申请文件。

（三）发行信息披露

发行人应于北交所受理发行上市申请文件当日，在北交所网站预先披露招股说明书、发行保荐书、上市保荐书、审计报告和法律意见书等文件。自申请受理至证监会作出注册决定前，发行人应当就上述文件根据北交所相关规定予以更新并披露。该披露文件应注明"仅供预先披露之用，投资者应当以正式公告的招股说明书作为投资决定的依据"。

三、北交所审核

（一）问询与回复

《北京证券交易所向不特定合格投资者公开发行股票并上市业务办理指南第1号——申报与审核》对北交所的审核流程作出了详细的规范。

自申请正式受理之日起20个工作日内，北交所会通过审核系统向发行人发出首轮审核问询。发行人及保荐机构收到审核询问后，应当对审核问询事项进行核查、落实，并自收到审核问询之日起20个工作日内提交回复文件。

发行人及保荐人对审核问询存在疑问的，可以邮件咨询或预约当面沟通；预计难以在规定时间内回复的，保荐机构应当提交延期回复申请，说明延期理由及预计回复日期，延期一般不超过 20 个工作日。

首轮审核问询后，存在下列情形之一的，北交所审核机构收到回复后 10 个工作日内可以继续提出审核问询。

（1）首轮审核问询后，发现新的需要问询事项；

（2）发行人及其保荐机构、证券服务机构的回复未能有针对性地回答北交所审核机构提出的审核问询，或者北交所就其回复需要继续审核问询；

（3）发行人的信息披露仍未满足证监会和北交所规定的要求；

（4）北交所认为需要继续审核问询的其他情形。

北交所根据审核需要，要求发行人的控股股东、实际控制人、董事、监事、高级管理人员，保荐机构、证券服务机构及其相关人员当面问询的，相关人员应当在约定时间和地点接受问询。

（二）问询回复披露

发行人、保荐机构及相关证券服务机构的问询回复将在北交所网站披露。发行人或保荐机构认为拟披露的回复信息属于国家秘密、商业秘密，披露后可能导致其违反国家有关保密的法律法规或者严重损害公司利益的，须提交脱密处理后的问询回复，并将信息披露豁免的申请文件上传至对应的文件条目内。北交所经审核认为豁免理由不成立的，发行人应当按照规定予以披露。

（三）上市委审议

北交所审核机构通过上述问询与回复后，认为不需要进一步问询后出具审核报告。审核报告提请至北交所专门的发行上市审核机构（**以下简称**

上市委员会），上市委员会应召开审议会议，对发行人上市申请文件和审核机构出具的审核报告进行审议，形成审议意见。

上市委员会应在自受理发行上市申请文件之日起两个月内形成审核意见，但发行人及其保荐机构、证券服务机构回复审核问询的时间（**总计不超过 3 个月**）不计算在内。

发行人存在发行条件、上市条件或者信息披露方面的重大事项有待进一步核实，无法形成审议意见的，经会议合议，上市委员会可以对该发行人的发行上市申请暂缓审议，暂缓审议时间不超过两个月。对发行人的同一发行上市申请，上市委员会只能暂缓审议一次。

四、证监会注册

发行人的上市申请经北交所上市委员会审核通过后，由北交所向证监会报送发行人符合发行条件、上市条件和信息披露要求的审核意见、相关审核资料和发行人的发行上市申请文件，由证监会履行发行注册程序。

发行注册主要关注北交所发行上市审核内容有无遗漏、审核程序是否符合规定，以及发行人在发行条件和信息披露要求的重大方面是否符合相关规定。

证监会认为存在需要进一步说明或者落实事项的，可以要求北交所进一步问询；认为北交所对影响发行条件的重大事项未予关注，或者北交所的审核意见依据明显不充分的，可以退回北交所补充审核。决定退回北交所补充审核的，审核机构对要求补充审核的事项重新审核，并提交上市委员会审议。北交所审核通过的，重新向证监会报送审核意见及相关资料；审核不通过的，作出终止发行上市审核的决定。

证监会应在 20 个工作日内对发行人的注册申请作出同意注册或不予注

册的决定，要求发行人补充、修改申请文件的时间不计算在内。北交所重新报送的，期限按照 20 个工作日重新计算。

证监会予以注册的决定，自作出之日起 1 年内有效，发行人应当在 1 年内发行股票，发行时点由发行人自主选择。

北交所认为发行人不符合发行条件或者信息披露要求，作出终止发行上市审核决定，或者证监会作出不予注册决定的，自决定作出之日起 6 个月后，发行人可以再次提出公开发行股票并上市申请。

五、发布招股意向／说明书

招股说明书是股份有限公司发行股票时就发行有关事项向公众作出披露并向特定或非特定投资人提出购买或销售其股票的邀约或邀约要求的法律文件。

发行人在取得证监会予以注册的决定后，启动股票公开发行前应当在北交所网站披露招股意向书或招股说明书。

发行人采取询价或竞价方式发行的，发行价格确定后 5 个工作日内，应当在北交所网站刊登招股说明书。招股说明书的有效期为 6 个月，自公开发行前最后一次签署之日起算。发行人应当使用有效期内的招股说明书完成本次发行。招股说明书中引用的财务报表在其最近一期截止日后 6 个月内有效。特别情况下发行人可以申请适当延长，延长至多不超过 3 个月。财务报表应当以年度末、半年度末或者季度末为截止日。

六、发行上市与公告

发行人公开发行股票经证监会注册并完成发行后，应当向北交所提出股票上市申请。申请须提交以下文件。

（1）上市申请书；

（2）证监会同意注册的决定；

（3）公开发行结束后，符合《证券法》规定的会计师事务所出具的验资报告；

（4）中国证券登记结算有限责任公司北京分公司出具的股票登记证明文件；

（5）保荐机构关于办理完成限售登记及符合相关规定的承诺；

（6）公开发行后至上市前，按规定新增的财务资料和有关重大事项的说明（如适用）；

（7）北交所要求的其他文件。

北交所收到发行人完备的上市申请文件后5个交易日内，作出是否同意上市的决定。同意上市的，北交所应当与发行人订立上市协议。

发行人应当于股票上市前3个交易日内，在符合《证券法》规定的信息披露平台披露上市公告、公司章程等北交所要求的文件。

第二节
北交所与科创板、创业板审核时限对比

北交所审核发行更加高效,使得企业上市时间进一步缩短。注册制下的北交所上市发行审核时限,其中监管审核时间最长为 2 个月 +20 个工作日,和科创板与创业板最长 3 个月时间基本一致;而在公司问询回复环节,北交所规定最长不超过 2 个月,短于科创板与创业板的不超过 3 个月,审核时限进一步压缩。

根据《上海证券交易所科创板股票发行上市审核规则》《深圳证券交易所创业板股票发行上市审核规则》和《注册管理办法》等相关规定,北交所、上交所科创板和深交所创业板的审限具体如下(见表 4-1)。

表 4-1 北交所、上交所科创板和深交所创业板审核时限对比

流程阶段	北交所	上交所科创板	深交所创业板
受理	收到注册申请文件后，须对申请文件的齐备性进行核对，并在5个工作日内作出是否受理的决定	收到发行上市申请文件后5个工作日内，对文件进行核对，作出是否受理的决定	收到发行上市申请文件后5个工作日内，对文件进行核对，作出是否受理的决定
审核问询	自受理之日起20个工作日内，通过审核系统发出首轮审核问询；发行人及其保荐人、证券服务机构回复北交所审核问询的时间总计不超过3个月	发行上市审核机构自受理之日起20个工作日内，通过保荐人向发行人提出首轮审核问询；发行人及其保荐人、证券服务机构回复上交所审核问询的时间总计不超过3个月	发行上市审核机构自受理之日起20个工作日内，通过保荐人向发行人提出首轮审核问询；发行人及其保荐人、证券服务机构回复深交所审核问询的时间总计不超过3个月
交易所审核	北交所应当自受理注册申请文件之日起2个月内形成审核意见	自受理发行上市申请文件之日起，上交所审核和证监会注册的时间总计不超过3个月	自受理发行上市申请文件之日起，深交所审核和证监会注册的时间总计不超过3个月
证监会决定	证监会应在20个工作日内对发行人的注册申请作出同意注册或不予注册的决定	证监会应在20个工作日内对发行人的注册申请作出同意注册或不予注册的决定	证监会应在20个工作日内对发行人的注册申请作出同意注册或不予注册的决定

第三节
特殊情形项处理

一、重大事项报告与处理

（一）重大事项及时报告与信息披露

《发行上市审核规则》中将"重大事项"定义为：重大事项是指可能对发行人符合发行条件、上市条件或者信息披露要求产生重大影响的事项[①]。

自北交所受理发行上市申请后至股票上市交易前发生重大事项的，发行人及其保荐机构应当及时向北交所报告，并按要求更新发行上市申请文件。发行人的保荐机构、证券服务机构应当持续履行尽职调查职责，并向北交所提交专项核查意见。

上市委员会审议会议后至股票上市交易前发生重大事项，对发行人是否符合发行条件、上市条件或者信息披露要求产生重大影响的，审核机构经重新审核后决定是否重新提交上市委员会审议。重新提交上市委员会审议的，应当向证监会报告。

---

① 《发行上市审核规则》第五十五条。

证监会认为北交所对影响发行条件的重大事项未予关注或者北交所的审核意见依据明显不充分的，可以退回北交所补充审核。北交所补充审核后，认为发行人符合发行条件和信息披露要求的，重新向证监会报送审核意见及相关资料，注册期限重新计算。

（二）可能导致暂缓/停止发行/上市

证监会作出注册决定后至股票上市交易前发生重大事项，可能导致发行人不符合发行条件、上市条件或者信息披露要求的，发行人应当暂停发行；已经发行的，暂缓上市。发行人及其保荐机构应当将上述情况及时报告北交所并作出公告，说明重大事项相关情况及发行人将暂停发行、暂缓上市。

北交所发现发行人存在上述情形的，北交所有权要求发行人暂缓上市。北交所经审核认为相关重大事项导致发行人不符合发行条件、上市条件或者信息披露要求的，将出具明确意见并向证监会报告。

相关重大事项导致发行人不符合发行条件的，应当撤销注册。证监会撤销注册后，股票尚未发行的，发行人应当停止发行；股票已经发行尚未上市的，发行人应当按照发行价并加算银行同期存款利息返还股票持有人。

二、发行人被报道、举报的处理

北交所受理发行上市申请文件后至发行人股票上市交易前，发行人及其保荐机构应当密切关注公共媒体关于发行人的重大报道、市场传闻。

相关报道、传闻与发行人信息披露存在重大差异，所涉事项可能对发行人股票上市产生重大影响的，发行人及其保荐机构应当向北交所作出解释说明，并按规定履行信息披露义务；保荐机构、证券服务机构应当进行必要的核查并将核查结果向北交所报告。

北交所受理发行上市申请文件后至发行人股票上市交易前，北交所收到与发行人发行上市相关投诉举报的，可以就投诉举报涉及的事项向发行人及其保荐机构、证券服务机构进行问询，要求发行人及其保荐机构作出解释说明，并按规定履行信息披露义务；要求保荐机构、证券服务机构进行必要的核查并将核查结果向北交所报告。

三、中止、终止审核

（一）审核中止

在申请发行上市的整个进程中，会经过证券交易所和证监会的各项审核，期间也会要求公司对各项文件和事项予以披露和公告。在审核过程中，企业可能会因为出现了一些特殊情况，使得审核程序无法继续。在这些情况下，为维护正常的审核秩序，本着对发行人和投资者负责的态度，证监会将这些企业列入中止审查的名单。

根据《注册管理办法》和《发行上市审核规则》，存在下列情形之一的，发行人、保荐人和证券服务机构应当及时书面报告北交所或者证监会，北交所或者证监会应当中止相应发行上市审核程序或者发行注册程序。

（1）发行人及其控股股东、实际控制人涉嫌贪污、贿赂、侵占财产、挪用财产或者破坏社会主义市场经济秩序的犯罪，或者涉嫌欺诈发行、重大信息披露违法或其他涉及国家安全、公共安全、生态安全、生产安全、公众健康安全等领域的重大违法行为，被立案调查或者被司法机关立案侦查，尚未结案。

（2）发行人的保荐人或者签字保荐代表人以及律师事务所、会计师事务所等证券服务机构或者相关签字人员因公开发行股票并上市、上市公司证券发行、并购重组业务涉嫌违法违规,或者其他业务涉嫌违法违规且对市场有重大影响,正在被证监会立案调查,或者正在被司法机关侦查,尚未结案。

(3)发行人的保荐人以及律师事务所、会计师事务所等证券服务机构被证监会依法采取限制业务活动、责令停业整顿、指定其他机构托管或接管等措施,或者被北交所实施一定期限内不接受其出具的相关文件的纪律处分,尚未解除。

(4)发行人的签字保荐代表人、签字律师、签字会计师等中介机构签字人员被证监会依法采取认定为不适当人选等监管措施或者证券市场禁入的措施,或者被北交所实施一定期限内不接受其出具的相关文件的纪律处分,尚未解除。

(5)发行人及保荐人主动要求中止发行上市审核程序或者发行注册程序,理由正当且经北交所或者证监会同意。

(6)发行人注册申请文件中记载的财务资料已过有效期,需要补充提交。

(7)证监会、北交所规定的其他情形。

出现上述第1项至第5项所列情形,发行人、保荐机构和证券服务机构未及时告知北交所,北交所经核实符合中止审核情形的,将直接中止审核。上述所列情形消失后,发行人可以提交恢复申请。

因上述第2项规定情形中止的,保荐人以及律师事务所、会计师事务所等证券服务机构按照有关规定履行复核程序后,发行人也可以提交恢复申请。北交所或者证监会按照规定恢复发行上市审核程序或发行注册程序。

因上述第 2 项至第 4 项中止审核后,发行人根据规定需要更换保荐机构或者证券服务机构的,更换后的保荐机构或证券服务机构应当自中止审核之日起 3 个月内完成尽职调查,重新出具相关文件,并对原保荐机构或者证券服务机构出具的文件进行复核,出具复核意见,对差异情况作出说明。发行人根据规定无须更换保荐机构或者证券服务机构的,保荐机构或者证券服务机构应当及时向北交所出具复核报告。发行人更换签字保荐代表人或相关签字人员,或者证券服务机构相关签字人员的,更换后的保荐代表人或者相关签字人员应当自中止审核之日起 1 个月内,对原保荐代表人或者相关人员签字的文件进行复核,出具复核意见,对差异情况作出说明。

因上述第 5 项、第 6 项中止审核的,发行人应当在中止审核后 3 个月内补充提交有效文件或者消除主动要求中止审核的相关情形。

中止审核的情形消除后,发行人、保荐机构应当及时向北交所提交恢复审核申请及相关证明文件,经北交所审核确认后,恢复审核。恢复审核后,审核时限自恢复审核之日起继续计算。但发行人对其财务报告期进行调整达到一个或一个以上会计年度的,审核时限自恢复审核之日起重新起算。

(二)审核终止

根据《注册管理办法》和《发行上市审核规则》,存在下列情形之一的,北交所或者证监会应当终止相应发行上市审核程序或者发行注册程序,并向发行人说明理由。

(1)发行人撤回注册申请或者保荐人撤销保荐。

(2)发行人未在要求的期限内对注册申请文件作出解释说明或者补充、修改。

（3）注册申请文件存在虚假记载、误导性陈述或者重大遗漏。

（4）发行人阻碍或者拒绝证监会、北交所依法对发行人实施检查、核查。

（5）发行人及其关联方以不正当手段严重干扰发行上市审核或发行注册工作。

（6）发行人法人资格终止。

（7）注册申请文件内容存在重大缺陷，严重影响投资者理解和发行上市审核或者发行注册工作。

（8）发行人注册申请文件中记载的财务资料已过有效期且逾期3个月未更新。

（9）发行人发行上市审核程序中止超过北交所规定的时限或者发行注册程序中止超过3个月仍未恢复。

（10）北交所认为发行人不符合发行条件或者信息披露要求。

（11）中国证监会规定的其他情形。

（三）复审与复核

根据《发行上市审核规则》，发行人对北交所作出的终止发行上市审核的决定有异议的，可以在收到终止审核决定后5个工作日内，向北交所申请复审。但因发行人撤回发行上市申请或者保荐机构撤销保荐而终止审核的，发行人不得申请复审。北交所收到复审申请后20个工作日内，召开上市委员会复审会议，审议复审申请。复审期间，原决定效力不受影响。

上市委员会复审会议认为申请复审理由成立的，北交所对发行人的发行上市申请重新审核，审核时限自重新审核之日起算；复审会议认为申请复审理由不成立的，维持原决定。对北交所作出的终止发行上市审核的决定，发行人只能提出一次复审申请。复审决议作出后，发行人不得再次申请复审。

经北交所审核认为发行人不符合发行条件、上市条件或信息披露要求，作出终止发行上市审核的决定或者证监会作出不予注册决定的，自决定作出之日起6个月后，发行人方可再次向北交所提交发行上市申请。

四、自律监管措施及纪律处分

根据《注册管理办法》及《发行上市审核规则》，北交所应当发挥自律管理作用，对公开发行并上市相关行为进行监督，发现发行人及其控股股东、实际控制人、董事、监事、高级管理人员以及保荐人、承销商、证券服务机构及其相关执业人员等违反法律、行政法规和证监会相关规定的，应当向证监会报告，并采取自律监管措施。自律监管措施包括：（1）口头警示。（2）约见谈话。（3）要求提交书面承诺。（4）出具警示函。（5）限期改正。（6）要求公开更正、澄清或说明。（7）要求公开致歉。（8）北交所规定的其他自律监管措施。

北交所在上市审核中，可以根据《注册管理办法》及《发行上市审核规则》，实施下列纪律处分：（1）通报批评。（2）公开谴责。（3）六个月至五年内不接受发行人提交的发行上市申请文件。（4）三个月至三年内不接受保荐机构、证券服务机构提交的发行上市申请文件、信息披露文件。（5）三个月至三年内不接受保荐代表人及保荐机构其他相关责任人员、证券服务机构相关责任人员签字的发行上市申请文件、信息披露文件。（6）公开认定发行人董事、监事、高级管理人员三年以上不适合担任上市公司董事、监事、高级管理人员。（7）北交所规定的其他纪律处分。

发行人或者其董事、监事、高级管理人员，以及发行人的控股股东、实际控制人、保荐机构、证券服务机构及其相关人员出现下列情形之一的，北交所可以视情节轻重采取自律监管措施或给予纪律处分：（1）制作、出具的发行上市申请文件不符合要求，或者擅自改动招股说明书等发行上市申请文件。（2）发行上市申请文件、信息披露文件内容存在重大缺陷，严重影响投资者理解和北交所审核。（3）发行上市申请文件、信息披露文件未做到真实、准确、完整。（4）发行人向北交所报送的发行上市申请文件、信息披露文件被认定存在虚假记载、误导性陈述或者重大遗漏。（5）发行上市申请文件前后存在实质性差异且无合理理由。（6）未在规定时限内回复北交所审核问询，且未说明理由。（7）未及时向北交所报告相关重大事项或者未及时披露。（8）发行人拒绝、阻碍、逃避北交所检查，谎报、隐匿、销毁相关证据材料。（9）以不正当手段干扰北交所发行上市审核工作。（10）伪造、变造发行上市申请文件中的签字、盖章。（11）保荐机构、证券服务机构及其相关责任人员内部控制、尽职调查等制度存在缺陷或者未有效执行，或通过相关业务谋取不正当利益，不履行其他法定职责。（12）北交所认定的其他情形。

第四节
北交所申报材料

根据《公开发行证券的公司信息披露内容与格式准则第 52 号——北京证券交易所上市公司发行证券申请文件》规定,需要申报的文件如下。

一、发行文件

招股说明书(申报稿)。

二、发行人关于本次发行上市的申请与授权文件

(1)发行人关于本次公开发行股票并在北交所上市的申请报告。

(2)发行人董事会有关本次公开发行并在北交所上市的决议。

(3)发行人股东大会有关本次公开发行并在北交所上市的决议。

(4)发行人监事会对招股说明书真实性、准确性、完整性的书面审核意见。

三、保荐人关于本次发行的文件

(1)发行保荐书。

（2）上市保荐书。

（3）保荐工作报告。

四、会计师关于本次发行的文件

（1）最近三年及一期的财务报告和审计报告。

（2）盈利预测报告及审核报告（如有）。

（3）内部控制鉴证报告。

（4）经注册会计师鉴证的非经常性损益明细表。

（5）会计师事务所关于发行人前次募集资金使用情况的报告（如有）。

五、律师关于本次发行的文件

（1）法律意见书。

（2）律师工作报告。

（3）发行人律师关于发行人董事、监事、高级管理人员、发行人控股股东和实际控制人在相关文件上签名盖章的真实性的鉴证意见。

（4）关于申请电子文件与预留原件一致的鉴证意见。

六、关于本次发行募集资金运用的文件

（1）募集资金投资项目的审批、核准或备案文件（如有）。

（2）发行人拟收购资产（包括权益）的有关财务报告、审计报告、资产评估报告（如有）。

（3）发行人拟收购资产（包括权益）的合同或其草案（如有）。

七、其他文件

（1）发行人营业执照及公司章程（草案）。

（2）发行人控股股东、实际控制人最近一年及一期的财务报告及审计报告（如有）。

（3）承诺事项。

① 发行人及其控股股东、实际控制人、持股 5% 以上股东以及发行人董事、监事、高级管理人员等责任主体的重要承诺及未履行承诺的约束措施。

② 发行人及其控股股东、实际控制人、全体董事、监事、高级管理人员、保荐人（主承销商）、律师事务所、会计师事务所及其他证券服务机构对发行申请文件真实性、准确性、完整性的承诺书。

③ 发行人、保荐人关于申请电子文件与预留原件一致的承诺函。

（4）信息披露豁免申请及保荐人核查意见（如有）。

（5）特定行业（或企业）管理部门出具的相关意见（如有）。

（6）保荐协议。

（7）其他文件。

以上申请文件是对发行申请文件的最低要求，证监会、北交所可以要求发行人和中介机构补充及更新材料。如果某些材料对发行人不适用，可不提供，但应作出书面说明。

发行人应确保申请文件的原始纸质文件已存档。发行人不能提供有关文件原件的，应由发行人律师提供鉴证意见，或由出文单位盖章，以保证与原件一致。如原出文单位不再存续，由承继其职能的单位或作出撤销决定的单位出文证明文件的真实性。

第五章
北交所上市的三"最"选择

第一节
选择最佳上市时机

为了更好地服务创新型中小企业，注册制下，企业在北交所上市的门槛有所降低，上市周期也进一步压缩。在此情况下，如何选择最佳上市时机对企业来说显得尤为重要，毕竟上市本身并不是企业的最终目标，对企业来说，这只是另一条漫漫长路的起点。所有上市企业都期望上市后股价大涨，公司市值和品牌价值都大大提升。但在实践中，也不乏企业在上市后不久就跌破发行价，使公司受到较大负面影响。

在初步具备上市条件的情况下，针对企业如何选好上市的最佳时机，从而实现跨越式的发展，我们认为应从以下四个方面进行审慎考虑。

一、企业财务状况与指标

公司的财务状况和经营业绩最易直观地体现公司整体经营情况。在企业上市条件中，市值和财务指标也是最明确的条件之一。企业现有的财务状况符合上市标准之一是启动上市程序的前提条件。达到要求指标代表着企业经营业绩良好、盈利能力优秀、现金流量充足、整体财务状况保持着较高的水准。

需要注意的是，《北交所上市规则》中四套市值和财务指标的规定只是对拟上市公司作出了最低的限制要求，事实上登陆北交所的上市公司财务指标都远高于该等最低要求。根据北交所网站公布的《北京证券交易所2021年市场统计快报》（2021年12月31日），现有82家北交所上市企业中，截至2021年年末，总市值10亿元以下企业仅有14家，占比17.07%；市值在10亿～20亿元的企业有42家，占比51.22%；市值在20亿～50亿元的企业有18家，占比21.95%；另有市值在50亿～100亿元的企业4家，占比4.88%；市值100亿元以上企业4家，占比4.88%。上述数据可以看出，多数上市企业的市值指标均远超过上市规则中的最低要求。企业要做好上市的全面准备，除了现有财务状况良好之外，还必须同时具有稳健的业绩增长预测，使得企业业绩能够持续保持强劲增长，确保整改上市周期中都有良好的业绩表现和财务数据作为支撑。

二、企业和行业发展阶段

通常来说，企业上市要求公司正处于高速发展期，所在行业正处于上升周期。初创期下企业经营规模尚未稳定，各项财务和管理制度建设尚不健全，未来的发展还存在一定不确定性。度过了初创期后，当企业迎来发展期，随着公司治理和规范化的提升，业绩的不断增长，此时公司受到市场投资者看好的可能性最高，企业选择这个时机上市，可以借势而为。

北交所与新三板坚持服务创新型中小企业，市场定位突出更早、更小、更新，与主板、科创板、创业板形成错位格局，虽然对企业上市的要求有所降低，但是仍需企业具备健全完善的管理制度和人力、财力准备。

从行业角度来看，截至 2021 年年底，北交所上市公司 82 家，战略新兴产业、先进制造业、现代服务业等占比 87%[①]。就行业来看，北交所对上市公司的选择有着明显的倾向和偏好，整体上均处于新兴行业和朝阳产业。针对这些行业国家均给予了各项政策帮扶和鼓励，市场上也易受到投资者追捧。企业需要进一步结合自身细分行业情况，考量上市的实际把握。

三、募集资金项目和数额

企业必须妥善选择适合的募集资金项目。募集资金数额和投资项目应当与发行人现有生产经营规模、财务状况、技术水平和管理能力等相适应。

为了强化投资者合法权益保护，股票发行上市要求募集资金应当有明确的使用方向，充分披露对外募资的必要性和合理性，发行人应当按照公开披露的用途使用募集资金。募集资金投资项目应当符合国家产业政策、投资管理、环境保护等法律、法规和规章的规定。企业必须妥善选择适合的募集资金项目。

企业需要根据自身实际资金需求情况并结合证券市场现状，综合确定资金募集数量。通常募集资金数额越大，筹资难度也越大。

四、资本市场行情和趋势

上市可以帮助企业筹集资金、提高声誉、促进企业裂变发展，借助的就是资本市场的力量。企业选择进入资本市场，就必须对资本市场的行情和势态保持关注和重视。企业需要关注宏观经济的变化和资本市场的周期

---

① 北交所网站——本所要闻：《北交所、新三板 2021 年市场改革发展报告》。

性，尽量选择股票市场的繁荣期进入市场。市场估值水平较高，且呈上升趋势，同时公司业绩也逐年提升，才能实现"戴维斯双击"的倍增收益效应。

在大的趋势下，不同时期，证券市场又会受到市场热点、供求关系及政策因素等多方影响，企业应就自身背景特点，抓住或制造属于自身的最佳上市时机。

第二节
选聘最优中介机构

一、中介机构概览

（一）中介机构范围

企业单凭自身是无法完成上市程序的，企业发行上市需要聘请适合的保荐机构（*也称主办券商*）和证券服务机构，这两类机构统称中介机构。企业上市能否成功，上市进程是否顺利，一方面取决于企业自身的条件情况，另一方面取决于中介机构的专业能力、服务质量和敬业精神。

根据最新修订的《非上市公众公司信息披露管理办法》，中介机构一般包括以下两种。

（1）主办券商，是指依据《全国中小企业股份转让系统有限责任公司管理暂行办法》规定在全国股转系统从事相关业务的证券公司。

（2）证券服务机构，是指为挂牌公司履行信息披露义务和出具专项文件的会计师事务所、资产评估机构、律师事务所、财务顾问机构、资信评级机构等。

（二）中介机构的收费

上市过程中，各中介机构的具体费用情况大致如下。

1. 主办券商，即保荐机构的收费

根据上市流程中主办券商提供的具体服务，大致分为企业整体改制的财务顾问费用、企业发行保荐费用、上市的股票承销费用等。各项费用具体收费标准根据复杂难易程度和企业发行股票的募集资金规模而定。从IPO业务本身看，发行规模越大，每股分摊的承销固定成本越小，所以创业板、科创板及北交所项目的承销费率会高于主板项目。

2. 会计师事务所的收费

会计师收费一般包括审计和验资费用。审计费用主要对应出具三年一期审计报告，此外根据补充审计次数的不同，每次新出具审计报告，一般都需要支付当次审计的费用。

3. 律师事务所的收费

律师事务所的中介费用，主要对应法律尽职调查、公司合规规范治理、出具法律意见书和律师工作报告等工作，具体费用视公司规模、业务体量、历史问题梳理及相关工作复杂难易程度等而变动。

4. 资产评估机构的收费

评估费用，即资产评估机构对公司资产进行评估而出具评估报告的费用，评估费一般根据公司的资产规模等计算。

5. 发行手续费、信息披露费等其他费用

因企业基础情况不同、发行体量不同以及不同的IPO项目选择不同的中介机构都会导致中介费用有较大的差异。

精选层改为北交所之后，公司质量、规模及募资金额将有所提升，中介机构承担风险也有所增加，理论上中介费用也应该会有所提高。

中介机构的费用是企业控制发行上市成本需要考虑的一个重要问题，尤其对于中小企业来说，上市的中介费用对企业来说也是一笔不小的支出。

通常大券商和业内声誉较高的会计师事务所、律师事务所收费相对较高，而普通的或新执业的机构收费较低。

我们需要特别指出的是，并非中介机构收费越低就对发行人越有利或越省钱。资本市场的中介机构提供的是专业性较高的服务，其从业人员既要有较高的学历教育背景，又要有较丰富的实践经验，他们需要具备较强的专业能力并付出大量时间投入，支付合理的服务费用既是对中介机构从业人员的尊重，又是让中介机构提供长期、稳健、高质量服务的重要保障。

二、保荐机构

保荐制度是指由保荐人（*主办券商*）负责发行人的上市推荐和辅导，核实公司发行文件与上市文件中所载资料是否真实、准确、完整，协助发行人建立严格的信息披露制度。由证券公司作为发行人的保荐机构承担风险防范责任，为上市公司上市后一段时间的信息披露行为向投资者承担担保责任，并作为股票承销商。

根据《证券发行上市保荐业务管理办法》，证券公司从事证券发行上市保荐业务，应当依照本办法规定向证监会申请保荐业务资格。未经证监会核准，任何机构不得从事保荐业务。《北交所上市规则》中明确指出：发行人向北交所申请公开发行并上市，或上市公司发行的新股在北交所上市，应当由保荐机构保荐，根据相关规定无须保荐的除外。保荐机构应当为具有保荐业务资格且取得北交所会员资格的证券公司。截至2022年2月北交所网站公告，北交所共有会员112家，基本覆盖了80%以上的证券公司。

在企业发行上市中，保荐机构作为最核心的中介机构，负责协调和统筹整体上市过程。依照《证券发行上市保荐业务管理办法》和《北京证券交易所证券发行上市保荐业务细则》，保荐机构及其保荐代表人开展保荐业务时，通常其工作内容包括但不限于以下几项。

（1）与企业及其他中介机构制订申报上市的方案和时间表。

（2）按照证监会有关规定，对发行人进行辅导，协调会计师、律师就尽职调查中发现的问题或事项指导企业进行整改、规范或作出相应安排。

（3）与企业共同编制招股说明书。

（4）组织发行人和中介机构制作发行申请文件，并依法对公开发行文件进行全面核查，向证监会尽职推荐并出具发行保荐报告。

（5）根据发行人的委托，组织编制申请文件并应当按照证监会和北交所有关规定履行内部核查程序、出具推荐文件，并配合证监会和北交所的审核工作。

（6）承担发行上市的组织工作，配合证监会和北交所的审核注册及日常监管工作；针对上市公司的具体情况，进行持续督导工作；持续督导发行人履行规范运作、信守承诺、信息披露等义务。

（7）在证监会审核过程中，对审核部门的反馈意见进行汇总，组织企业和各中介机构出具专项意见。

（8）与企业确定发行方式、发行方案，出具定价分析报告，与企业确定发行价格；组织承销团，确定销售价格。

拟上市企业应尽可能选择实力强、信誉好、经验丰富、对自身项目重视程度高的保荐机构。证监会每年会对证券公司进行分类监管、定级，根据证券公司评价计分的高低，将证券公司分为A（AAA、AA、A）、B（BBB、BB、B）、C（CCC、CC、C）、D、E等5大类共11个级别。选择保荐机构时，公司应尽量选择评级靠前的机构，尤其是A类公司，能较好控制新业务、新产品方面的风险，不过也不易盲目地追求大券商。

北交所上市的整体难度和要求低于主板上市，中小企业由于上市体量不大，对于费用成本的压力较大。企业应根据具体情况挑选既具备良好执业能力，又符合自身 IPO 体量、行业匹配和难度特点的机构。

三、会计师事务所

股票发行的审计工作必须由会计师事务所承担，会计师事务所指定注册会计师具体负责上市过程中的财务审计工作及问题处理。

在 2020 年 3 月 1 日最新修订的《证券法》生效以前，法律要求从事证券业务的会计师事务所必须具有证监会、财政部颁发的证券从业资格。新修订的《证券法》取消了会计师事务所从事证券业务的资格限制，意在避免数量有限的会计师事务所因审计作业高度集中而带来的工作量庞大、人手不足等原因造成的审计工作未勤勉尽责。

根据《证券法》及北交所各项业务规则，通常会计师事务所和注册会计师的工作内容包括但不限于以下几项。

（1）出具三年一期申报报告期的审计报告。

（2）对公司的内控制度及风险管理系统的完整性、合理性、有效性进行评价，并出具内部控制鉴证报告。

（3）对非经常性损益明细表进行鉴证。

（4）根据情况，出具审阅报告、盈利预测报告及审核报告。

（5）对北交所及证监会就材料申报提出的问询问题中的审计、财务问题出具问询回复。

（6）对发审委审核后是否存在重大事项出具意见，就北交所或证监会初审反馈意见中相关的财务会计问题发表专项意见。

（7）对募集资金的到账情况出具验资报告。

客观而言，取消会计师事务所证券业务资格限制，增加了企业对会计师事务所的选择范围，但也因此造成企业在选择会计师事务所时，不易判断其是否真正具备证券相关业务的专业能力和执业经验。

我们建议，企业考察会计师事务所时，重点关注会计师事务所的证券业务团队实力，以及具体服务的注册会计师团队是否有过证券业务经验，尤其是企业所属行业的项目经验等。

四、律师事务所

在上市进程中，企业必须聘请律师事务所担任专项法律顾问，对企业改制（*如需*）和规范治理所需的各种文件进行起草、审核，并对企业进行法律尽职调查，解决合规性问题等；尤其重要的是，律师事务所出具的法律意见书和律师工作报告是上市申报必备的法律文件。

律师事务所是最早一批从事证券业务不受资格限制的证券服务机构。但律师事务所从事证券业务，需要同其他证券服务机构一样，根据证监会、工业和信息化部、司法部、财政部联合发布的《证券服务机构从事证券服务业务备案管理规定》进行业务备案管理。

企业在北交所上市过程中，律师的工作内容通常包括但不限于以下几项。

（1）对公司进行全面、深入的法律尽职调查。

（2）解决申报前的有关法律问题。

（3）协助公司起草和审阅各项法律文书。

（4）协助保荐机构进行辅导，就上市过程中需要重点关注的法律问题等内容进行解答。

（5）对有关发行上市方案的法律问题出具法律意见书、律师工作报告。

（6）对北交所及证监会问询中的法律问题出具补充法律意见书。

（7）出具关于发行人董事、监事、高级管理人员、发行人控股股东和实际控制人在相关文件上签名盖章的真实性的鉴证意见。

（8）出具关于申请电子文件与预留原件一致的鉴证意见。

（9）对发审会审核后是否存在重大事项出具法律意见书。

不同的律师事务所提供法律服务的业务范围与专业方向差别较大。律师事务所的选聘需要关注律师事务所和承办律师团队的综合实力，企业应该审慎地选择具有相关项目经验、律师履历背景良好、资源优势突出的律师事务所与律师团队。

五、其他中介机构

在企业上市进程中，除了保荐机构、会计师事务所、律师事务所之外，往往还会需要接触资产评估、资信评级、财务顾问等证券服务机构。

资产评估机构，主要负责为证券发行、上市、挂牌、交易的主体及其控制的主体、并购标的等制作、出具资产评估报告以及证监会和国务院有关主管部门规定的其他文件。

资信评级机构，主要负责为证券的发行人、上市公司等制作、出具资信评级报告及提供相关评级服务。

财务顾问机构，主要负责为上市公司收购、重大资产重组、合并、分立、分拆、股份回购、激励事项等对上市公司股权结构、资产和负债、收入和利润等具有巨大影响的相关事项提供方案、出具专业意见等证券服务业务。

第三节
选定得力私募机构

一、私募投资的概念简析

专精特新中小企业的发展往往离不开资本的助力与支持。私募机构对于为企业从初创到坚持专业化、精细化、特色化、新颖化的业务发展提供资本支持具有重要作用，这与北交所和新三板"投早、投小、投新"的服务定位不谋而合。

在资本市场和创投圈，人们常会提到以下概念：天使投资、风险投资、私募股权投资。简单地说，三者是根据被投项目所处的阶段来划分的：天使投资针对种子期，风险投资是在初创期和成长期，私募股权投资则是拟上市的相对扩张期。不同阶段的投资往往是由不同的投资者进行的，投资的金额、来源以及投资者的关注点都有差别。不过随着企业发展速度的加快，企业各发展阶段呈现出衔接的内生性和物理区分的不明显性，天使投资、风险投资和私募股权投资之间的区别也越来越模糊。

风险投资（Venture Capital，缩写为VC）又称"创业投资"，是指由职业金融家投入新兴的、迅速发展的、有巨大竞争力的企业中的一种权益资本，是以高科技与知识为基础，以生产与经营技术密集的创新产品或服务为主的一种投资。天使投资包括在风险投资中,是企业第一批投资人。风险投资在创业企业发展初期投入风险资本,待其发育相对成熟后,通过市场退出机制将所投入的资本由股权形态转化为资金形态,以收回投资。风险投资的运作过程分为融资过程、投资过程和退出过程。

私募(Private Placement)是一种不通过公开发行(公募)的方式募集的证券融资方式,但与私售(Private Offering)不同,私募多数向小规模特定投资人发行。

广义的私募股权投资是指涵盖企业首次公开发行前后各阶段的权益投资,即对处于种子期、初创期、发展期、扩张期、成熟期和Pre-IPO(*公司上市之前的比较短的时间段*)等各个时期的企业所进行的投资。狭义的私募股权投资主要指对已经形成一定规模并产生稳定现金流的企业投资的私募股权投资部分,即创业投资后期的私募股权投资部分。

私募机构投资者是资本市场的重要参与者,一般被认为拥有更多的信息渠道和更专业的分析能力、择股能力,它们长期在各个细分赛道上主动挖掘、跟踪具备投资价值的企业,更熟悉这类规模的企业需要怎样的增值服务、最容易面临的风险有哪些。私募机构投资者一直以来都是新三板和精选层的主力机构投资者。

二、特别关注事项

(一)私募是把双刃剑

引进私募等投资者,一方面可以解决企业上市的资金需求,另一方面可以获取产业资源、改善公司治理结构、取得更好的管理经验、引进知名机构、提升知名度和公司估值水平。

但与之同时,在上市前引入私募机构也有不利的方面。从财务学角度讲，股权融资是比债务融资成本更为昂贵的融资方式。鉴于一个企业随着其成熟度的提升和越来越接近资本市场，估值应该越来越高，那么越往后融资，同样的股权摊薄越能够融到更多的资金，所以较早地进入私募，会存在股权稀释的弊端；投资者参与公司治理结构，对创业者对企业的控制力也会存在一定限制。

上市前引进投资者是证监会审核重点关注的问题之一，企业和保荐机构在引进投资者时要充分注意新进股东身份核查、私募基金备案、产业投资者入股、对赌协议、突击入股及锁定期、减持安排等问题。如果企业引入的私募机构不佳，其中可能存在运作不规范的情况，反而会影响IPO进程。

企业要根据自身实际情况和需求权衡各方面利弊，以决定是否引进、何时引进私募等投资者。

（二）如何选择适合的私募机构

企业与私募机构的合作是双向选择的结果，企业应根据自身实际需要慎重选择合适的投资者。在选择私募机构时，可以综合考虑以下因素。

1. 投资领域和业绩情况

每个投资者都有自己特定的投资领域，即对某个产业领域的投资偏好，选择侧重于本行业投资的私募资金。企业应关注投资机构的项目情况、成功案例，尤其是在同行业或相近产业的投资案例。成功的案例不仅能带来可借鉴的经验价值，往往还能带来资源整合的附加价值。

2. 资金实力及最低投资额

资金规模的大小反映了投资机构的实力。通常资金规模越大的机构，最低投资金额就越大。企业须判定其是否能够满足本企业的投资需求，需要根据自身资金需求选择不同规模的私募资金。

3. 估值定价因素

在初步选定投资机构并达成基本的投资意向之后，投资机构就要展开尽职调查，进行一系列摸底工作，最后签订正式的投资协议、增资协议或者其他文件。投资协议的一个重要问题就是标的企业的估值问题，除了企业所处的行业与商业模式、核心竞争力、团队等估值定价通常考虑的因素外，距离上市的准备程度、所处行业当前二级市场盈利状况等也是影响估值的重要因素。

4. 增值服务

除了能为企业提供资金需求，投资机构还能为企业带来附加价值越来越成为企业选择私募机构的考察重点。企业需要判定其是否能够为本企业在业务发展、人力资源、资本市场运作和市场开拓能力上带来附加价值，助力提升企业综合品牌价值。

第三篇

实务篇

第六章
新三板挂牌条件和北交所上市条件

第一节
新三板基础层挂牌条件

一、概述

全国股转公司于2013年2月8日发布，并于2013年12月30日修订的《全国中小企业股份转让系统业务规则（试行）》确立了挂牌条件的基本规定，延续至今。

为更加明确挂牌条件，全国股转公司按照"可把控、可举证、可识别"的原则，对《全国中小企业股份转让系统业务规则（试行）》规定的六项挂牌条件进行了细化，并于2013年6月17日发布了《全国中小企业股份转让系统股票挂牌条件适用基本标准指引（试行）》，使新三板挂牌条件更加完备和具有可操作性。

在挂牌审查工作中，全国股转公司坚持以信息披露为核心，督促各市场主体归位尽责，并通过开门点评、业界互动及吸纳意见，对涉及挂牌条件的问题进行及时归纳总结，形成系列问题解答。2015年9月8日，全国股转公司发布《全国中小企业股份转让系统挂牌业务问答——关于挂牌条件适用若干问题的解答（一）》（以下简称《挂牌条件问答（一）》）；2016年9月8日，全国股转公司发布《全国中小企业股份转让系统挂牌业务问答——关于挂牌条件适用若干问题的解答（二）》（以下简称《挂牌条件问答（二）》）。

为进一步明确挂牌条件的适用标准，适应市场发展需要，全国股转公司于2017年9月6日发布了《关于修订〈全国中小企业股份转让系统股票挂牌条件适用基本标准指引〉的公告》（股转系统公告〔2017〕366号）。新修订的《全国中小企业股份转让系统股票挂牌条件适用基本标准指引》于2017年11月1日生效实施，自生效实施之日起，《挂牌条件问答（一）》《挂牌条件问答（二）》均废止。

2020年2月28日，全国股转公司发布最新的《全国中小企业股份转让系统股票挂牌条件适用基本标准指引》（股转系统公告〔2020〕151号），新的挂牌条件适用基本标准指引自2020年3月1日起实施。

二、挂牌条件及挂牌条件适用基本标准

（一）挂牌条件

股份有限公司申请股票在全国股转系统挂牌，应当符合下列条件：（1）依法设立且存续满两年，有限责任公司按原账面净资产值折股整体变更为股份有限公司的，存续时间可以从有限责任公司成立之日起计算。（2）业务明确，具有持续经营能力。（3）公司治理机制健全，合法规范经营。（4）股权明晰，股票发行和转让合法合规。（5）主办券商推荐并持续督导。（6）股份转让系统公司要求的其他条件。

（二）挂牌条件的基本标准

1. 依法设立且存续满两年

（1）依法设立，是指公司依据《公司法》等法律、法规及规章的规定向公司登记机关申请登记，并已取得《企业法人营业执照》。

1）公司设立的主体、程序合法、合规。

① 国有企业须提供相应的国有资产监督管理机构或国务院、地方政府授权的其他部门、机构关于国有股权设置的批复文件。

国有企业应严格按照国有资产管理法律法规的规定提供国有股权设置批复文件，但因客观原因确实无法提供批复文件且符合以下条件的，在公司和中介机构保证国有资产不流失的前提下，按以下方式解决：A.可以国有产权登记表（证）替代国资监管机构关于国有股权设置的批复文件；B.政府引导或国有基金参股的，可以该基金的有效投资决策文件替代国资监管机构或财政部门关于国有股权设置的批复文件；C.由国资监管机构以外的机构监管的国有股权或授权经营的下属子公司，可提供该相关监管机构或国有资产授权经营单位出具的批复文件或经其盖章的产权登记表（证）替代国资监管机构的国有股权设置批复文件；D.公司股东中存在为其提供做市服务的国有做市商的，暂不要求提供该类股东的国有股权设置批复文件。

② 外商投资企业须提供商务主管部门出具的设立批复或备案文件。

③《公司法》修改（2006年1月1日）前设立的股份公司，须取得国务院授权部门或者省级人民政府的批准文件。

2）公司股东的出资合法、合规，出资方式及比例应符合《公司法》相关规定。

① 以实物、知识产权、土地使用权等非货币财产出资的，应当评估作价，

核实财产，明确权属，财产权转移手续办理完毕。

② 以国有资产出资的，应遵守有关国有资产评估的规定。

③ 公司注册资本缴足，不存在虚假出资、抽逃出资或未实缴出资等情形。

（2）存续两年是指存续两个完整的会计年度。

（3）有限责任公司按原账面净资产值折股整体变更为股份有限公司的，存续时间可以从有限责任公司成立之日起计算。整体变更不应改变历史成本计价原则，不应根据资产评估结果进行账务调整，应以改制基准日经审计的净资产额为依据折合为股份有限公司股本。公司申报财务报表最近一期截止日不得早于股份有限公司成立日①。

2. 业务明确，具有持续经营能力

（1）业务明确，是指公司能够明确、具体地阐述其经营的业务、产品或服务、用途及其商业模式等信息。

（2）公司可同时经营一种或多种业务，每种业务应具有相应的关键资源要素，该要素组成应具有投入、处理和产出能力，能够与商业合同、收入或成本费用等相匹配。

（3）公司业务在报告期内应有持续的营运记录。营运记录包括现金流量、营业收入、交易客户、研发费用支出等。公司营运记录应满足下列条件。

---

① 2017 年 9 月修订挂牌基本标准后，将"申报财务报表最近一期截止日不得早于改制基准日"调整为"公司申报财务报表最近一期截止日不得早于股份有限公司成立日"。也即股改基准日后须增加一期才能作为申报报告期，既可以避免申报材料主体（股份公司）与审计报告主体（有限公司）法律形式不一致的情形，也可以使财务信息披露及时更新，与其他信息披露保持统一口径，还有利于申请挂牌公司在申报前规范运行一段时间。

1）公司应在每一个会计期间内形成与同期业务相关的持续营运记录，不能仅存在偶发性交易或事项。

2）最近两个完整会计年度的营业收入累计不低于1000万元；因研发周期较长导致营业收入少于1000万元，但最近一期末净资产不少于3000万元的除外。

3）报告期末股本不少于500万元。

4）报告期末每股净资产不低于1元/股。

（4）持续经营能力，是指公司在可预见的将来，有能力按照既定目标持续经营下去。

公司存在以下情形之一的，应认定为不符合持续经营能力要求。

1）存在依据《公司法》第一百八十条规定解散的情形，或法院依法受理重整、和解或者破产申请。

2）公司存在《中国注册会计师审计准则第1324号——持续经营》应用指南中列举的影响其持续经营能力的相关事项或情况，且相关事项或情况导致公司持续经营能力存在重大不确定性。

3）存在其他对公司持续经营能力产生重大影响的事项或情况。

3. 公司治理机制健全，合法规范经营

（1）公司治理机制健全，是指公司按规定建立股东大会、董事会、监事会和高级管理层（以下简称三会一层）组成的公司治理架构，制定相应的公司治理制度，并能证明有效运行，保护股东权益。

1）公司依法建立"三会一层"，并按照《公司法》《非上市公众公司监督管理办法》及《非上市公众公司监管指引第3号——章程必备条款》等规定制定公司章程、"三会一层"运行规则、投资者关系管理制度、关联交易管理制度等，建立全面完整的公司治理制度。

2）公司"三会一层"应按照公司治理制度进行规范运作。在报告期内的有限公司阶段应遵守《公司法》的相关规定。

3）公司董事会应对报告期内公司治理机制执行情况进行讨论、评估。

4）公司现任董事、监事和高级管理人员应具备《公司法》规定的任职资格，履行《公司法》和公司章程规定的义务，且不应存在以下情形。

① 最近 24 个月内受到证监会行政处罚，或者被证监会采取证券市场禁入措施且期限尚未届满，或者被全国股转公司认定不适合担任挂牌公司董事、监事、高级管理人员；

② 因涉嫌犯罪被司法机关立案侦查或者涉嫌违法违规被证监会立案调查，尚未有明确结论意见。

5）公司进行关联交易应依据法律法规、公司章程、关联交易管理制度的规定履行审议程序，保证交易公平、公允，维护公司的合法权益。

6）公司的控股股东、实际控制人及其关联方存在占用公司资金、资产或其他资源情形的，应在申请挂牌前予以归还或规范（完成交付或权属变更登记）。

占用公司资金、资产或其他资源的具体情形包括：从公司拆借资金；由公司代垫费用、代偿债务；由公司承担担保责任而形成债权；无偿使用公司的土地房产、设备动产等资产；无偿使用公司的劳务等人力资源；在没有商品和服务对价情况下其他使用公司的资金、资产或其他资源的行为。

（2）合法合规经营，是指公司及其控股股东、实际控制人、下属子公司（下属子公司是指公司的全资、控股子公司或通过其他方式纳入合并报表的公司或其他法人，下同）须依法开展经营活动，经营行为合法、合规，不存在重大违法违规行为。

1）公司及下属子公司的重大违法违规行为是指公司及下属子公司最近

24个月内因违犯国家法律、行政法规、规章的行为,受到刑事处罚或适用重大违法违规情形的行政处罚。

① 行政处罚是指经济管理部门对涉及公司经营活动的违法违规行为给予的行政处罚。

② 重大违法违规情形是指,凡被行政处罚的实施机关给予没收违法所得、没收非法财物以上行政处罚的行为,属于重大违法违规情形,但处罚机关依法认定不属于的除外;被行政处罚的实施机关给予罚款的行为,除主办券商和律师能依法合理说明或处罚机关认定该行为不属于重大违法违规行为的之外,都视为重大违法违规情形。

③ 公司及下属子公司最近24个月内不存在涉嫌犯罪被司法机关立案侦查,尚未有明确结论意见的情形。

2)控股股东、实际控制人合法合规,最近24个月内不存在涉及以下情形的重大违法违规行为。

① 控股股东、实际控制人受刑事处罚;

② 受到与公司规范经营相关的行政处罚,且情节严重;情节严重的界定参照前述规定;

③ 涉嫌犯罪被司法机关立案侦查,尚未有明确结论意见。

3)公司及下属子公司业务如需主管部门审批,应取得相应的资质、许可或特许经营权等。

4)公司及其法定代表人、控股股东、实际控制人、董事、监事、高级管理人员、下属子公司,在申请挂牌时应不存在被列为失信联合惩戒对象的情形。

5)公司及下属子公司业务须遵守法律、行政法规和规章的规定,符合国家产业政策以及环保、质量、安全等要求。

公司及下属子公司所属行业为重污染行业的，根据相关规定应办理建设项目环评批复、环保验收、排污许可证以及配置污染处理设施的，应在申请挂牌前办理完毕；不属于重污染行业的，但根据相关规定必须办理排污许可证和配置污染处理设施的，应在申请挂牌前办理完毕。

6）公司财务机构设置及运行应独立且合法合规，会计核算规范。

① 公司及下属子公司应设有独立财务部门，能够独立开展会计核算、作出财务决策。

② 公司及下属子公司的财务会计制度及内控制度健全且得到有效执行，会计基础工作规范，符合《会计法》《会计基础工作规范》以及《公司法》《现金管理条例》等其他法律法规要求。

③ 公司应按照《企业会计准则》和相关会计制度的规定编制并披露报告期内的财务报表，在所有重大方面公允地反映公司的财务状况、经营成果和现金流量，财务报表及附注不得存在虚假记载、重大遗漏以及误导性陈述。

公司财务报表应由符合《证券法》规定的会计师事务所出具标准无保留意见的审计报告。财务报表被出具带强调事项段的无保留审计意见的，应全文披露审计报告正文以及董事会、监事会和注册会计师对强调事项的详细说明，并披露董事会和监事会对审计报告涉及事项的处理情况，说明该事项对公司的影响是否重大、影响是否已经消除、违反公允性的事项是否已予纠正。

④ 公司存在以下情形的应认定为财务不规范。

公司申报财务报表未按照《企业会计准则》的要求进行会计处理，导致重要会计政策适用不当或财务报表列报错误且影响重大，需要修改申报财务报表（包括资产负债表、利润表、现金流量表、所有者权益变动表）；

因财务核算不规范情形被税务机关采取核定征收企业所得税且未规范；其他财务信息披露不规范情形。

4. 股权明晰，股票发行和转让行为合法合规

（1）股权明晰，是指公司的股权结构清晰、权属分明、真实确定、合法合规，股东特别是控股股东、实际控制人及其关联股东或实际支配的股东持有公司的股份不存在权属争议或潜在纠纷。

1）公司的股东不存在国家法律、法规、规章及规范性文件规定不适宜担任股东的情形。

2）申请挂牌前存在国有股权转让的情形，应遵守国资管理规定。

3）申请挂牌前外商投资企业的股权转让应遵守商务部门的规定。

（2）股票发行和转让合法合规，是指公司及下属子公司的股票发行和转让依法履行必要内部决议、外部审批（如有）程序。

1）公司及下属子公司股票发行和转让行为合法合规，不存在下列情形。

① 最近 36 个月内未经法定机关核准，擅自公开或者变相公开发行过证券；

② 违法行为虽然发生在 36 个月前，目前仍处于持续状态，但《非上市公众公司监督管理办法》实施前形成的股东超 200 人的股份有限公司经证监会确认的除外。

2）公司股票限售安排应符合《公司法》和《全国中小企业股份转让系统业务规则（试行）》的有关规定。

（3）公司曾在区域股权市场及其他交易市场进行融资及股权转让的，股票发行和转让等行为应合法合规；在向全国股转系统申请挂牌前应在区域股权市场及其他交易市场停牌或摘牌，并在全国股转系统挂牌前完成在区域股权市场及其他交易市场的摘牌手续。

5. 主办券商推荐并持续督导

（1）公司须经主办券商推荐，双方签署了《推荐挂牌并持续督导协议》。

（2）主办券商应完成尽职调查和内核程序，对公司是否符合挂牌条件发表独立意见，并出具推荐报告。

三、挂牌条件中常见问题及解决方案

（一）关于挂牌申报的报告期问题

2017年9月修订挂牌基本标准后，将"申报财务报表最近一期截止日不得早于改制基准日"调整为"公司申报财务报表最近一期截止日不得早于股份有限公司成立日"。也即股改基准日后需增加一期才能作为申报报告期，既可以避免申报材料主体（股份公司）与审计报告主体（有限公司）法律形式不一致的情形，也可以使财务信息披露及时更新，与其他信息披露保持统一口径，还有利于申请挂牌公司在申报前规范运行一段时间。

（二）关于实际控制人认定问题

挂牌申报时实际控制人通常按照《公司法》的规定来认定，即通过投资关系、协议或者其他安排，能够实际支配公司行为的人。

存在共同拥有公司控制权、不存在拥有公司控制权的人或者公司控制权的归属难以判断等情形的，一般参照《〈首次公开发行股票并上市管理办法〉第十二条"实际控制人没有发生变更"的理解和适用——证券期货法律适用意见第1号》进行实际控制人的认定。

若考虑后续北交所上市或者沪深交易所转板，审核时关注实际控制人变更情况，实际控制人的认定差异会对北交所上市和转板上市造成一些障碍，建议企业在中介机构的指导下，准确认定实际控制人。

（三）关于关联方认定问题

申报挂牌时，关于关联方通常按照《公司法》《企业会计准则第36号——关联方》《非上市公众公司信息披露管理办法》规定，按照规范和严格的标准进行披露。

1.《公司法》关于关联方规定

《公司法》第二百一十六条规定关联方认定标准如下：关联关系，是指公司控股股东、实际控制人、董事、监事、高级管理人员与其直接或者间接控制的企业之间的关系，以及可能导致公司利益转移的其他关系。但是，国家控股的企业之间不仅因为同受国家控股而具有关联关系。

2. 企业会计准则关于关联方规定

《企业会计准则第36号》第四条规定："下列各方构成企业的关联方：（1）该企业的母公司；（2）该企业的子公司；（3）与该企业受同一母公司控制的其他企业；（4）对该企业实施共同控制的投资方；（5）对该企业施加重大影响的投资方；（6）该企业的合营企业；（7）该企业的联营企业；（8）该企业的主要投资者个人及与其关系密切的家庭成员。主要投资者个人，是指能够控制、共同控制一个企业或者对一个企业施加重大影响的个人投资者；（9）该企业或其母公司的关键管理人员及与其关系密切的家庭成员。关键管理人员，是指有权力并负责计划、指挥和控制企业活动的人员。与主要投资者个人或关键管理人员关系密切的家庭成员，是指在处理与企业的交易时可能影响该个人或受该个人影响的家庭成员；（10）该企业主要投资者个人、关键管理人员或与其关系密切的家庭成员控制、共同控制或施加重大影响的其他企业。"

3.《非上市公众公司信息披露管理办法》关于关联方规定

《非上市公众公司信息披露管理办法》第六十条规定：关联方包括关联法人和关联自然人。

具有以下情形之一的法人或非法人组织，为挂牌公司的关联法人。

（1）直接或者间接地控制挂牌公司的法人或非法人组织；

（2）由前项所述法人直接或者间接控制的除挂牌公司及其控股子公司以外的法人或非法人组织；

（3）关联自然人直接或者间接控制的或者担任董事、高级管理人员的，除挂牌公司及其控股子公司以外的法人或非法人组织；

（4）直接或间接持有挂牌公司5%以上股份的法人或非法人组织；

（5）在过去12个月内或者根据相关协议安排在未来12个月内，存在上述情形之一的；

（6）证监会、全国股转公司或者挂牌公司根据实质重于形式的原则认定的其他与挂牌公司有特殊关系，可能或者已经造成挂牌公司对其利益倾斜的法人或非法人组织。

具有以下情形之一的自然人，为挂牌公司的关联自然人。

（1）直接或间接持有挂牌公司5%以上股份的自然人；

（2）挂牌公司董事、监事及高级管理人员；

（3）直接或者间接地控制挂牌公司的法人的董事、监事及高级管理人员；

（4）上述第（1）（2）项所述人士的关系密切的家庭成员，包括配偶、父母、年满十八周岁的子女及其配偶、兄弟姐妹及其配偶、配偶的父母、兄弟姐妹、子女配偶的父母；

（5）在过去12个月内或者根据相关协议安排在未来12个月内，存在上述情形之一的；

（6）根据实质重于形式的原则认定的其他与挂牌公司有特殊关系，可能或者已经造成挂牌公司对其利益倾斜的自然人。

4.《北交所上市规则》关于关联方规定

关联方，是指上市公司的关联法人和关联自然人。

具有以下情形之一的法人或其他组织，为上市公司的关联法人。

（1）直接或者间接控制上市公司的法人或其他组织；

（2）由前项所述法人直接或者间接控制的除上市公司及其控股子公司以外的法人或其他组织；

（3）关联自然人直接或者间接控制的或者担任董事、高级管理人员的，除上市公司及其控股子公司以外的法人或其他组织；

（4）直接或者间接持有上市公司5%以上股份的法人或其他组织；

（5）在过去12个月内或者根据相关协议安排在未来12个月内，存在上述情形之一的；

（6）证监会、本所或者上市公司根据实质重于形式的原则认定的其他与公司有特殊关系，可能或者已经造成上市公司对其利益倾斜的法人或其他组织。

上市公司与上述（2）所列法人或其他组织受同一国有资产管理机构控制的，不因此构成关联关系，但该法人或其他组织的董事长、经理或者半数以上的董事兼任上市公司董事、监事或高级管理人员的除外。

具有以下情形之一的自然人，为上市公司的关联自然人。

（1）直接或者间接持有上市公司5%以上股份的自然人；

（2）上市公司董事、监事及高级管理人员；

（3）直接或者间接地控制上市公司的法人的董事、监事及高级管理人员；

（4）上述第（1）（2）所述人士的关系密切的家庭成员，包括配偶、父母、年满18周岁的子女及其配偶、兄弟姐妹及其配偶，配偶的父母、兄弟姐妹，子女配偶的父母；

（5）在过去12个月内或者根据相关协议安排在未来12个月内，存在上述情形之一的；

（6）证监会、本所或者上市公司根据实质重于形式原则认定的其他与上市公司有特殊关系，可能或者已经造成上市公司对其利益倾斜的自然人。

（四）关于股东人数超过200人问题

股东人数超过200人的申请挂牌公司申请股票在全国股转系统挂牌，在取得证监会关于核准股票在全国股转系统公开转让的批复文件后，在财务报表有效期内向全国股转公司提交股票挂牌的申请文件。

（五）关于豁免披露问题

拟披露的信息属于国家秘密、商业秘密，披露后可能导致申请挂牌公司违反国家有关保密的法律法规或者严重损害申请挂牌公司利益的，申请挂牌公司及其主办券商可以向全国股转公司申请豁免披露，全国股转公司认为豁免披露理由成立的，予以豁免披露；理由不成立的，按照规定予以披露。

豁免申请逐项说明需要豁免披露的信息，认定国家秘密或商业秘密的依据和理由，同时信息豁免披露符合相关规定、不影响投资者决策判断、不存在泄密风险。

（六）关于整体变更时存在未弥补亏损问题

有限责任公司按原账面净资产值折股整体变更为股份有限公司时存在未弥补亏损，有限责任公司整体变更设立股份有限公司须经董事会、股东会表决通过，相关程序合法合规，不存在侵害债权人合法权益情形，不与债权人存在纠纷，并须充分披露其由有限责任公司整体变更为股份有限公司的基准日未分配利润为负的形成原因，该情形是否已消除，整体变更后的变化情况和发展趋势等。

整体变更时不存在未弥补亏损，但因会计差错更正追溯调整报表而致使整体变更时存在未弥补亏损，可以参照上述事项处理。

主办券商和律师应对上述事项进行核查并发表意见，确认整体变更设立股份有限公司相关事项符合《公司法》等法律法规规定。

（七）关于挂牌公司中介机构及相关人员声明问题

申请挂牌公司在公开转让说明书正文后声明的机构和人员有：主办券商、律师事务所、审计机构、评估机构及经办人员[①]。

[①] 创业板、主板和科创板的招股说明书还要求验资机构声明，这与新三板挂牌的要求存在一定区别。

第二节
新三板创新层条件

一、新三板分层概述

全国股转公司于 2016 年 5 月 27 日发布《全国中小企业股份转让系统挂牌公司分层管理办法（试行）》，2017 年 12 月 22 日第一次修订并更名为《全国中小企业股份转让系统挂牌公司分层管理办法》，2019 年 12 月 27 日第二次修订并更名为《全国中小企业股份转让系统分层管理办法》，2021 年 7 月 30 日第三次修订，2022 年 3 月 4 日第四次修订。

全国股转系统设置基础层、创新层和精选层，符合不同条件的挂牌公司分别纳入不同市场层级管理。北交所成立后，精选层整体平移至北交所。

申请挂牌公司符合挂牌条件，但未进入创新层的，应当自挂牌之日起进入基础层。挂牌公司未进入创新层的，应当进入基础层。

二、创新层条件

（一）挂牌公司进入创新层财务指标及市值方面要求

挂牌公司进入创新层应当符合下列条件之一。

1. 净利润 + 净资产收益率 + 股本

（1）最近两年净利润均不低于 1000 万元；

（2）最近两年加权平均净资产收益率平均不低于 6%；

（3）股本总额不少于 2000 万元。

2. 营业收入复合增长率 + 营业收入 + 股本

（1）最近两年营业收入持续增长，年均复合增长率不低于 30%；

（2）最近两年平均营业收入不低于 8000 万元；

（3）股本总额不少于 2000 万元。

3. 研发投入 + 融资额 + 市值

最近两年研发投入累计不低于 2500 万元，截至进层启动日的 24 个月内，定向发行普通股融资金额累计不低于 4000 万元（不含以非现金资产认购的部分），且每次发行完成后以该次发行价格计算的股票市值均不低于 3 亿元。

4. 市值 + 股本 + 做市商家数

（1）截至进层启动日的 120 个交易日内，最近有成交的 60 个交易日的平均股票市值不低于 3 亿元；

（2）采取做市交易方式的，截至进层启动日做市商家数不少于 4 家；

（3）采取集合竞价交易方式的，前述 60 个交易日通过集合竞价交易方式实现的股票累计成交量不低于 100 万股；

（4）截至进层启动日的股本总额不少于 5000 万元。

（二）挂牌公司进入创新层融资额和其他要求

挂牌公司进入创新层除满足财务指标及市值方面要求外，还需要满足其他方面的条件，在每年 8 月的最后一个交易日进入创新层的还需要满足特别的条件规定。

1. 挂牌公司进入创新层，同时还应当符合下列条件

（1）挂牌同时或挂牌后已完成定向发行普通股、优先股或可转换公司债券（以下简称可转债），且截至进层启动日完成的发行融资金额累计不低于1000万元（不含以非现金资产认购的部分）。

（2）最近一年期末净资产不为负值。

（3）公司治理健全，截至进层启动日，已制定并披露经董事会审议通过的股东大会、董事会和监事会制度、对外投资管理制度、对外担保管理制度、关联交易管理制度、投资者关系管理制度、利润分配管理制度和承诺管理制度，已设董事会秘书作为信息披露事务负责人并公开披露。

（4）证监会和全国股转公司规定的其他条件。

挂牌公司完成发行融资的时间，以定向发行普通股、优先股或可转债的挂牌交易日或挂牌转让日为准。

2. 以每年8月的最后一个交易日为进层启动日的挂牌公司，还应当同时符合以下条件

（1）当年所披露中期报告的财务会计报告应当经符合《中华人民共和国证券法》规定的会计师事务所审计，审计意见应当为标准无保留意见；

（2）中期报告载明的营业收入和净利润均不低于上年同期水平。

（三）创新层其他限制性条件

挂牌公司或其他相关主体在截至进层启动日的12个月内或进层实施期间出现下列情形之一的，挂牌公司不得进入创新层。

（1）挂牌公司或其控股股东、实际控制人因贪污、贿赂、侵占财产、挪用财产或者破坏社会主义市场经济秩序的行为被司法机关作出有罪判决，或刑事处罚未执行完毕。

（2）挂牌公司或其控股股东、实际控制人因欺诈发行、重大信息披露违法或者其他涉及国家安全、公共安全、生态安全、生产安全、公众健康安全等领域的重大违法行为被处以罚款等处罚且情节严重，或者导致严重环境污染、重大人员伤亡、社会影响恶劣等情形。

（3）挂牌公司或其控股股东、实际控制人、董事、监事、高级管理人员被证监会及其派出机构采取行政处罚；或因证券市场违法违规行为受到全国股转公司等自律监管机构公开谴责。

（4）挂牌公司或其控股股东、实际控制人、董事、监事、高级管理人员因涉嫌犯罪正被司法机关立案侦查或涉嫌违法违规正被证监会及其派出机构立案调查，尚未有明确结论意见。

（5）挂牌公司或其控股股东、实际控制人被列入失信被执行人名单且情形尚未消除。

（6）未按照全国股转公司规定在每个会计年度结束之日起4个月内编制并披露年度报告，或者未在每个会计年度的上半年结束之日起2个月内编制并披露中期报告，因不可抗力等特殊原因导致未按期披露的除外。

（7）最近两年财务会计报告被会计师事务所出具非标准审计意见的审计报告；仅根据《分层管理办法》第七条第二项规定[①]条件进入创新层的，最近三年财务会计报告被会计师事务所出具非标准审计意见的审计报告。

（8）证监会和全国股转公司规定的其他情形。

[①] 最近两年营业收入平均不低于8000万元，且持续增长，年均复合增长率不低于30%，截至进层启动日的股本总额不少于2000万元。

(四)申请挂牌同时进入创新层的公司

申请挂牌同时进入创新层的公司,要满足进入创新层财务指标及市值方面要求和挂牌公司进入创新层融资额和其他要求,同时不存在其他限制性进入创新层的条件。

(五)创新层条件修订前后对比情况

《分层管理办法》在 2022 年 3 月 4 日进行第四次修订,修订前后的情况对比如表 6-1 所示。

表 6-1 《分层管理办法》第四次修订前后情况对比

修订涉及事项		修订前条件	现行条件
财务事项	净资产收益率	最近两年加权平均净资产收益率平均不低于 8%	最近两年加权平均净资产收益率平均不低于 6%
	收入/复合增长率	最近两年营业收入平均不低于 6000 万元	最近两年营业收入平均不低于 8000 万元
		年均复合增长率不低于 50%	年均复合增长率不低于 30%
	研发类条件	无	最近两年研发投入累计不低于 2500 万元,最近两年定向发行普通股融资金额累计不低于 4000 万元,且每次发行完成后以该次发行价格计算的股票市值均不低于 3 亿元
	市值	平均市值不低于 6 亿元	平均市值不低于 3 亿元
		采取做市交易方式的公司,做市商家数不少于 6 家	采取做市交易方式的公司,做市商家数不少于 4 家
		无	采取集合竞价交易方式的公司,新增最近有成交的 60 个交易日,通过集合竞价交易方式实现的股票累计成交量不低于 100 万股

续表

修订涉及事项	修订前条件	现行条件
非财务条件	公司挂牌以来完成过定向发行股票（含优先股），且发行融资金额累计不低于1000万元	挂牌同时或挂牌后已完成定向发行普通股、优先股或可转换公司债券（以下简称可转债），且发行融资金额累计不低于1000万元
	符合全国股转系统基础层投资者适当性条件的合格投资者人数不少于50人	无
调整进层频率	每年4月30日启动定期调入	每年设置6次创新层进层实施安排。进层启动日分别为每年1月、2月、3月、4月、5月和8月的最后一个交易日

《分层管理办法》修订后的情况。

1. 优化进层条件

（1）适当降低净利润条件中的净资产收益率要求，将"最近两年加权平均净资产收益率平均不低于8%"调整为不低于6%。

（2）适当提高营业收入条件中的收入金额，降低增速要求。将"最近两年营业收入平均不低于6000万元"提高至不低于8000万元，"年均复合增长率不低于50%"调整为不低于30%。

（3）增设研发类条件，并匹配适当的融资金额和市值要求，具体为"最近两年研发投入累计不低于2500万元，最近两年定向发行普通股融资金额累计不低于4000万元，且每次发行完成后以该次发行价格计算的股票市值均不低于3亿元"，对于挂牌同时进入创新层公司，要求挂牌同时完成融资金额和发行市值要求。

（4）调整市值进层条件指标，将"平均市值不低于6亿元"调整为不低于3亿元；采取做市交易方式的公司，做市商家数由不少于6家调整为不少于4家；采取集合竞价交易方式的公司，新增最近有成交的60个交易日，通过集合竞价交易方式实现的股票累计成交量不低于100万股的要求。

2. 优化进层非财务条件

（1）取消合格投资者人数不少于50人的要求。

（2）新增将可转换公司债券发行金额纳入累计发行融资。

3. 加强进层公司质量控制

一是压实中介机构责任，明确进层前全国股转公司可以要求挂牌公司自查和主办券商核查，并对违反有关规定的采取自律监管措施；强调依据研发条件进层的公司，其审计机构应当就研发费用归集范围及相关会计处理的合理性发表专项意见。二是从严公司治理要求，存在资金占用、违规对外担保等情形的公司，应当在完成整改、消除影响后，方可进入创新层。

第三节
北交所发行上市条件

根据北交所证券发行注册管理办法、上市规则等文件，北交所发行上市条件简化如表 6-2 所示。

表 6-2　北交所发行上市条件简化表

主体要求	在全国股转系统连续挂牌满 12 个月的创新层挂牌公司
规范条件	1. 具备健全且运行良好的组织机构； 2. 具有持续经营能力，财务状况良好； 3. 最近三年财务会计报告无虚假记载，被出具无保留意见； 4. 依法规范经营
市值及财务指标	符合其中之一： 1. 预计市值不低于 2 亿元，最近两年净利润均不低于 1500 万元且加权平均净资产收益率平均不低于 8%，或者最近一年净利润不低于 2500 万元且加权平均净资产收益率不低于 8%； 2. 预计市值不低于 4 亿元，最近两年营业收入平均不低于 1 亿元且最近一年营业收入增长率不低于 30%，最近一年经营活动产生的现金流量净额为正； 3. 预计市值不低于 8 亿元，最近一年营业收入不低于 2 亿元，最近两年研发投入合计占最近两年营业收入合计比例不低于 8%； 4. 预计市值不低于 15 亿元，最近两年研发投入合计不低于 5000 万元

续表

公众性等要求	1. 最近一年期末净资产不低于 5000 万元； 2. 向不特定合格投资者公开发行的股份不少于 100 万股，发行对象不少于 100 人； 3. 公开发行后，公司股本总额不少于 3000 万元； 4. 公开发行后，公司股东人数不少于 200 人，公众股东持股比例不低于公司股本总额的 25%；公司股本总额超过 4 亿元的，公众股东持股比例不低于公司股本总额的 10%
负面情形	1. 最近 36 个月内，发行人及其控股股东、实际控制人，存在贪污、贿赂、侵占财产、挪用财产或者破坏社会主义市场经济秩序的刑事犯罪，存在欺诈发行、重大信息披露违法或者其他涉及国家安全、公共安全、生态安全、生产安全、公众健康安全等领域的重大违法行为； 2. 最近 12 个月内，发行人及其控股股东、实际控制人、董事、监事、高级管理人员受到证监会及其派出机构行政处罚，或因证券市场违法违规行为受到全国中小企业股份转让系统有限责任公司、证券交易所等自律监管机构公开谴责； 3. 发行人及其控股股东、实际控制人、董事、监事、高级管理人员因涉嫌犯罪正被司法机关立案侦查或涉嫌违法违规正被证监会及其派出机构立案调查，尚未有明确结论意见； 4. 发行人及其控股股东、实际控制人被列入失信被执行人名单且情形尚未消除； 5. 最近 36 个月内，未按照《证券法》和证监会的相关规定在每个会计年度结束之日起 4 个月内编制并披露年度报告，或者未在每个会计年度的上半年结束之日起 2 个月内编制并披露中期报告； 6. 证监会和北交所规定的，对发行人经营稳定性、直接面向市场独立持续经营的能力具有重大不利影响，或者存在发行人利益受到损害等其他情形
其他	具有表决权差异安排的，该安排应当平稳运行一个完整会计年度

详情可参见第二篇战略篇第三章的"第二节 北交所上市条件的具体规则"。

第七章
挂牌新三板实现北交所上市

第一节
公司改制与辅导

一、明确挂牌目标

挂牌目标影响着公司未来经营与规划，公司有必要在明确挂牌意向后，梳理公司资产权属、治理结构、管理体系、发展战略等，明确自己的挂牌目标。公司挂牌可以是为了之后在北交所上市，也可以是为了拓宽融资渠道、提升公司知名度与市场竞争力，还可以是为了降低实际控制人控制风险、股东减持股份、激励员工积极性等。需要特别指出的是，多重挂牌目标并不矛盾，恰恰相反，它们是相辅相成的。无论哪个具体的挂牌诉求，都是为了追求稳中求进的企业发展方略。

如公司以实现北交所上市为目标，则宜从新三板挂牌立项开始即认真核查自身存在的问题，以上市标准完善公司治理机制与规范经营，实现持久的良性健康发展。

二、成立领导小组

在明确挂牌目标后,公司为更加有力、有序、高效地推进新三板挂牌工作,公司应成立以董事长(*总经理*)为组长,以分管行政或运营的副总经理为副组长,以财务部门、行政部门和人力资源等部门的相关人员为组员的"新三板挂牌工作领导小组"。

为实现工作机制高效精准运转,可根据实际情况和需要在新三板挂牌工作领导小组内部再进行细分,可以考虑设置综合组、财务组、法务组、业务组、分支机构组等,配合后续与中介机构相对接。挂牌工作领导小组要负责全面协调公司内外部工作,组织召开新三板挂牌工作会议,负责提供公司相关财务数据及资料,配合中介机构尽职调查、改制及挂牌材料申报,负责提供公司重大合同文本、内部管理制度、公司章程、工商档案等资料,负责整理公司涉诉、涉裁、遭受行政处罚、执行信息等材料,负责介绍与分析公司业务及所处行业情况,为中介机构全面了解公司主营业务、产业链、市场规模、同业竞争及未来发展前景等提供信息与论证等。各小组应当分工有序,相互配合,助力公司顺利挂牌。

三、选聘中介机构

新三板挂牌工作需要主办券商、会计师事务所、律师事务所、资产评估机构和财务顾问机构等中介机构分工合作,共同完成。企业在选择各中介机构时,除了解各中介机构的基本情况外,还需重点关注各中介机构的从业资格、服务方案、项目组负责人及成员经验、协调能力、服务费用等方面。

（一）从业资格

1. 主办券商的从业资格

《全国中小企业股份转让系统主办券商管理细则（试行）》第二条规定："证券公司在全国股份转让系统开展相关业务前，应当向全国股份转让系统公司申请备案，成为主办券商。未经备案的证券公司不得在全国股份转让系统开展相关业务。"因此，主办券商应当在全国股转公司取得备案函后，才能从事推荐业务、经纪业务、做市业务，以及全国股转系统规定的其他业务。

（1）主办券商从事相关业务的条件。

1）从事推荐业务的条件。

根据《全国中小企业股份转让系统主办券商管理细则（试行）》第五条之规定，证券公司申请在全国股转系统从事推荐业务应具备下列条件：①具备证券承销与保荐业务资格。②设立推荐业务专门部门，配备合格专业人员。③建立尽职调查制度、工作底稿制度、内核工作制度、持续督导制度及其他推荐业务管理制度。④全国股转公司规定的其他条件。证券公司的子公司具备证券承销与保荐业务资格的，证券公司可以申请从事推荐业务，但不得与子公司同时在全国股转系统从事推荐业务。

2）从事经纪业务的条件。

根据《全国中小企业股份转让系统主办券商管理细则（试行）》第六条之规定，证券公司申请在全国股转系统从事经纪业务应具备下列条件：①具备证券经纪业务资格。②配备开展经纪业务必要人员。③建立投资者适当性管理工作制度、交易结算管理制度及其他经纪业务管理制度。④具备符合全国股转公司要求的交易技术系统。⑤全国股转公司规定的其他条件。

3）从事做市业务的条件。

根据《全国中小企业股份转让系统主办券商管理细则（试行）》第七条之规定，证券公司申请在全国股转系统从事做市业务应具备下列条件：①具备证券自营业务资格。②设立做市业务专门部门，配备开展做市业务必要人员。③建立做市股票报价管理制度、库存股管理制度、做市风险监控制度及其他做市业务管理制度。④具备符合全国股转公司要求的做市交易技术系统。⑤全国股转公司规定的其他条件。

（2）主办券商项目组成员从业资格。

根据《全国中小企业股份转让系统主办券商挂牌推荐业务规定》第六条之规定，主办券商项目组应由主办券商内部人员组成，不得少于两名，其成员须取得证券执业资格，具备从事挂牌推荐业务所需的专业知识与履职能力，且具有财务专业背景（取得注册会计师资格证书或保荐代表人胜任能力考试成绩合格）和法律专业背景（取得法律职业资格证书或保荐代表人胜任能力考试成绩合格）的成员至少各一名。

根据《全国中小企业股份转让系统主办券商挂牌推荐业务规定》第七条之规定，主办券商应在项目组中指定一名负责人，对项目负全面责任，项目组负责人应具备下列条件之一：①参与两个以上推荐挂牌项目，且负责财务会计事项、法律事项或相关行业事项的尽职调查工作。②具有三年以上投资银行从业经历，且在承销与保荐项目中担任过保荐代表人或项目协办人。

同时，根据《全国中小企业股份转让系统主办券商挂牌推荐业务规定》第八条之规定，存在以下情形之一的人员，不得成为项目组成员：①最近三年内受到证监会行政处罚或证券行业自律组织纪律处分。②本人及其配偶直接或间接持有申请挂牌公司股份。③在申请挂牌公司或其控股股东、实际控制人处任职。④未按要求参加全国股转公司组织的业务培训。⑤全国股转公司认定的其他情形。

2. 会计师事务所的从业资格

根据《会计师事务所从事证券服务业务备案管理办法》（财会〔2020〕11号）相关规定，会计师事务所从事证券服务业务，应当遵守《会计师事务所执业许可和监督管理办法》有关规定，采用普通合伙或者特殊普通合伙形式，接受财政部的监督，并依法进行备案。

3. 律师事务所的从业资格

《证券法》第一百六十条第二款规定："从事证券投资咨询服务业务，应当经国务院证券监督管理机构核准；未经核准，不得为证券的交易及相关活动提供服务。从事其他证券服务业务，应当报国务院证券监督管理机构和国务院有关主管部门备案。"第二百一十三条第二款规定："会计师事务所、律师事务所以及从事资产评估、资信评级、财务顾问、信息技术系统服务的机构违反本法第一百六十条第二款的规定，从事证券服务业务未报备案的，责令改正，可以处二十万元以下的罚款。"律师事务所从事新三板挂牌业务暂不要求特殊资质，但应当报国务院证券监督管理机构和国务院有关主管部门备案；未报备案的，责令改正，可以处二十万元以下的罚款。

4. 资产评估机构

根据《国务院对确需保留的行政审批项目设定行政许可的决定》（国务院令第671号）规定，资产评估机构从事证券业务的应经过财政部与证监会的审批。

5. 财务顾问机构

在实践中，一些企业会聘请财务咨询公司等财务顾问机构进行挂牌工作对接或提供财务咨询服务。但需明确的是，财务顾问机构并非相关法律法规或全国股转系统强制要求参与新三板挂牌工作的主体。

（二）专业服务能力

专业服务能力既强调专业性，又注重服务性。从挂牌及后续北交所上市路径的专业性角度分析，本着为企业长远发展的目标，中介机构应当熟悉拟挂牌公司业务状况及行业市场，最好具备类似项目挂牌经验，能够为公司改制、挂牌及后续北交所上市、资本运作等提供一套系统性的解决方案；中介机构的业绩排名、行业信誉及风险评级等也是专业能力的重要体现。从服务性角度分析，为全面、深入掌握拟挂牌公司的整体情况及挂牌面临的主要问题，帮助公司完成挂牌，中介机构需具备便捷通畅的内部运行机制，配备与本项目相匹配的成员，确保团队成员勤勉尽责，并预留足够的项目工作时间。

（三）协调能力

为保证公司在确定的挂牌时间节点内完成相应任务，各中介机构需具备高效沟通能力与项目推进能力，相互配合完成挂牌工作。在此，尤为强调主办券商的综合协调能力。主办券商是公司在新三板挂牌过程中的主协调机构，是联络公司与全国股转系统及其他各中介机构的总枢纽。主办券商的沟通协调能力与资源协调能力往往对项目进展发挥着重要作用。主办券商与当地政府、全国股转系统的沟通能力，以及能否为公司带来融资资源、为公司在行业中的发展引源导流等也是影响公司选择的重要衡量因素。

（四）服务费用

公司在听取各备选机构的方案后，往往更关心各中介机构的服务费报价。服务费用高低与中介机构团队能力、行业口碑及影响力等相对应。如果该中介机构具备帮助公司成长的决心与能力，秉持认真严谨的工作态度，那么公司宜以发展的眼光谋划发展，不必在服务费用上锱铢必较。

（五）其他因素

公司因自身业务的特殊性，还需关注其他特殊注意事项。如公司从事军工等涉及国家秘密业务的，中介机构需具备《军工涉密业务咨询服务安全保密监督管理办法》及其他相关规定所要求的安全保密资质等。

四、召开协调会议

（一）第一次项目协调会／项目启动会

1. 会议组织

在公司与聘请的各中介机构签订相关服务合同与保密协议后，挂牌工作正式启动。在启动阶段，为保证项目顺利推进，主办券商会先行组织召开项目协调会，公司相关人员、会计师、律师、评估师及其他中介机构人员均需参会。

2. 会议召开目的

第一次项目协调会，也称项目启动会，本次会议的主要目的是确定挂牌时间表，明确工作整体计划。在主办券商的主导下，各中介机构应充分阐释公司挂牌整体工作方案，提出已发现的公司挂牌面临的主要问题及障碍，判断是否会对公司挂牌构成实质性障碍。各方经充分探讨后，确定挂牌流程及重要时间节点，明晰各自任务与分工。

各中介机构应统一思想，凝聚共识，为公司新三板挂牌事项全力以赴。

3. 主要讨论事项

（1）确定四个基准日。

确定审计基准日、评估基准日、改制基准日及申报基准日，确定审计报告、评估报告出具的相应时间节点。

① 审计基准日。

一般而言，拟挂牌新三板的企业大多是有限责任公司，新三板挂牌公司的组织形式为股份有限公司。因此，拟挂牌企业在挂牌或上市前必须进行的一项重要工作就是——股份制改造，亦称股改。通俗地说，股改就是以公司某一时点的净资产折股构成股份有限公司的股本，这个时点就是股改的审计基准日。例如，某企业如以截至 2022 年 3 月 31 日的净资产整体折股设立股份有限公司，审计机构（会计师事务所）出具"两年一期"（即 2020 年度、2021 年度、2022 年 1 月至 3 月）的《审计报告》。这里，2022 年 3 月 31 日即为企业的股改基准日。

② 评估基准日。

资产评估机构对改制前企业净资产值进行评估时，也需要一个时间节点。因为企业的资产在不断变动，所以在进行资产评估时会选择一个时间节点，最终资产评估机构出具的评估报告即是确定企业全部资产在该时间节点的公允价值。这个时间节点就是评估基准日。通常情况下，评估报告如果是根据审计报告中确定的相关数据结果进行评估的，评估基准日一般会和审计基准日在同一天。以企业改制为例：企业从有限责任公司变为股份有限公司时，需要对企业的净资产进行股本折算，此时评估的资产和审计的资产就需要保持同一性，只有将评估基准日和审计基准日确定在同一天，才能保证评估的资产和审计的资产是一致的。

③ 改制基准日。

改制基准日，一般是指为改制而出具的审计报告的审计基准日，是改制时的审计基准日。但改制基准日和报告出具日不一样，改制基准日的时间应当在报告出具日之前。

④ 申报基准日。

申报基准日，一般是指向全国股转系统提交申请挂牌材料中的审计报告的审计基准日。

（2）启动股份有限公司名称预核准。

公司即日起准备拟设股份有限公司名称预先核准工作，律师协助起草名称预先核准事项的股东会决议，确定完成股份有限公司名称预核准日。

（3）确定董事、监事和高级管理人员人选。

公司尽快确定股份有限公司董事、监事和高级管理人员人选，并提供前述人员简历、竞业禁止声明、合规性承诺等，发给律师审核。

（4）律师协助起草相关会议文件和公司内部制度。

根据项目总体进度，律师协助公司起草相关会议文件、系列内部制度和其他文件文本等。

（5）强调保密工作。

公司在新三板挂牌是一项系统性工作，涉及重大利益重新组合、商业秘密等方方面面，各参与主体应当根据公司要求做好保密工作，收集到的材料和工作底稿切勿遗失、外传，相关信息要严格限制知悉人范围等。

（6）中介机构提请公司特别关注事项。

各中介机构根据与公司的前期沟通情况及初步尽调结果，针对已发现的问题（如环保、安全、税费缴纳等）提示公司予以特别关注，并进行相应整改。

（二）第二次协调会

第二次协调会主要是探讨公司新三板挂牌现存主要问题。中介机构在尽职调查过程中，可能会发现影响公司挂牌的重大问题或实质性障碍，中介机构召开第二次协调会以厘清相关问题的来龙去脉，统一据实披露的口径，并解决相应问题等。

（三）第三次协调会

中介机构汇报前期工作，同时对后续工作作出相应部署与安排。

（四）其他双边或多边协调会、沟通会

根据项目进展及解决问题需要等实际情况，各中介机构和公司可以双边或多边形式随时进行沟通，也可以随时召开由项目组全体人员参加的协调会等。

五、持续尽职调查

中介机构自有意向与企业签订挂牌服务协议时起，即应开始对公司开展尽职调查，并持续跟踪，发现影响公司挂牌的问题与障碍，提出解决方案和建议。

（一）初步尽职调查

尽职调查是一项持续性工作。中介机构自有与公司签约意向时起，即可基于前期沟通，通过公开信息检索、公司初步提供的材料（如有）等途径，对公司进行初步尽职调查。前期的尽职调查工作主要集中在对公司所在行业、产业政策、资本市场欢迎程度等宏观层面的了解。

1. 初步尽职调查阶段主要关注要点

具体而言，初步尽职调查主要关注以下七个要点：第一，了解公司股权结构及其基本历史沿革；第二，了解公司业务情况，包括所处行业，公司发展历史及优势；第三，了解公司的治理结构和基本架构；第四，了解公司的财务状况；第五，了解公司同业竞争和关联交易情况；第六，了解公司重大诉讼、仲裁情况；第七，了解公司挂牌可能存在的其他风险。

2. 初步尽职调查主要审查文件

立项阶段需要审查的最重要的文件为企业全套工商档案和最近两年一期的财务报表。

公司可在律师的陪同下前往工商局调取工商档案并打印复印。通过工商档案，律师可以了解公司股权结构及历史沿革，确定股东人数、股东组成、股东出资问题、股权交易合法合规性、股东资格问题等事项，也可知悉公司治理结构，包括股东会构成及权力、董事会（执行董事）和监事会（监事）的构成及权力等。

财务报表是反映公司运营状况、业务的基本文件。通过财务报表及财务报表附注，可以得知企业主要业务，并进而判断该等业务是否属于高污染、高能耗等限制类业务。公司财务状况也可通过财务报表展示出来。如有财务报表附注，还可据此判断是否存在同业竞争和关联交易等。针对财务报表，还需注意的是，企业可能存在两套不同财务报表。此时，律师应当要求企业说明实际情况并分别提供该两套不同的财务报表，以便掌握企业最真实的情况。

3. 初步尽职调查的目的

初步尽职调查的目的是了解公司挂牌障碍和难度，确定工作量等。在中介机构与公司签订服务合同后,即可向公司发送尽职调查清单,对公司开展详细尽职调查。

(二)制作尽职调查清单

各中介机构为清晰掌握公司的真实情况,将以尽职调查清单为基础对公司进行全方位调查。为减少公司重复准备资料的负担,各中介机构可先行协商,统一制作一份全面、详细、清晰、明确的尽职调查清单。公司根据该尽职调查清单,准备相应资料,答复各中介机构的问题。

尽职调查清单一般采用表格形式,包括调查事项、调查内容、公司应配合提供的文件及相应负责部门或负责人等要素,内容往往根据各中介机构出具的公开转让说明书、法律意见书、审计报告等的行文顺序展开。调查事项主要包括公司历史沿革、业务状况(包括所处行业、公司发展状况、同业竞争等)、组织结构、内部控制、对外投资、股东情况、人员情况、财务状况(包括关联交易等)、税费缴纳情况、重大合同与债权债务情况、重大诉讼、仲裁及其他或有事项。调查内容根据调查事项详细展开。

随着尽职调查工作的开展,尽职调查清单应根据调查情况与公司反馈进行实时更新。中介机构在更新尽职调查清单的过程中,既便于掌握公司实时状态,也利于把控工作节奏与时间节点。

(三)现场尽职调查

中介机构根据前期沟通情况及尽职调查清单,前往公司进行现场尽职调查。现场尽职调查主要包括以下内容:(1)与公司对接资料并核查原件。(2)访谈公司实际控制人、股东、董事、监事、高级管理人员等。(3)核查公司土地、厂房、机器设备等重大资产,走访公司主要经营场所。

（4）查验公司客户及供应商资料，对重点客户、供应商进行现场走访。
（5）就已知问题与潜在风险向公司询问相关情况。（6）其他方面。

（四）补充尽职调查

中介机构在尽职调查过程中可能发现新问题，如有必要，还需进行补充尽职调查。公司应根据尽职调查结果进行相应整改，尽可能在改制前解决已发现的问题，清除挂牌障碍。

六、确定改制方案（含实施）

为实现挂牌后公司股份的上市流通，申请在全国股转系统挂牌的公司必须为股份有限公司。我们国家以公司这一经济组织形式存在的有两种：有限责任公司和股份有限公司，而在启动新三板挂牌事项前，绝大多数企业都是有限责任公司。有限责任公司拟在新三板挂牌，需要将之改制变更为股份有限公司。

所谓股份改制，是指按照《公司法》等相关法律法规和全国股转系统相关业务规则的规定，经对有限责任公司全部净资产进行审计、评估并折合为股份有限公司全部股本后，将拟挂牌企业从有限责任公司变更为股份有限公司的情形。

有限责任公司改制为股份有限公司应当符合《公司法》规定的股份有限公司的条件。根据《公司法》的相关规定，设立股份有限公司应当具备下列条件：（1）发起人符合法定人数。（2）有符合公司章程规定的全体发起人认购的股本总额或者募集的实收股本总额。（3）股份发行、筹办事项符合法律规定。（4）发起人制定公司章程，采用募集方式设立的经创立大会通过。（5）有公司名称，建立符合股份有限公司要求的组织机构。

(6)有公司住所。有限责任公司为申请新三板挂牌,往往需调整股权结构以完成股份改制,具体程序如下。

(一)确定改制时间表

改制涉及公司整体架构和规范运营。改制工作开始前,各中介机构会依据项目协调会上确定的挂牌时间表确定具体改制工作时间表,结合公司实际制定切实可行的改制方案,并明确各机构的任务及分工合作内容。

(二)调整股权结构

为保证改制工作进展顺利,公司往往可能通过股权激励、引进外部投资者或为解决同业竞争、扩大市场规模等进行公司吸收与合并,这些都可能导致公司股权结构调整。以上事项一般应在改制前调整完成并确保在改制时股权结构的稳定性,在改制基准日前后,一般不对股权结构包括注册资本、股东人数和股权比例做变动。

另外,对部分企业而言,可能存在不适格股东,此时也需要调整股东结构,处理该等不适格股东的相关事宜。例如股转系统发布的《挂牌公司股票发行常见问题解答(三)——募集资金管理、认购协议中特殊条款、特殊类型挂牌公司融资》中,禁止了七种形式的对赌条款[1],对涉及该等

---

[1] 《挂牌公司股票发行常见问题解答(三)——募集资金管理、认购协议中特殊条款、特殊类型挂牌公司融资》第二个问题:"(二)认购协议不存在以下情形:1. 挂牌公司作为特殊条款的义务承担主体。2. 限制挂牌公司未来股票发行融资的价格。3. 强制要求挂牌公司进行权益分派,或不能进行权益分派。4. 挂牌公司未来再融资时,如果新投资方与挂牌公司约定了优于本次发行的条款,则相关条款自动适用于本次发行认购方。5. 发行认购方有权不经挂牌公司内部决策程序直接向挂牌公司派驻董事或者派驻的董事对挂牌公司经营决策享有一票否决权。6. 不符合相关法律法规规定的优先清算权条款。7. 其他损害挂牌公司或者挂牌公司股东合法权益的特殊条款。"

条款的股东，也应考虑以何种方式调整。

（三）确定董事、监事及高级管理人员人选

股份有限公司的董事会、监事会及高管层的设置和人员安排，是股份有限公司规范治理的核心。确定股份有限公司的董监高人选时，既需要注意符合《公司法》的规定（如股份有限公司董事会成员在 5～19 人；监事会成员中，1/3 以上为职工代表监事等），也需要考虑董监高人选是否合格，是否满足公司治理稳定性要求（如该等人选是否被列入工商系统黑名单、是否存在证券违规记录或是否被法院系统列为失信被执行人等）[①]。如该等人选存在上述违法违规风险情形，则不适宜担任拟挂牌企业的董事、监事和高级管理人员。

（四）股份公司名称预先核准

有限公司改制为股份公司时，应选择合适恰当的时点办理拟设股份公司的名称预先核准登记。

（五）制定股改方案，出具审计报告和评估报告初稿

股改方案主要是确定改制审计报告的审计基准日、确认公司整体变更如何折股、资本公积与注册资本（股份公司总股本）如何分配以及安排各项程序性事宜。

公司应召开临时股东会，审议通过《××公司整体改制变更为股份有

[①] 还有一些隐性的不合规因素，诸如性格脾气暴躁、喜欢打架斗殴、有过多次酒驾记录、闯红灯记录等。虽然前述该等不合规因素当前不违反相关规定，但在未来可能存在较大违法违规风险。在确定相关人选时，应当予以考量和评价。

限公司的方案》《关于确认各股东所占有限公司的净资产数额以及折合成股份公司各发起人的股份数额的议案》等。

在股改方案确定后，需由会计师事务所进行股改审计并出具审计报告。由资产评估机构进行股改评估，评估的对象为经审计的拟挂牌企业全部净资产，一般情况下评估值会高于股改审计的净资产值，为以有限公司净资产折合为股份公司总股本时出资是否足额到位提供参考。

（六）召开股东会并签署股份有限公司发起人协议书

在股改方案及审计报告和评估报告初稿确定后，拟挂牌企业一般须召开股东会决定创立大会的召开时间、审议事项等。同时，在本次股东会召开后，股东还须签订股份有限公司发起人协议书，确定股份有限公司的基本治理结构、股东权利义务等事项。

（七）召开创立大会及相关程序

根据《公司法》第九十条之规定，发起人应当在创立大会召开十五日前将会议日期通知各认股人或者予以公告。在召开创立大会通知前，会计师事务所及评估机构须及时出具审计报告和评估报告签章版。同时，为确定股东出资到位，还须督促拟挂牌企业委托会计师事务所出具验资报告。

创立大会应有代表股份总数过半数的发起人、认股人出席，方可举行。创立大会审议以下事项并经出席会议的认股人所持表决权过半数通过：（1）审议发起人关于股份公司筹办情况的报告。（2）通过公司章程。（3）选举董事会成员。（4）选举监事会（非职工代表监事）成员。（5）对公司的设立费用进行审核。（6）对发起人用于抵作股款的财产的作价进行审核。

创立大会决定成立股份有限公司，并选举出股份有限公司第一届董事会、监事会的成员（职工代表监事由职工民主会议形式选举产生）。通常第一届董事会第一次会议、第一届监事会第一次会议也于同日召开，董事长、副董事长、监事会主席也根据相应的会议形式选出。董事会可以设专门委员会。

1. 创立大会审议通过相关议案

创立大会一般应审议通过以下议案：（1）关于公司筹建情况的报告。（2）关于有限责任公司依法整体变更为股份有限公司各发起人出资情况的报告。（3）关于选举股份有限公司第一届董事会董事的议案。（4）关于选举股份有限公司第一届监事会监事的议案。（5）股份有限公司章程。（6）股东大会议事规则。（7）董事会议事规则。（8）监事会议事规则。（9）关于授权董事会办理股份公司设立事宜的议案。（10）关于聘请会计师事务所为财务审计机构的议案。

2. 第一届董事会选举产生董事长、高管并审议通过相关议案

第一届董事会一般应审议通过以下议案：（1）关于选举股份有限公司第一届董事会董事长的议案。（2）关于拟聘任股份有限公司总经理的议案。（3）关于拟聘任股份有限公司财务总监的议案。（4）关于拟聘任股份有限公司董事会秘书的议案。（5）股份有限公司董事会秘书工作细则。（6）股份有限公司总经理工作细则。（7）股份有限公司基本管理制度（汇编）。

为提高公司治理水平，规范公司的内部管理，规避决策和经营风险，保障公司及各相关利益主体的合法权益，根据《公司法》及其他有关法律、法规、规范性文件以及公司章程的规定，本次董事会还应审议通过股份有限公司基本管理制度，主要包括以下制度：（1）公司财务管理制度。（2）公司对外担保管理办法。（3）公司关联交易管理办法。（4）公司控股子公司管理办法。（5）公司内部审计管理办法。（6）公司信息披露管理办

法。(7)公司整体经营风险及对策大纲。(8)公司重大投资决策管理办法。(9)公司重大资金往来管理办法。(10)公司资金管理办法。(11)公司投资者关系管理制度等。

3. 第一届监事会选举产生监事会主席

在职工代表监事已提前由职工代表大会选举产生的前提下,第一届监事会应选举产生公司监事会主席。

(八)办理股份有限公司设立登记手续

在创立大会召开后,拟挂牌企业董事会于30日内,按照《公司法》及《中华人民共和国市场主体登记管理条例》[①],填报、提交申请材料,办理股份有限公司设立登记手续。完成股份有限公司的设立及拟挂牌企业的改制工作。

如果拟挂牌企业已经是股份有限公司,要核查其是经有限责任公司改制而成,还是自设立即是股份有限公司;如是前者,需要核查其是否符合股转系统相关业务规则要求的企业改制的情形,是否履行了审计、评估并按照不高于净资产水平的折股过程是否合法合规,并予以重点说明。

七、推进挂牌辅导

各中介机构在辅导公司挂牌过程中应勤勉尽责、相互配合,通过详细尽职调查,发现影响公司挂牌的问题与障碍并及时提出解决方案,按照既定挂牌时间表推进项目。

---

① 《中华人民共和国市场主体登记管理条例》已经2021年4月14日国务院第131次常务会议通过,自2022年3月1日起施行,《中华人民共和国公司登记管理条例》《中华人民共和国企业法人登记管理条例》《中华人民共和国合伙企业登记管理办法》《农民专业合作社登记管理条例》《企业法人法定代表人登记管理规定》同时废止。

第二节
挂牌申请与核准

一、董事会决议

公司改制完成后，进入挂牌申请阶段。公司召开董事会，就同意公司申请进入全国股转系统挂牌并公开转让，授权董事会代表公司全权办理申请进入全国股转系统挂牌并公开转让相关事宜，指定公司进入全国股转系统后的信息披露负责人，确定公司股票在全国股转系统的交易方式，并就上述事项提请召开临时股东大会等事项作出决议。根据《公司法》规定，上述董事会会议应有过半数的董事出席方可举行，且必须经全体董事的过半数通过才能作出决议。

二、股东大会决议

在董事会就同意公司申请进入全国股转系统进行公开转让及相关决议后，董事会召集股东大会[①]，并应当于股东大会召开 15 日前通知各股

[①] 《公司法》第一百零一条规定："股东大会会议由董事会召集，董事长主持；董事长不能履行职务或者不履行职务的，由副董事长主持；副董事长不能履行职务或者不履行职务的，由半数以上董事共同推举一名董事主持。董事会不能履行或者不履行召集股东大会会议职责的，监事会应当及时召集和主持；监事会不召集和主持的，连续 90 日以上单独或者合计持有公司 10% 以上股份的股东可以自行召集和主持。"

东。股东大会审议通过前述决议,并经出席会议的股东所持表决权过半数通过。

三、中介机构内核(尤其是保荐人通过内核程序)

(一)各中介机构内核

主办券商推荐挂牌必须通过主办券商内核程序。根据《全国中小企业股份转让系统挂牌申请文件内容与格式指引》及附录《全国中小企业股份转让系统挂牌申请文件目录》,内核机构成员审核工作底稿、内核会议记录、项目组对内核会议反馈意见的回复、内核专员对内核会议落实情况的补充审核意见以及主办券商推荐挂牌内部核查表等,均属于挂牌申请要求报送的文件。

(1)主办券商内核机构负责审核并出具内核意见。

根据《全国中小企业股份转让系统主办券商管理细则(试行)》第二十七条、第二十八条之规定,主办券商应设立内核机构,负责审核股份公司股票挂牌申请,并在审核基础上出具内核意见。主办券商应根据内核意见决定是否推荐股份公司股票挂牌。

(2)主办券商内核审议事项。

主办券商的内核机构通常通过内核会议的形式对具体项目进行内核。每次会议一般有七名以上内核机构成员出席,其中律师、注册会计师和行业专家至少各一名。内核会议以表决的方式审议是否同意推荐挂牌,会议应以多数决议形式通过赞成决议,且指定的注册会计师、律师和行业专家均应为赞成票。

根据《全国中小企业股份转让系统主办券商挂牌推荐业务规定》第十七条之规定,主办券商内核会议应对下述事项进行审议并发表审核意见：①项目组是否已按照尽职调查工作的要求对申请挂牌公司进行了尽职调查。②申请挂牌公司拟披露的信息是否符合全国股转公司有关信息披露的规定。③申请挂牌公司是否符合挂牌条件。④是否同意推荐申请挂牌公司股票挂牌。发现审议项目存在问题和风险的，应提出书面反馈意见。

（3）内核委员审核并形成内核决议。

根据《全国中小企业股份转让系统主办券商挂牌推荐业务规定》第十九条之规定，参加内核会议的内核委员[①]应独立、客观、公正地对推荐文件和挂牌申请文件进行审核，制作审核工作底稿并签名。审核工作底稿应包括审核工作的起止日期、发现的问题、建议补充调查核实的事项以及对推荐挂牌的意见等内容。

根据《全国中小企业股份转让系统主办券商挂牌推荐业务规定》第二十条之规定，主办券商应对内核会议过程形成记录，在内核会议表决的基础上形成内核决议。内核决议应包括以下内容：内核会议召开时间、地点、方式，出席会议的内核委员名单以及表决情况。参会内核委员应在内核决议和会议记录上签名。

（二）会计师事务所内核

会计师事务所在出具《审计报告》时，也应经内核程序。

[①] 根据《全国中小企业股份转让系统主办券商挂牌推荐业务规定》第十八条之规定，内核委员存在以下情形之一的，不得参与该项目内核：1. 担任项目组成员的；2. 本人及其配偶直接或间接持有申请挂牌公司股份的；3. 在申请挂牌公司或其控股股东、实际控制人处任职的；4. 其他可能影响公正履行职责的情形。

（三）律师事务所内核

全国股转系统未对律师出具《法律意见书》内核程序作出统一性要求。因风险防控之需，一般各律师事务所会自行成立证券内核委员会，制定相应内核管理制度，对《法律意见书》进行审核修订，并出具审核意见。经办律师根据审核意见对《法律意见书》进行相应修订、补充后形成定稿。

在中介机构各自内核通过后，主办券商还要对其他中介机构出具的专业意见进行必要的核查。

四、主办券商推荐并提交申请材料

（一）主办券商推荐挂牌

在对申请挂牌公司进行风险评估后，主办券商推荐申请挂牌公司股票挂牌的，应当向全国股转公司提交推荐报告及全国股转公司要求的其他文件。根据《全国中小企业股份转让系统主办券商挂牌推荐业务规定》第二十三条之规定，推荐报告应包括下列内容：（1）尽职调查情况。（2）逐项说明申请挂牌公司是否符合《业务规则》规定的挂牌条件。（3）立项程序及立项意见。（4）质量控制程序及质量控制意见。（5）内核程序及内核意见。（6）推荐意见。（7）提醒投资者注意事项。（8）全国股转公司要求的其他内容。

如申请挂牌公司存在下列情形之一的，根据《全国中小企业股份转让系统主办券商挂牌推荐业务规定》第二十一条之规定，主办券商不得推荐申请挂牌公司股票挂牌：（1）主办券商直接或间接合计持有申请挂牌公司百分之七以上的股份，或者是其前五名股东之一。（2）申请挂牌公司直接或间接合计持有主办券商百分之七以上的股份，或者是其前五名股东之一。（3）主办券商前十名股东中任何一名股东为申请挂牌公司前三名股东之一。（4）主办券商与申请挂牌公司之间存在其他重大影响的关联关系。

（二）提交申请材料

1. 对申请挂牌公司的区别性要求

根据股东人数以及申请挂牌同时是否定向发行股票之不同，全国股转公司对申请挂牌公司制作申请文件的要求不尽相同。

股东人数不超过 200 人的公司申请股票在全国股转系统挂牌的，申请公司、主办券商和其他相关中介机构应当按照《全国中小企业股份转让系统公开转让说明书内容与格式指引（试行）》《全国中小企业股份转让系统挂牌申请文件内容与格式指引》等要求制作申请文件，并提交全国股转公司。

股东人数超过 200 人的公司申请股票挂牌公开转让的，申请公司、主办券商和其他相关中介机构应当按照《非上市公众公司信息披露内容与格式准则第 1 号——公开转让说明书》《非上市公众公司信息披露内容与格式准则第 2 号——公开转让股票申请文件》等要求制作申请文件，并提交全国股转公司。相关主体应当一并提交《全国中小企业股份转让系统挂牌申请文件内容与格式指引》规定的其他文件。

申请挂牌同时定向发行股票的，申请公司、主办券商和其他相关中介机构应当按照《全国中小企业股份转让系统股票定向发行规则》等要求制作发行申请文件，并在提交挂牌申请文件时一并提交全国股转公司。

2. 申请文件的内容与格式规范要求

申请挂牌公司应按照《全国中小企业股份转让系统挂牌申请文件内容与格式指引》的内容与格式规范要求向全国股转公司报送电子申请文件。申请文件所有需要签名处均应为签名人亲笔签名（不得以名章、签名章等代替），文件页码与目录页码相符。申请挂牌公司不能提供有关文件原件的，应由申请挂牌公司律师提出鉴证意见，或由出文单位盖章，以保证与原件一致。

申请文件一经接收，非经全国股转公司同意，不得增加、撤回或更换。

(1) 要求披露的文件（见表 7-1）。

表 7-1　要求披露的文件

序号	文件
1	公开转让说明书（申报稿）
2	财务报表及审计报告
3	法律意见书
4	公司章程
5	主办券商推荐报告
6	定向发行说明书（如有）
7	设置表决权差异安排的股东大会决议（如有）

(2) 不要求披露的文件。

① 申请挂牌公司相关文件（见表 7-2）。

表 7-2　申请挂牌公司相关文件

序号	文件
1	向全国股转公司提交的申请股票在全国股转系统挂牌及股票发行（如有）的报告
2	向证监会提交的申请股票挂牌公开转让（或/并）股票发行的报告（如有）
3	有关股票在全国股转系统挂牌及股票发行（如有）的董事会决议
4	有关股票在全国股转系统挂牌及股票发行（如有）的股东大会决议
5	企业法人营业执照；股东名册及股东身份证明文件
6	董事、监事、高级管理人员名单及持股情况
7	申请挂牌公司设立时和最近两年及一期的资产评估报告
8	申请挂牌公司最近两年原始财务报表与申报财务报表存在差异时，需要提供差异比较表（如有）
9	申请挂牌公司全体董事、监事和高级管理人员签署的《董事（监事、高级管理人员）声明及承诺书》
10	申请挂牌公司关于授权全国股转公司代为向证监会报送股票挂牌公开转让（或/并）定向发行申请文件等有关事宜的委托书（如有）

② 主办券商相关文件（见表 7-3）。

表 7-3 主办券商相关文件

序　号	文　件
1	主办券商与申请挂牌公司签订的推荐挂牌并持续督导协议
2	尽职调查报告
3	尽职调查工作文件（尽职调查工作底稿目录、相关工作记录和经归纳整理后的尽职调查工作表；有关税收优惠、财政补贴的依据性文件；历次验资报告；对持续经营有重大影响的业务合同）
4	内核意见（内核机构成员审核工作底稿；内核会议记录；对内核会议反馈意见的回复；内核机构对内核会议落实情况的补充审核意见）
5	主办券商推荐挂牌内部核查表及主办券商对申请挂牌公司风险评估表
6	主办券商自律说明书
7	主办券商业务备案函复印件（加盖机构公章并说明用途）及项目组成员任职资格说明文件

③ 其他相关文件（见表 7-4）。

表 7-4 其他相关文件

序　号	文　件
1	申请挂牌公司全体董事、主办券商及相关中介机构对申请文件真实性、准确性和完整性的承诺书
2	相关中介机构对纳入公开转让说明书等文件中由其出具的专业报告或意见无异议的函
3	申请挂牌公司、主办券商对电子文件与预留文件保持一致的声明，以及律师关于电子文件与预留文件一致的鉴证意见
4	律师、注册会计师及所在机构的相关执业证书复印件（加盖机构公章并说明用途）
5	国有资产管理部门出具的国有股权设置批复文件及商务主管部门出具的外资股确认文件（如有）
6	证券简称及证券代码申请书
7	前次申报有关情况的专项说明（如有）
8	不予披露相关信息的原因说明或其他文件（如有）

五、初审并反馈意见

申请文件报送完成后,全国股转系统会对申请文件进行审核,对于审查中需要申请人补充披露、解释说明或中介机构进一步核查落实的主要问题,审查人员撰写书面反馈意见,由窗口告知、送达申请人及主办券商。全国股转系统通常会根据实际情况进行一定次数的反馈,为减少反馈意见的次数,挂牌公司及其中介机构应对所有问题如实披露。

全国股转公司审查职能部门依据相关规则对申请挂牌公司进行审查,并在自受理之日起 10 个交易日内出具首轮反馈意见;无须出具反馈意见的,提请召开审查职能部门质控会进行审议。

六、答复反馈意见并补充、完善申请文件

(一)落实反馈意见并提交书面回复文件

申请挂牌公司、主办券商和其他中介机构应当逐一落实反馈意见,并在反馈意见要求的时间内(**不超过 10 个交易日**)提交书面回复文件。对反馈意见有疑问的,可通过电话、电子邮件等方式与审查职能部门进行沟通。如须延期回复的,应在回复截止日前提交延期申请,说明延期原因并明确回复时间,延长期限最长不得超过 30 日。

(二)提供补充材料

申请挂牌公司应根据全国股转公司对申请文件的反馈意见提供补充材料。相关中介机构应对反馈意见相关问题进行尽职调查或补充出具专业意见。对公开转让说明书修改或补充的,应进行标示。

（三）全国股转公司继续反馈意见或出具自律审查意见

申请挂牌公司、主办券商和其他中介机构提交书面回复文件后，审查职能部门召开质控会审议项目情况，经质控会审议认为仍须继续反馈的，在收到反馈回复之日起10个交易日内发出；经质控会审议认为无须继续反馈的，在履行全国股转公司内部程序后出具自律审查意见。

七、核准

（一）出具同意挂牌的函

1. 全国股转公司审查同意并出具同意挂牌的函

股东人数不超过200人的公司申请股票在全国股转系统挂牌，全国股转公司审查同意的，出具同意挂牌的函。

公司申请挂牌同时定向发行股票，且发行后股东累计不超过200人的，全国股转公司经审查同意，出具同意挂牌及发行的函。

2. 证监会核准并由全国股转公司出具同意挂牌的函

股东人数超过200人的公司申请股票挂牌公开转让，全国股转公司审查同意的，出具同意挂牌公开转让的自律监管意见，并根据申请公司的委托，将自律监管意见、相关审查文件和公司申请文件报送证监会。证监会对公司的挂牌公开转让申请作出核准决定后，全国股转公司出具同意挂牌的函。

公司申请挂牌同时定向发行股票，且发行后股东人数累计超过200人的，全国股转公司经审查同意，出具同意挂牌公开转让及发行的自律监管意见，并根据申请公司的委托，将自律监管意见、相关审查文件和公司申请文件报送证监会。证监会对公司的挂牌公开转让和发行申请作出核准决定后，全国股转公司出具同意挂牌的函。

（二）完成后续相关手续与信息披露

全国股转公司出具的同意挂牌的函或同意挂牌及发行的函自出具之日起 12 个月内有效，申请公司应在有效期内完成股票定向发行（如有）及股票挂牌。

1. 及时完成项目归档和首次信息披露

申请公司在取得同意挂牌的函或同意挂牌及发行的函后，应当在主办券商的协助下及时完成项目归档和首次信息披露。

2. 完成股票登记及挂牌手续

申请公司应当按照相关规定，根据股本情况编制和提交股票初始登记申请表，完成股票登记及挂牌手续。申请公司定向发行的，应当按照本次发行前和本次发行的股份情况编制股票初始登记申请表，并完成相关手续。

公司申请股票挂牌同时定向发行的，应当在提交股票初始登记申请表的同时提交验资报告、募集资金专户三方监管协议、自愿限售申请（如有）、定向发行重大事项确认函等文件，并披露发行情况报告书、主办券商关于公司是否符合创新层条件的专项意见（如有）。主办券商应当在专项意见中说明公司进入创新层所依据的《分层管理办法》第十四条规定的具体标准；公司符合多项标准的，应当对符合的各项标准均予以说明。

申请公司应当在主办券商出具公司是否符合创新层条件的专项意见之前，按照《分层管理办法》的规定，披露股东大会、董事会和监事会制度，对外投资管理制度，对外担保管理制度，关联交易管理制度，投资者关系管理制度，利润分配管理制度，承诺管理制度以及董事会秘书任职资格。

第三节
挂牌同时进入创新层

根据《分层管理办法》第四条之规定,全国股转系统设置基础层、创新层和精选层,符合不同条件的挂牌公司分别纳入不同市场层级管理。自北交所设立后,现全国股转系统仅有基础层与创新层两个层级。

公司可以由基础层进入创新层,也可以挂牌同时直接进入创新层。根据《分层管理办法》第十一条至第十四条之规定,挂牌同时进入创新层的须满足进入条件中的财务条件、融资条件、股权分散度条件、规范性条件等核心要求,详见本书第三篇第六章第二节之相关内容。

第八章
新三板创新层

第一节
创新层的进层条件

全国股转公司自进层启动日起开展进层实施工作。基础层挂牌公司披露最近一个会计年度的财务报告后,符合创新层进层条件的,通过主办券商提交进入创新层的材料。

在挂牌公司正式进入创新层前,全国股转公司在全国股转系统网站公示拟进层的公司名单。挂牌公司在名单公示后的2个交易日内,可以事实认定有误为由申请异议。全国股转公司履行相应程序后,作出进层决定并公告。

挂牌公司进入创新层按规定应当由全国股转系统挂牌委员会(以下简称挂牌委)审议的,全国股转公司结合挂牌委审议意见,作出进层决定。

一、基础层挂牌公司进入创新层

基础层挂牌公司进入创新层具体程序如下。

（一）发送公司名单

全国股转公司自进层启动日起开展进层实施工作，向主办券商发送经初步判断符合《分层管理办法》主要进层条件的基础层挂牌公司名单及相关信息。

挂牌公司或主办券商发现公司名单有遗漏或相关信息有误的，应当进行补充或更正，同时提交相关证明材料。

（二）挂牌公司自查

拟进入创新层的挂牌公司应当结合相关信息，按照《分层管理办法》的规定，就公司截至该次进层启动日是否符合创新层进层条件，是否存在资金占用、违规对外担保或者权益被控股股东、实际控制人严重损害等情形进行自查，并提交自查文件至主办券商。

进层前经自查发现存在资金占用、违规对外担保或者权益被控股股东、实际控制人严重损害等情形的挂牌公司，应当在完成整改、消除影响后披露公告，说明整改的具体情况。

（三）仅根据研发条件进层的信息披露要求

仅根据《分层管理办法》第七条第三项[①]进层的挂牌公司，还应当在提交进层材料前披露符合相关条件的公告和会计师事务所的专项意见，充分说明研发费用归集范围及相关会计处理的合理性。

---

① 最近两年研发投入累计不低于 2500 万元，截至进层启动日的 24 个月内，定向发行普通股融资金额累计不低于 4000 万元（**不含以非现金资产认购的部分**），且每次发行完成后以该次发行价格计算的股票市值均不低于 3 亿元。

（四）主办券商核查

主办券商应当按照《分层管理办法》的规定审慎核查，对于存在资金占用、违规对外担保或者权益被控股股东、实际控制人严重损害等情形的挂牌公司，还应当在为其提交进层材料前督导其完成整改、消除影响。

主办券商在核查过程中，除核对公开披露的信息外，必要时应当向挂牌公司及其控股股东、实际控制人、董事、监事、高级管理人员核实并取得相应的证明材料。

（五）提交进层材料

拟进入创新层的挂牌公司，经确认符合创新层进层条件，且不存在资金占用、违规对外担保或者权益被控股股东、实际控制人严重损害等情形的，应当通过主办券商提交进入创新层的材料。主办券商应当按照全国股转公司通知的时间提交进层核查文件。

（六）发布初筛名单与接受异议

全国股转公司根据相关材料确定拟调入创新层的挂牌公司初筛名单，并在全国股转系统官网公示。

挂牌公司对初筛名单存在异议的，应当按照《分层管理办法》第十九条的规定，在两个交易日内以全国股转公司规定方式提交书面说明及相关证明材料。

（七）作出进层决定及实施

全国股转公司根据异议核实情况调整初筛名单，履行相应程序后作出进层决定，并在全国股转系统官网公布将调入创新层的挂牌公司正式名单。

挂牌公司进入创新层按规定应当由挂牌委审议的，全国股转公司结合挂牌委审议意见作出进层决定。

正式名单中的挂牌公司应当披露进层提示公告。全国股转公司按照进层决定载明的日期将正式名单中的挂牌公司调整至创新层。

二、每年创新层进层调整时间

全国股转公司每年设置 6 次创新层进层实施安排。进层启动日分别为每年 1 月、2 月、3 月、4 月、5 月和 8 月的最后一个交易日。

第二节
创新层降层调整情形

创新层挂牌公司出现降层情形的,全国股转公司自该情形认定之日起5个交易日内启动降层调整工作。全国股转公司履行相应程序后,做出降层调整决定并公告。

创新层挂牌公司调整至基础层按规定应当由挂牌委审议的,全国股转公司结合挂牌委审议意见,做出降层调整决定。

创新层挂牌公司调整至基础层的具体程序如下。

一、披露可能触发降层情形的风险提示公告

(1)创新层挂牌公司发生下列情形之一的,应当披露可能触发降层情形的风险提示公告,说明可能导致降层的原因、公司是否采取或拟采取相关措施消除风险,以及相关措施的必要性、合规性等内容。

① 披露业绩预告或业绩快报的挂牌公司,业绩预告或业绩快报中的营业收入、净利润或净资产等财务指标可能触发《分层管理办法》第十四条第一款第一项或第二项规定情形的,应当在披露业绩预告或业绩快报的同时披露。其他挂牌公司可能触发《分层管理办法》第十四条第一款第一项

至第五项规定情形的，应当自发现之日起两个交易日内披露。

② 可能存在不符合创新层进层条件但涉嫌依据虚假材料进入情形，尚须核实的，应当于公告发现相关事实当日披露。

③ 预计无法在规定期限内披露年度报告或中期报告的，应当与预计无法按期披露年度报告或中期报告的相关公告同时披露。

④ 进入创新层后曾受到证监会及其派出机构行政处罚或全国股转公司公开谴责，最近24个月内可能因不同事项再次受到行政处罚或公开谴责的，应当于公告被证监会及其派出机构立案调查或收到纪律处分事先告知书当日披露。

⑤ 可能因资金占用、违规对外担保受到证监会及其派出机构行政处罚或全国股转公司公开谴责的，应当于公告被证监会及其派出机构立案调查或收到纪律处分事先告知书当日披露。

⑥ 可能受到刑事处罚的，应当于公告被立案侦查、相关主体被采取刑事强制措施当日披露。

⑦ 连续30个交易日（*不含停牌日*）股票每日收盘价均低于每股面值的，应当于次一交易日披露。

⑧ 仅根据《分层管理办法》第七条第三项或第四项，或者第十一条第一款第三项或第四项进入创新层的，连续30个交易日（*不含停牌日*）股票交易市值均低于1亿元的，应当于次一交易日披露。

⑨ 发生其他可能导致降层风险的，应当自发现之日起两个交易日内披露。

（2）挂牌公司披露可能触发降层情形的风险提示公告后，应当至少每5个交易日或在相关事项发生重大进展时披露进展公告，直至降层风险消除或实际触发降层情形。

（3）挂牌公司无法披露或拒不披露可能触发降层情形风险提示公告或进展公告的，应当由主办券商发布风险揭示公告并向全国股转公司报告。

（4）挂牌公司应当在降层风险消除后及时披露降层风险解除的公告。

二、披露触发降层情形的风险提示公告

（1）创新层挂牌公司触发《分层管理办法》第十四条规定的降层情形，应当披露触发降层情形的风险提示公告。

① 挂牌公司经审计的年度营业收入、净利润或净资产等财务指标，或者年度财务报告审计意见类型触发降层情形的，应当与年度报告同时披露。

② 半数以上董事无法保证年度报告或者中期报告内容的真实性、准确性、完整性或者提出异议的，应当与相关董事会决议同时披露。

③ 未在规定期限内披露年度报告或中期报告的，应当于年度报告或中期报告披露期限届满当日披露。

④ 因更正年度报告导致进层时不符合创新层的进入条件，或触发创新层降层情形的，应当与更正后的年度报告同时披露。

⑤ 不符合创新层进层条件，但依据虚假材料进入的，应当于公告确认相关事实当日披露。

⑥ 进入创新层后，最近24个月内因不同事项受到证监会及其派出机构行政处罚或全国股转公司公开谴责的次数累计达到两次的，应当于公告收到相关文书当日披露。

⑦ 进入创新层后，因资金占用、违规对外担保受到证监会及其派出机构行政处罚或全国股转公司公开谴责的，应当于公告收到相关文书当日披露。

⑧ 进入创新层后，受到刑事处罚的，应当于相关司法文书生效当日披露。

⑨ 连续 60 个交易日（*不含停牌日*）股票每日收盘价均低于每股面值的，应当于第 60 个交易日披露。

⑩ 仅根据《分层管理办法》第七条第三项或第四项，或者第十一条第一款第三项或第四项进入创新层的，连续 60 个交易日（*不含停牌日*）股票交易市值均低于 1 亿元的，应当于第 60 个交易日披露。

（2）挂牌公司披露触发降层情形的风险提示公告后，应当至少每 5 个交易日披露一次进展公告，直至完成降层。

（3）挂牌公司无法披露或拒不披露触发降层情形风险提示公告或进展公告的，应当由主办券商发布风险揭示公告并向全国股转公司报告。

三、挂牌公司自查与主办券商核查

创新层挂牌公司触发降层情形后，应当对触发降层的具体情况进行自查，并形成自查报告。主办券商应当核查相关情形是否属实，并形成核查报告，与挂牌公司的自查报告一并向全国股转公司提交。挂牌公司自查报告与主办券商核查报告原则上应当在披露触发降层情形的风险提示公告后 5 个交易日内提交。挂牌公司无法提交自查报告的，主办券商应当在核查报告中说明相关情况。

四、启动降层调整工作

全国股转公司结合主办券商和挂牌公司提交的材料认定事实无误的，按照《分层管理办法》第二十条的规定，自认定之日起 5 个交易日内启动降层调整工作。挂牌公司出现两项以上降层情形的，按照先触发先适用的原则进行层级调整。

五、做出降层调整决定及实施

全国股转公司履行相应程序后作出降层调整决定，并在全国股转系统官网公布。创新层挂牌公司调整至基础层按规定应当由挂牌委审议的，全国股转公司结合挂牌委审议意见，作出降层调整决定。

挂牌公司被全国股转公司作出降层调整决定的，应当同时披露降层提示公告。挂牌公司无法披露或拒不披露的，应当由主办券商发布风险揭示公告并向全国股转公司报告。

挂牌公司被全国股转公司作出降层调整决定的，可以根据《全国中小企业股份转让系统复核实施细则》相关规定申请复核。复核期间，全国股转公司作出的降层调整决定暂不执行。未申请复核或复核申请未被受理的挂牌公司，全国股转公司按照决定中载明的日期将其调整至基础层，挂牌公司应当在复核期限届满当日披露将被调整至基础层的提示性公告。挂牌公司提出复核申请的，应当在当日披露关于已提出复核申请的公告，并在收到全国股转公司复核决定当日披露公告，说明复核决定的主要内容以及后续安排。

第三节
层级调整时间限制

出现以下特别情况，创新层公司被调整至基础层的，自调整至基础层之日起 12 个月内不得再次进入创新层。

（1）最近两年净利润均为负值，且营业收入均低于 5000 万元，或者最近三年净利润均为负值，且最近两年营业收入持续下降；

（2）最近一年期末净资产为负值；

（3）最近一年财务会计报告被会计师事务所出具否定意见或无法表示意见的审计报告，或者最近一年财务会计报告被会计师事务所出具保留意见的审计报告且净利润为负值；

（4）半数以上董事无法保证年度报告或者中期报告内容的真实性、准确性、完整性或者提出异议等情形的。

因更正年度报告导致进层时不符合创新层进层条件被调整至基础层，且因信息披露文件存在虚假记载受到证监会及其派出机构行政处罚或全国股转公司公开谴责的，自调整至基础层之日起 24 个月内不得再次进入创新层。

挂牌公司出现股票强制终止挂牌情形的，全国股转公司在其股票终止挂牌前不对其进行层级调整。

第九章
北交所上市审核关注的事项及案例[①]

第一节
北交所上市审核重点关注的行业和法律问题

总体而言,北交所发行上市审核重点关注是否符合证监会规定的发行条件,是否符合北交所规定的上市条件,是否符合证监会和北交所关于信息披露的要求。

一、北交所上市审核重点关注领域及方式

(一) 北交所在审核实践中主要关注领域

根据《北京证券交易所上市公司证券发行上市审核规则(试行)》,北交所对发行人符合发行条件、上市条件和信息披露要求进行审核。

---

① 本章所列案例仅供参考了解问询问题的大致情况,具体回复详见北京证券交易所官方网站(网址 http://www.bse.cn)披露的相关上市公司问询与答复文件。

1. 发行条件、上市条件的审核重点

北交所在发行条件、上市条件的审核中重点关注下列事项。

（1）发行人是否符合《发行注册办法》[①]及证监会规定的发行条件；

（2）发行人是否符合《北交所上市规则》及本所规定的上市条件；

（3）保荐机构、证券服务机构出具的文件是否就发行人符合发行条件、上市条件逐项发表明确意见，且具备充分的理由和依据。

北交所对前款规定的事项存在疑问的，发行人应当按照北交所要求作出解释说明，保荐机构及证券服务机构应当进行核查，并修改相应发行上市申请文件。

2. 信息披露审核重点

北交所在公开发行股票并上市的信息披露审核中重点关注以下事项。

（1）发行上市申请文件及信息披露内容是否达到真实、准确、完整的要求，是否符合证监会和北交所有关要求；

（2）发行上市申请文件及信息披露内容是否包含对投资者作出投资决策有重大影响的信息，披露程度是否达到投资者作出投资决策所必需的水平，包括但不限于是否充分、全面披露相关规则要求的内容，是否充分揭示可能对发行人经营状况、财务状况产生重大不利影响的所有因素；

（3）发行上市申请文件及信息披露内容是否一致、合理和具有内在逻辑性，包括但不限于财务数据是否钩稽合理，是否符合发行人实际情况，财务信息与非财务信息是否相互印证，保荐机构、证券服务机构核查依据

[①]《北京证券交易所上市公司证券发行注册管理办法（试行）》（以下简称《发行注册办法》）已经于2021年10月28日中国证券监督管理委员会2021年第6次委务会议审议通过，自2021年11月15日起施行。

是否充分，能否对财务数据的变动或者与同行业公司存在的差异作出合理解释；

（4）发行上市申请文件披露的内容是否简明易懂，是否便于投资者阅读和理解，包括但不限于是否使用事实描述性语言，是否言简意赅、通俗易懂、逻辑清晰，是否结合发行人自身特点进行有针对性的信息披露。

综上，北交所在信息披露审核中，重点关注发行上市申请文件及信息披露是否达到充分、全面披露对投资者作出投资决策有重大影响的信息，披露程度达到投资者作出投资决策所必需的水平；所披露的信息一致、合理且具有内在逻辑性；简明易懂，便于一般投资者阅读和理解。

（二）北交所审核实践中主要通过问询与回复的方式对重点问题进行关注

北交所主要通过提出问题、回答问题等多种方式，督促发行人及其保荐机构、证券服务机构真实、准确、完整地披露信息。北交所可以视情况在审核问询中对发行人、保荐机构及证券服务机构，提出下列要求：(1) 解释和说明相关问题及原因。(2) 补充核查相关事项。(3) 补充提供新的证据或材料。(4) 修改或更新信息披露内容。

总体来说，发行人应当诚实守信，依法充分披露投资者作出价值判断和投资决策所必需的信息，保证发行上市申请文件和信息披露的真实、准确、完整，简明清晰、通俗易懂，不得有虚假记载、误导性陈述或者重大遗漏。以信息披露为中心，北交所审核聚焦核心问题和重大疑点，让发行人"说清楚"，中介机构"核清楚"，来保证投资者"看清楚"，以信息披露方式向投资者揭示风险，提高发行人信息披露对投资者决策的有用性。

二、北交所上市审核重点关注的行业和法律问题

（一）行业定位方面

北交所的设立，是为打造服务创新型中小企业主阵地，北交所在定位方面牢牢坚持服务创新型中小企业的市场定位，尊重创新型中小企业发展规律和成长阶段，提升制度包容性和精准性，聚焦专精特新。

北交所充分发挥对全国股转系统的示范引领作用，深入贯彻创新驱动发展战略，聚焦实体经济，主要服务创新型中小企业，重点支持先进制造业和现代服务业等领域的企业，推动传统产业转型升级，培育经济发展新动能，促进经济高质量发展。

发行人不得属于产能过剩行业（*产能过剩行业的认定以国务院主管部门的规定为准*）、《产业结构调整指导目录》中规定的淘汰类行业，以及从事学前教育、学科类培训等业务的企业。发行人属于金融业、房地产业企业的，不支持其申报在北交所发行上市。

北交所准确把握服务创新型中小企业的定位，从企业的成长特点、规律和阶段出发，充分包容企业的经营多样性，结合行业特点、经营特点、产品用途、业务模式、市场竞争力、技术创新或模式创新、研发投入与科技成果转化等情况，充分披露发行人自身的创新特征和创新型中小企业的特质。

北交所把握行业定位标准，结合募集资金发行融资成本考虑，通常创新层企业3000万元以上净利润的创新型中小企业（*尤其是专精特新企业*）比较适合申报北交所。

考虑到创业板主要服务成长型创新创业企业，支持传统产业与新技术、新产业、新业态、新模式深度融合，若符合申报创业板定位的企业年净利润低于5000万元，申报北交所也是比较适合的选择。

【案例】山东路斯宠物食品股份有限公司（证券代码：832419）

请发行人结合自身所处行业、核心技术工艺体现、研发投入、高新技术企业资质等方面，进一步分析论证是否符合北交所支持创新型中小企业的定位。请保荐机构发表明确意见。

【回复要点】[①]

公司自成立以来，专注于宠物食品行业，专业从事宠物食品的研发、生产和销售，积累了丰富的行业经验。公司始终以创新驱动为发展战略，立足于宠物食品行业的当前市场需求及未来发展趋势，建立了较为完善的技术研发创新体系，坚持推动宠物食品科学配方、生产工艺、营销模式的创新，不断开发新配方、新产品，促进公司高质量发展，主要体现在以下几个方面。

1. 宠物食品行业市场空间广阔，消费升级趋势明显，是推动产业创新升级的积极因素。

2. 公司掌握具有自主知识产权的核心创新技术。

3. 公司拥有高效的研发体系，具备持续创新能力。（1）研发创新的基本情况。（2）良好的创新激励机制。（3）卓越的研发团队及研发人员。（4）大量的研发投入。（5）技术储备情况。

4. 公司具有产品研发创新、生产流程与工艺创新及销售服务创新的体系性优势。（1）产品配方的创新开发。（2）生产工艺的创新优化。（3）生产模式的创新应用。（4）营销模式的创新转变。（5）蓝海市场的创新开拓。

[①] 鉴于篇幅所限，本书引用的案例并未全部提供回复要点，读者可自行在北交所网站检索下载，阅读研究。

5. 公司的研发创新成果获得行业、市场与客户的认可。

6. 公司创新战略已形成有利于企业持续经营的商业模式，实现传统产业升级，促进公司高质量发展。

7. 公司所属宠物食品行业不属于国家产业政策明确限制行业，不属于危害国家安全、公共安全、生态安全、生物安全、生产安全的企业，也不属于北交所明确要求的限制类行业。宠物食品行业具有较大的市场空间和成长性，且具有良好的创新氛围，有利于发挥公司创新优势。公司深入贯彻创新驱动战略，聚焦于宠物食品的创新研发、先进制造。公司专注于细分市场领域，坚持专精特新的发展道路。公司高度重视研发，形成了完善高效的研发体系，具备了持续创新能力，核心技术和生产工艺具备先进性，有一定的市场地位和影响力。公司不断丰富产品类型和应用场景，以应对市场需求的快速变化。公司在未来的发展道路上，将深入贯彻创新驱动和高质量发展理念，坚持走专精特新的发展道路，专注于细分市场领域，持续提高创新能力和产品技术含量，丰富产品类型和应用场景，以不断提升公司的整体创新能力。

综上，公司在所处行业、核心技术、工艺体现、研发投入、高新技术企业资质等方面均体现了高度的创新性，符合北交所关于支持创新型中小企业的定位。

（二）上市标准的选择与变更

发行人应当结合自身财务状况、公司治理特点、发展阶段以及上市后的持续监管要求等，审慎选择上市标准。发行人申请向不特定合格投资者公开发行股票并在北交所上市的，应当在相关申请文件中明确说明所选择的一项具体的上市标准，即《上市规则》规定的市值及财务指标四套标准之一①。

北交所上市委员会召开审议会议前，发行人因更新财务报告等情形导致不再符合申报时选定的上市标准，需要变更为其他标准的，应当及时向北交所提出变更申请、说明原因并更新相关文件；不再符合任何一套上市标准的，可以撤回发行上市申请。

保荐机构应当核查发行人变更上市标准的理由是否充分，就发行人新选择的上市标准逐项说明适用理由，并就发行人是否符合上市条件重新发表明确意见。

【案例】广东奥迪威传感科技股份有限公司（证券代码：832491）

发行人已披露2021年年度报告并依规申请变更上市标准，根据《广东奥迪威传感科技股份有限公司关于公开发行股票并在北交所上市变更上市标准的申请》，发行人因更新财务报告，申请变更上市标准。请发行人补充披露变更上市标准的具体原因、内部程序履行情况及合规性；结合2021年度及期后经营情况，分析说明发行人是否满足发行及上市条件。请保荐机构核查上述事项并发表明确意见。

---

① 四套上市标准：1. 预计市值不低于2亿元，最近两年净利润均不低于1500万元且加权平均净资产收益率不低于8%，或者最近一年净利润不低于2500万元且加权平均净资产收益率不低于8%；2. 预计市值不低于4亿元，最近两年营业收入平均不低于1亿元且最近一年营业收入增长率不低于30%，最近一年经营活动产生的现金流量净额为正；3. 预计市值不低于8亿元，最近一年营业收入不低于2亿元且最近两年研发投入合计占最近两年营业收入合计比例不低于8%；4. 预计市值不低于15亿元且最近两年研发投入合计不低于5000万元。

【回复要点】

2021年12月首次申报报告期为2018年、2019年、2020年和2021年1—6月，首次申报2018年、2019年、2020年归属于母公司所有者扣除非经常性损益后的净利润分别为1929.11万元、-202.25万元、3134.80万元，加权平均净资产收益率为6.18%、1.19%、7.79%，考虑到公司研发投入和市值因素，申报时只满足上市标准二①，即预计市值不低于4亿元，最近两年营业收入平均不低于1亿元，且最近一年营业收入增长率不低于30%，最近一年经营活动产生的现金流量净额为正。

根据会计师出具的审计报告显示，公司2020年营业收入为33552.87万元，2021年营业收入为41602.58万元，较2020年增长23.99%，公司最近一年营业收入增长率未达到30%。因此，公司更新2021年财务报告后不再符合申报时选定的上市标准二，需要变更为其他标准。

根据实际情况，公司选择上市标准一为变更后的上市标准，即预计市值不低于2亿元，最近两年净利润不低于1500万元且加权平均净资产收益率不低于8%，或者最近一年净利润不低于2500万元且加权平均净资产收益率不低于8%。

奥迪威已就上市标准的变更事项履行了内部决策程序，同时保荐机构对公司变更上市标准事项出具了专项意见。

---

① 四套上市标准分别为：1.预计市值不低于2亿元，最近两年净利润均不低于1500万元且加权平均净资产收益率不低于8%，或者最近一年净利润不低于2500万元且加权平均净资产收益率不低于8%；2.预计市值不低于4亿元，最近两年营业收入平均不低于1亿元且最近一年营业收入增长率不低于30%，最近一年经营活动产生的现金流量净额为正；3.预计市值不低于8亿元，最近一年营业收入不低于2亿元且最近两年研发投入合计占最近两年营业收入合计比例不低于8%；4.预计市值不低于15亿元且最近两年研发投入合计不低于5000万元。

更换上市标准问询回复后，奥迪威于 2022 年 4 月 1 日顺利通过北交所审核。

（三）重大违法行为

发行人及其控股股东、实际控制人最近三年内不得存在重大违法行为。最近 36 个月内，发行人及其控股股东、实际控制人在国家安全、公共安全、生态安全、生产安全、公众健康安全等领域存在以下违法行为之一的，原则上视为重大违法行为：被处以罚款等处罚且情节严重；导致严重环境污染、重大人员伤亡、社会影响恶劣等。

有以下情形之一且保荐机构及发行人律师出具明确核查结论的，可以不认定为重大违法：违法行为显著轻微、罚款数额较小；相关规定或处罚决定未认定该行为属于情节严重。有权机关证明该行为不属于重大违法，但违法行为导致严重环境污染、重大人员伤亡、社会影响恶劣等并被处以罚款等处罚的，不适用上述情形。

【案例】南京沪江复合材料股份有限公司（证券代码：870204）

问询问题：安全生产合规性。

根据公开发行说明书，报告期内，发行人于 2019 年 5 月及 2020 年 6 月存在两起安全生产行政处罚，分别被处以罚款人民币 1.5 万元和 2.5 万元。

请发行人：(1) 说明前述安全生产事故是否属于重大违法违规行为，在上述安全生产事故后所采取的整改措施和效果，公司安全生产相关制度及其执行情况。(2) 根据公开发行说明书，发行人已取得安全生产标准化证书。请补充披露发行人子公司是否取得安全生产相关证书，是否存在未能取得相关证书即开展生产情形，是否存在重大违法违规风险。

请保荐机构及发行人律师对上述事项进行核查并发表明确意见。

【回复要点】

1. 补充披露两次处罚的具体情况。

2. 根据处罚情况，分别进行了整改、制定并强化相关安全制度措施等。

3. 处罚机关出具了不属于重大违法违规的证明。

4. 发行人不属于按照《安全生产许可证条例》要求应当取得安全生产许可证的企业，无须取得《安全生产许可证》。

综上，发行人上述违法行为不属于重大违法行为，属于一般违法行为，相关处罚机关也确认了报告期内不存在其他因安全生产事故而受到行政处罚的情形，公司安全生产相关制度建立健全，且执行情况较好。

【案例】山东路斯宠物食品股份有限公司（证券代码：832419）

问询问题：子公司连续被行政处罚。

请发行人：（1）补充披露上述行政处罚发生的背景及原因，处罚后的整改或验收（如有）情况，说明前述行政处罚是否构成重大违法行为，是否对本次公开发行存在重大不利影响。（2）说明子公司连续受到相关主管部门的行政处罚的原因，整改措施是否有效，子公司甘肃路斯的行政处罚涉及安全生产、消防、税务等多方面，是否说明发行人及甘肃路斯的规范运行相关内控制度执行是否有效，发行人对子公司的规范经营是否采取了相应措施，是否存在其他内控不规范的情况。

请保荐机构、发行人律师核查上述事项并发表明确意见。

【回复要点】

1. 补充披露两次处罚及整改情况。

2. 根据处罚情况，分别进行了整改、制定并强化相关安全制度措施等。

3. 处罚机关出具了不属于重大违法违规的证明。

4. 发行人及子公司受到的行政处罚金额相对较小，相应事项在被处罚后均采取了对应整改措施，不会对公司的持续经营造成重大不利影响；同时，相应政府主管部门均已出具证明文件，对相应行为不属于重大违法违规行为进行了说明，不会对发行人本次公开发行造成重大不利影响。

报告期内，公司子公司连续受到相关主管部门的行政处罚，主要是因为相关人员重视程度不够，未严格按照公司制度执行。对于上述事项，公司已及时采取批评教育相关人员、完善具体制度等积极整改措施；自2020年年初至今，公司及子公司未受到其他行政处罚，相应整改措施运行有效。致同会计师出具了致同专字（2021）第371A008371号和致同专字（2021）第371A015950号《内部控制评价报告》，发行人及子公司目前的内控制度执行有效，发行人对子公司的规范经营已采取了相应措施，不存在其他内控不规范的情况。

【案例】深圳市则成电子股份有限公司（证券代码：837821）

问询问题：是否存在安全领域重大违法行为。

根据申请材料，2018年3月27日，江门市公安消防支队江海区大队作出了《行政处罚决定书》（江海公（消）行罚决字〔2018〕0008号），江门则成因厂房装修未进行消防设计备案和竣工验收备案，及未履行法律、法规规定的消防安全责任，产生火灾事故，造成严重损失，受到3万元行政处罚。2019年9月25日，江门市公安消防支队江海区大队作出了《行政处罚决定书》（江海（消）行罚决字〔2019〕0041号），江门则成因占用消防通道被罚款1.5万元。根据江门市江海区消防救援大队于2020年11月16日出具的《证明》，自2017年1月1日至2020年11月16日，江门则成共有上述两宗消防行政处罚，"根据相关行政处罚裁量标准，处5000元至20000元以下罚款，不属于情节严重种类"。

请发行人：（1）补充披露火灾事故发生的原因、人员伤亡和财产损失情况，受到行政处罚的具体情况，说明公开发行说明书披露内容与律师工作报告就同一事项所述内容不一致的原因，相关信息披露是否真实、准确、完整。（2）认定上述行政处罚涉及的违法行为不属于情节严重种类的依据是否准确、充分。（3）补充披露受到消防行政处罚后的整改措施及有效性，主要厂房消防验收审批或备案办理情况、安全生产措施及其有效性。

请保荐机构、发行人律师补充核查上述事项并发表明确意见。

【回复要点】

1. 简述火灾事故发生的原因、人员伤亡和财产损失情况。

2. 简述受到的行政处罚情况，及认罚、落实整改情况。

3. 处罚机关出具《证明》。报告期内，江门则成共有两宗行政处罚：（1）2018年3月27日因厂房装修未进行消防设计备案和竣工验收备案，消防行政罚款各5000元；未履行法律、法规规定的消防安全责任，产生火灾事故，消防行政罚款20000元，于2018年4月11日缴纳罚款并将消防隐患整改完毕。（2）2019年9月25日因"占用消防车通道"受到行政罚款15000元，于2019年10月12日缴纳罚款并将消防隐患整改完毕。根据相关行政处罚裁量标准，处5000元至20000元以下罚款不属于情节严重种类。除上述行政处罚外，江门则成在报告期内无其他受到行政处罚的情况。

4. 阐明招股说明书与律师工作报告不具有矛盾性。招股说明书引用了江门市江海区消防救援大队出具的《证明》的内容，《律师工作报告》引用了《行政处罚决定书》的内容，《证明》详细载明了各违法行为的罚款金额，而《行政处罚决定书》仅载明了各违法行为的罚款总金额，《行政处罚决定书》与《证明》之间不存在实质性差异。上述信息披露真实、准确、完整。

5. 结合《中华人民共和国消防法（2008修订）》《广东省实施〈中华人民共和国消防法办法〉（2010修订）》《广东省消防救援机构消防行政处罚裁量规定》及《广东省消防救援机构行政处罚裁量标准》等相关规定，肯定了江门市公安消防支队江海区大队作出的《行政处罚决定书》的合法性、合理性，从而得出处罚机关对发行人作出该等行政处罚涉及的违法行为"不属于情节严重种类"的依据准确、充分。

（四）实际控制人及股份代持

发行人控股股东和受控股股东、实际控制人支配的股东所持有的发行人股份不存在重大权属纠纷。

【案例】南京沪江复合材料股份有限公司（证券代码：870204）

问询问题：补充披露追加认定实际控制人的情况。

根据公开发行说明书，2021年5月25日公司披露实际控制人认定更正的公告，追加章××、秦××夫妇之子女章×、章×为公司挂牌至今的共同实际控制人。

请发行人结合报告期内四人在公司股东大会、董事会投票表决情况和在公司实际经营决策中发挥的作用，补充披露追加章××、秦××

夫妇之子女章×、章×为公司挂牌至今的共同实际控制人是否符合公司的实际情况，是否存在最近24个月内公司实际控制人变动的情形。

请保荐机构、发行人律师核查并发表明确意见。

【回复要点】

1．在公开发行说明书和法律意见书相关位置作了补充披露。

2．保荐机构、发行人律师实施了以下核查程序：（1）访谈章××、秦××、章×、章×，了解公司控制权及日常经营管理分工情况。（2）查阅《南京沪江复合材料股份有限公司一致行动人协议》《股份锁定承诺》和《避免同业竞争的承诺函》等，了解相关条款的约定。（3）查阅报告期内的三会会议文件，了解三会出席、签名、审议事项及表决情况等。

3．经核查，保荐机构、发行人律师认为：沪江材料自挂牌至今，控制权、管理团队稳定，实际控制人一直为章××、秦××、章×、章×。章×和章×二人直接持有公司股份均达到5%以上，并担任公司董事、高级管理人员，在公司经营决策中发挥着重要作用，补充追加认定二人为公司共同实际控制人，符合北交所《北京证券交易所向不特定合格投资者公开发行股票并上市业务规则适用指引第1号》以及中国证监会《首发业务若干问题解答》关于实际控制人认定的一般要求，也符合公司实际情况；公司实际控制人自挂牌至今一直为章××、秦××、章×和章×，不存在最近24个月内公司实际控制人变更的情形。

【案例】成都中寰流体控制设备股份有限公司（证券代码：836260）

问询问题：报告期内存在股份代持。

根据公开发行说明书及保荐工作报告，发行人报告期内存在公司财务总监、出纳为他人代持股份的情况，且涉及定向发行中的代持。

请发行人说明：（1）报告期内股份代持的背景、原因及合理性，是否涉及公司行为，发行人在公司治理、内部控制、财务管理等方面是否存在缺陷。（2）代持事项的解决情况，公司的整改措施及效果，是否建立针对性的内控制度并有效执行，并就相关事项作重大事项提示。（3）相关人员是否存在受到行政处罚的风险，上述事项是否构成重大违法违规，是否对本次公开发行并进入精选层构成障碍。

【回复要点】

1. 报告期内股份代持的背景、原因及合理性。

2. 本次代持是李××、刘×个人私自行为，公司未对其作出明示或暗示的安排。（1）本次股权代持是李××、刘×的个人行为，公司未对该等行为作相关安排。发行人及公司董事长、总经理、财务负责人、董事会秘书在每月回复主办券商安信证券关于《成都中寰流体控制设备股份有限公司持续督导征询事项反馈表（月度）》时，都会督促公司董事、监事及高级管理人员对照反馈表如实反馈是否存在代持行为，但财务负责人李××在反馈时明确表示其不存在代持情形。李××、刘×参与公司2020年股票定向发行时，公司要求李××、刘×均出具了《不存在股权代持》承诺函，同时李勇文作为董事、财务负责人亦在《定向发行说明书》中承诺"定向发行说明书不存在虚假记载、误导性陈述或重大遗漏，并对其真实性、准确性、完整性承担个别和连带的法律责任"。李××、刘×存在股权代持行为，同时作出与事实相违背的承诺，系个人行为，公司无从知晓，也未作出明示或暗示的相关安排。（2）李××、刘×出具说明，本次代持行为系其个人行为，未将上述代持事项告知公司董事会。

3. 发行人在公司治理、内部控制、财务管理等方面不存在重大缺陷。(1)发行人已根据《公司法》《证券法》《非上市公众公司监督管理办法》及《全国中小企业股份转让系统挂牌公司治理规则》等相关法律法规和规范性文件的要求，建立并健全了由股东大会、董事会、独立董事、监事会和高级管理层组成的公司治理结构。(2)发行人自在全国股转系统挂牌以来，控股股东李×长期担任发行人董事长兼总经理，负责公司整体业务发展及日常经营。随着发行人阀门执行机构、井口安全控制系统及橇装设备业务在市场上形成中寰股份特色品牌，基于企业长期发展目标，发行人建立起"知行合一致良知"的企业管理文化，实现让每个员工在企业成长的道路上达人、达己的正确的职业素养。基于此考虑及完善公司治理结构，控股股东李×大力倡导公司经营层职业化、年轻化，希望更多年轻人通过自我努力走上公司核心管理岗位，同时也为公司培养、选拔下一代接班人。在2018年9月公司第二届高级管理人员换届选举时，李×不再担任公司总经理，提名年轻的副总经理慕××担任公司总经理，全权负责公司日常经营；同时协调与本人年龄相近董事、副总经理李××不再担任公司副总经理，提名年轻的石×、李×担任公司副总经理，分管业务、质量控制。通过上述安排，治理层共有7名董事，其中两名独立董事及两位年长的专职董事（**分别是董事长李×及董事李××**）；经营层共有7名，其中35岁以下有4名，35岁至45岁有两名。(3)发行人根据精选层挂牌公司治理规范性的要求，建立健全了《股东大会议事规则》《董事会议事规则》《监事会议事规则》《独立董事工作制度》《对外投资管理制度》《对外担保管理制度》《关联交易管理制度》等内部管理制度，并建立了审计委员会。报告期内，公司组织机构职责分工明确，相互配合，制衡机制有效运作，决策程序及议事规则透明、清晰、有效，公司三会能够切实履行职责。

（4）发行人设立独立的财务管理部门，根据现行会计准则及相关法规，并结合实际情况制定了《公司财务管理制度》《预算管理制度》《公司现金管理制度》《财务印章管理制度》《固定资产管理制度》等内部财务管理制度，建立了独立、完整的财务核算体系，能够独立核算并作出财务决策，具有规范的财务会计制度。（5）2021年3月23日，信永中和会计师事务所（特殊普通合伙）出具了编号为"XYZH/2021CDAA30095"的《成都中寰流体控制设备股份有限公司2020年12月31日内部控制鉴证报告》，认为中寰股份按照《企业内部控制基本规范》及相关规定，于2020年12月31日在所有重大方面保持了与财务报表相关的有效的内部控制。2021年8月13日，信永中和会计师事务所（特殊普通合伙）出具了编号为"XYZH/2021CDAA30248"的《成都中寰流体控制设备股份有限公司2021年6月30日内部控制鉴证报告》，认为中寰股份按照《企业内部控制基本规范》及相关规定，于2021年6月30日在所有重大方面保持了与财务报表相关的有效的内部控制。

综上，发行人据实补充披露了报告期内股份代持的背景、形成原因及合理性；发行人未对该等股份代持情形作出安排；发行人在公司治理、内部控制、财务管理等方面不存在重大缺陷。

（五）同业竞争

发行人与控股股东、实际控制人及其控制的其他企业间如存在同业竞争情形，认定同业竞争是否对发行人构成重大不利影响时，保荐机构及发行人律师应结合竞争方与发行人的经营地域、产品或服务的定位，同业竞争是否会导致发行人与竞争方之间的非公平竞争，是否会导致发行人与竞争方之间存在利益输送，是否会导致发行人与竞争方之间相互或者单方让渡商业机会情形，对未来发展的潜在影响等方面，核查并出具明确意见。

发行人应在招股说明书中披露保荐机构及发行人律师针对同业竞争是否对发行人构成重大不利影响的核查意见和认定依据。

【案例】深圳市则成电子股份有限公司（证券代码：837821）

问询问题：是否存在同业竞争情形。

根据公开发行说明书，广东施德瑞医疗科技有限公司系发行人控股股东、实际控制人薛××控制的企业，经营范围包括"医疗器械、美容仪器、机电设备、无油压缩机、五金塑胶制品及其配件、家用电器"等；薛××控制的则成投资持有深圳市移轩通信有限公司48.75%股权，系其第二大股东。2020年9月30日，发行人召开总经理办公会审议通过了《关于转让公司三项注册商标的决议》，发行人将注册号为18092638、31966105、31924189的三项商标转让给关联方移轩通信，作价合计4360.00元人民币。

请发行人：（1）补充披露施德瑞的实际经营业务，说明发行人是否简单依据经营范围对同业竞争作出判断，是否仅以经营区域、细分产品或服务、细分市场的不同来认定不构成同业竞争。（2）补充披露移轩通信的股权结构是否存在股权代持情形，说明移轩通信是否受发行人实际控制，发行人将商标权转移给移轩通信的原因及合理性，审议程序是否符合相关规定，定价是否公允，是否存在实际控制人侵占发行人利益的情形。（3）补充披露施德瑞、移轩通信在资产、人员、业务和技术等方面与发行人的关系，采购销售渠道、客户、供应商等方面是否影响发行人的独立性,是否与发行人存在共同生产、共用采购、销售渠道、通用原材料,为发行人提供外协的情形,是否存在为发行人分担成本费用的情形。(4)说明是否已经审慎核查并完整披露发行人控股股东、实际控制人及其亲属直接或间接控制的全部企业。(5)结合《审查问答(一)》问题11等相关规定,补充披露是否构成重大不利影响的同业竞争,以及未来对相关构成同业竞争的资产、业务的安排。

【回复要点】

在核查程序方面,保荐机构及发行人律师以如下程序操作。

1. 对施德瑞执行董事兼总经理严××进行访谈;

2. 对移轩通信的执行董事、总经理何×进行访谈;

3. 查阅施德瑞、移轩通信最近两年财务报表;

4. 查阅发行人作出的说明文件;

5. 查阅施德瑞、移轩通信工商档案;

6. 查阅发行人与移轩通信商标转让有关的《商标转让协议》《资产评估报告》及总经理办公会会议文件;

7. 查阅薛××填写的调查表;

8. 查阅控股股东、实际控制人出具的《关于避免同业竞争的承诺书》。

经核查,保荐机构、发行人律师认为有以下几点。

(1)发行人与施德瑞、移轩通信之间不构成同业竞争。发行人不存在简单依据经营范围对同业竞争作出判断,不存在仅以经营区域、细分产品或服务、细分市场的不同来认定发行人与控股股东、实际控制人控制的企业不构成同业竞争的情形。

(2)已补充披露移轩通信的股权结构,移轩通信不存在股权代持情形,移轩通信实际控制人为何×，不受发行人实际控制。发行人将商标权转移给移轩通信的定价基础为评估报告，交易原因、商业价值及交易价格具备合理性，审议程序符合相关规定，定价公允，不存在实际控制人侵占发行人利益的情形。

（3）施德瑞、移轩通信在资产、人员、业务和技术等方面独立于发行人，采购销售渠道、客户、供应商等方面不会影响发行人的独立性，未与发行人存在共同生产，共用采购、销售渠道，通用原材料，为发行人提供外协的情形，不存在为发行人分担成本费用的情形。

（4）保荐机构及律师已经审慎核查并完整披露发行人控股股东、实际控制人及其亲属直接或间接控制的全部企业。

（5）已补充披露发行人不存在构成重大不利影响的同业竞争情形，以及未来对可能构成同业竞争的相关资产、业务作出非同业竞争化安排，发行人控股股东、实际控制人薛××已出具了《关于避免同业竞争的承诺书》。

【案例】重庆市泓禧科技股份有限公司（证券代码：871857）

问询问题：补充披露是否存在同业竞争。

根据公开发行说明书，发行人控股股东、实际控制人除已明确未开展实际经营的企业外，还控制泓淋电力、威海晨松、中国香港泓淋、韩国泓淋、泰国泓淋、德州锦城、常熟泓博、缅甸泓博等多家公司。

请发行人：（1）补充披露上述企业的实际经营业务，说明发行人是否简单依据经营范围对同业竞争作出判断，是否仅以经营区域、细分产品或服务、细分市场的不同来认定不构成同业竞争。（2）补充披露上述企业资产、人员、业务和技术等方面与发行人的关系，采购销售渠道、客户、供应商等方面是否影响发行人的独立性，是否与发行人存在共同生产，共用采购、销售渠道，通用原材料，为发行人提供外协的情形，是否存在为发行人分担成本费用的情形。（3）说明是否已经审慎核查并完整披露发行人控股股东、实际控制人及其亲属直接或间接控制的全部企业与发行人是否存在同业竞争。（4）如认定存在同业竞争，请结合《全国中小企业股份转让系统精选层挂牌审查问答（一）》等相关规定，补充披露是否构成重大不利影响的同业竞争，以及未来对相关构成同业竞争的资产、业务的安排。

【回复要点】

在核查程序方面，保荐机构及发行人律师以如下程序操作。

1. 查阅上述有实质经营业务企业填写的调查表，了解其实际经营业务、主要产品、性能表现、功能及用途、核心工序及生产设备、采购与销售等情况，对其与发行人主营业务是否存在同业竞争的上述事项进行确认；

2. 查阅发行人关于是否简单依据经营范围对同业竞争作出判断，是否仅以经营区域、细分产品或服务、细分市场的不同来认定不构成同业竞争的说明；

3. 查阅发行人及上述企业的土地使用权证、房屋所有权证、不动产权证、商标注册证、专利证书、固定资产明细、主要机器设备明细、员工名册、客户供应商名单等文件，并核查上述企业与发行人之间就上述方面是否存在交叉或重叠情况；

4. 查阅上述关联企业报告期内主要客户、供应商的销售、采购情况资料；

5. 查阅发行人报告期内主要客户销售明细表，并对发行人与主要客户的交易内容、销售金额、占比等情况进行核查。查阅发行人主要供应商采购明细表，并对发行人与主要供应商的交易内容、采购金额、占比等情况进行核查；

6．查阅发行人、发行人控股股东和实际控制人关于保持发行人独立性的承诺函；

7．查阅发行人控股股东及实际控制人出具的《避免同业竞争承诺函》；

8．查阅发行人董事、监事、高级管理人员和实际控制人填写的调查表，了解董事、监事、高级管理人员、实际控制人及其亲属的对外投资情况；

9．通过公开渠道查询发行人控股股东、实际控制人及其亲属的对外投资及主营业务情况；核查发行人控股股东、实际控制人及其亲属直接或间接控制的全部企业是否已完整披露。

经核查，保荐机构、发行人律师认为有以下几点。

（1）发行人综合上述企业所处行业、主营业务、主要产品、功能及用途、核心工序及生产设备等方面，判断发行人与上述企业不构成同业竞争，不存在简单依据经营范围对同业竞争作出判断，不存在仅以经营区域、细分产品或服务、细分市场的不同来认定不构成同业竞争的情形。

（2）发行人与上述企业在资产、人员、业务和技术等方面相互独立，在采购销售渠道、客户、供应商等方面不存在影响发行人独立性的情形；发行人与上述企业存在向重叠供应商采购连接器配套部件等非通用性产品，以及存在向重叠客户销售不同产品的情况，但发行人与上述企业分别通过各自的渠道独立进行采购与销售，独立与供应商及客户协商定价，定价公允，发行人与上述企业之间不存在共同生产，共用采购、销售渠道以及上述企业为发行人提供外协的情形，上述企业不存在为发行人分担成本费用的情形。

（3）发行人、保荐机构及律师已审慎核查并完整披露了公司控股股东、实际控制人及其亲属直接或间接控制的全部企业，上述企业与公司不存在同业竞争的情况。

（4）发行人控股股东、实际控制人及其亲属直接或间接控制的企业与发行人之间不存在同业竞争。

【案例】吉林碳谷碳纤维股份有限公司（证券代码：836077）

问询问题：与国兴复合材料是否存在同业竞争。

根据申报材料，吉林国兴复合材料为发行人控股股东控制的企业，主营业务为碳纤维复合材料的生产与销售。发行人披露与控股股东及其控制的企业之间不存在同业竞争。

请发行人说明国兴复合材料是否与发行人从事相同或相似业务，是否存在上下游关系，是否构成同业竞争。公开发行说明书关于不存在同业竞争的认定依据是否充分审慎，是否存在对发行人有重大不利影响的同业竞争。

【回复要点】

在核查程序方面，保荐机构及发行人律师以如下程序操作。

1. 保荐机构查阅了国兴复合材料和发行人的经营范围，了解了其主要经营的产品种类及主要应用领域；

2. 保荐机构了解了国兴复合材料和发行人的主要客户和供应商情况，核查了是否存在利益输送或让渡商业机会等情形；

3. 保荐机构对国兴复合材料和发行人分别进行了访谈，实地走访了国兴复合材料的生产线，观察并比较了其生产线与吉林碳谷的差异，并核实了相关承诺。

经核查，保荐机构、发行人律师认为结论如下。

国兴复合材料的主营业务与发行人存在明显区别，二者主营产品完全不同，亦不存在从事相同或相似业务的情形，不存在直接的上下游关系，不存在导致发行人与国兴复合材料之间利益输送、相互或者单方让渡商业机会的情形，因此其与发行人不构成同业竞争，不会对发行人构成重大不利影响。

【案例】湖南五新隧道智能装备股份有限公司（证券代码：835174）

问询问题：与五新重工是否存在同业竞争。

根据公开发行说明书，五新重工为发行人控股股东、实际控制人控制的企业。发行人披露与控股股东、实际控制人及其控制的企业之间不存在同业竞争。

请发行人说明五新重工是否与发行人从事相同或相似业务，是否存在上下游关系，是否构成同业竞争。公开发行说明书关于不存在同业竞争的认定依据是否充分审慎，是否存在对发行人有重大不利影响的同业竞争。

（六）"三类股东"事项

1. 新三板和北交所对"三类股东"的处理意见和态度

发行人在新三板挂牌期间存在契约性基金、信托计划、资产管理计划这"三类股东"①的，需要关注公司控股股东、实际控制人、第一大股东是否属于"三类股东"，是否影响股权的清晰和控制权。

通过协议转让、特定事项协议转让和大宗交易方式形成的"三类股东"，要对该"三类股东"依法设立并有效存续，已纳入国家金融监管部门有效监管，并已按照规定履行审批、备案或报告程序，其管理人也已依法注册登记的情况进行信息披露。

由于新三板挂牌期间存在交易行为，申报北交所的新三板挂牌企业不同于主板、科创板、创业板申报的 IPO 公司，对"三类股东"的核查要求还是区别对待，正常情况下在不影响实际控制权和股权清晰性，以及"三类股东"纳入国家金融监管部门有效监管并履行了相应程序和登记的情况下，一般予以认可。

2. 北交所转板至科创板和创业板对"三类股东"的意见和处理态度②

因北交所上市公司进行过大量二级市场交易，其存在"三类股东"的可能性较高。根据科创板和创业板的上市审核问答，发行人在全国股转系统存在"三类股东"情形的，发行人及中介机构应从以下方面核查并披露相关信息：（1）确认公司控股股东、实际控制人、第一大股东是否属于"三类股东"。（2）确认发行人的"三类股东"是否均依法设立并有效存续，是否已纳入国家金融监管部门有效监管，并已按照规定履行审批、备案或报告程序，其管理人是否也已依法注册登记。（3）根据《关于规范金融机构资产管理业务的指导意见》（银发〔2018〕106号）披露"三类股东"过渡

---

① 三类股东是指契约型私募基金、资产管理计划（主要指基金子公司和券商资管计划）和信托计划。
② 该处部分引用自《汉坤观点 | 北交所上市公司转板主要合规要点问题解读》（https://baijiahao.baidu.com/s?id=1724195208600736997&wfr=spider&for=pc）。

期安排,以及相关事项对发行人持续经营的影响。(4)保荐机构及发行人律师应对控股股东、实际控制人、董事、监事、高级管理人员及其近亲属,以及本次发行的中介机构及其签字人员是否直接或间接在"三类股东"中持有权益进行核查并发表明确意见。(5)中介机构应核查确认"三类股东"已作出合理安排,可确保符合现行锁定期和减持规则要求。

北交所转创业板公司翰博高新在《转板上市报告书（申报稿）》中披露了前十大股东中的"三类股东"情况,并将精选层挂牌前和精选层挂牌后的"三类股东"进行了区别披露,同时明确,"三类股东"均依法设立且正常运行,并已纳入国家金融监管部门有效监管。公司控股股东、实际控制人、董事、监事、高级管理人员及其近亲属不存在直接或间接在上述"三类股东"中持有权益的情形。深交所在问询函中未就"三类股东"问题进行问询。

北交所转科创板公司观典防务在《转板上市报告书（上会稿）》中披露了其全部的"三类股东"以及持股数量和比例,"三类股东"均为在新三板挂牌期间形成的新股东。此外,观典防务在其《转板上市报告书（上会稿）》中根据科创板上市审核问答的要求对"三类股东"问题进行了逐项说明。此前,上交所在《关于观典防务技术股份有限公司转板并在科创板上市申请文件的审核问询函》中要求观典防务按照《关于规范金融机构资产管理业务的指导意见》（业务指导意见）进一步补充披露转板公司全部"三类股东"的过渡期安排情况。观典防务说明了目前"三类股东"持股情况,并确认其"三类股东"均将根据业务指导意见的要求提交《调查问卷》《基金合同》等资料并承诺不存在多层嵌套、份额分级等不符合业务指导意见规定的情形。

可见,目前对于新三板挂牌过程中形成的"三类股东"在转板过程中,各目标板块（上交所、深交所）仍要求对"三类股东"进行充分核查及信息披露。

（七）土地使用权相关事项

存在使用或租赁使用集体建设用地、划拨地、农用地、耕地、基本农田及其上建造的房产等情形的，取得和使用需要符合《土地管理法》等法律法规的规定并依法办理了必要的审批或租赁备案手续，关注有关房产是否为合法建筑、是否可能被行政处罚、是否构成重大违法行为。

上述土地为发行人自有或虽为租赁但房产为自建的，如存在不规范情形且短期内无法整改，保荐机构和发行人律师应结合该土地或房产的面积占发行人全部土地或房产面积的比例，以及使用上述土地或房产产生的收入、毛利、利润情况，来评估其对于发行人的重要性。如面积占比较低、对生产经营影响不大，应披露将来如因土地问题被处罚的责任承担主体、搬迁的费用及承担主体、有无下一步解决措施等，并对该等事项作重大风险提示。

发行人生产经营用的主要房产系租赁上述土地上所建房产的，如存在不规范情形，原则上不构成发行上市障碍。保荐机构和发行人律师应就其是否对发行人持续经营构成重大影响发表明确意见。发行人应披露如因土地问题被处罚的责任承担主体、搬迁的费用及承担主体、有无下一步解决措施等，并对该等事项作重大风险提示。

【案例】深圳市则成电子股份有限公司（证券代码：837821）

问询问题：租赁房产对生产经营的影响。

根据公开发行说明书，发行人与江门则成均无自有房屋建筑物、土地使用权，其生产经营场所使用房屋建筑物均系租赁；惠州则成与广东则成各自拥有一宗土地使用权，惠州则成生产经营所使用的房屋建筑物正在建设过程中，广东则成生产经营所使用的房屋建筑物已竣工验收尚未投产。同时，发行人及其子公司租赁的部分房产未取得房产证。

（1）已到期或即将到期房产的续期安排。根据公开发行说明书，发行人及其子公司承租的部分用作厂房和宿舍的房产已到期或即将到期。请发行人补充披露对前述已到期及即将到期的厂房和宿舍的续租安排，是否存在无法续租的风险，并量化分析该风险对发行人持续经营所产生的具体影响以及拟采取的应对措施。

（2）租赁房屋未取得房产证的原因及影响。根据公开发行说明书，发行人于2020年12月与深圳市国家自主创新示范区服务中心签订租赁合同，租赁深圳国际创新谷8栋A座801房作办公用途，该处房屋尚在办理不动产权登记手续中；江门则成承租的江门市高新区高新技术产业加速园宿舍13间主要作为员工宿舍使用，尚未取得房产证。请发行人补充说明并披露：①发行人租赁的相关房产未办理产权证书的原因、是否存在违法违规的情形、可能产生的风险和后果、是否存在权属争议、是否存在遭受行政处罚或房屋被拆除的风险。②若发行人租赁使用的房屋无法办理产权证书，请发行人量化披露对发行人资产、财务、持续经营所产生的具体影响以及拟采取的应对措施。

（八）独立董事

建立独立董事制度的挂牌公司应当在公司章程中明确独立董事的权利义务、职责及履职程序。独立董事及独立董事候选人应当符合法律法规、部门规章、规范性文件及全国股转系统业务规则有关独立董事任职资格、条件和要求的相关规定。

北交所规定，上市公司独立董事的人数应当符合证监会相关规定，其中应至少包括一名会计专业人士。

证监会独立董事规则规定，上市公司董事会成员中应当至少包括1/3独立董事。

申报北交所的挂牌企业应当遵守前述规定，同时遵守北交所和证监会规定即董事会成员中应当至少包括1/3独立董事，至少包括一名会计专业人士。

【案例】常州电站辅机股份有限公司（证券代码：871396）

问询问题：独立董事任职资格合规性。

公司独立董事李××先生现任江苏理工学院商学院副院长、常州民营经济研究所副所长。

请发行人说明李××先生是否符合《公司法》《中共中央关于进一步加强直属高校党员领导干部兼职管理的通知》、中组部《关于进一步规范党政领导干部在企业兼职（任职）问题的意见》和中共教育部党组《关于进一步加强直属高校党员领导干部兼职管理的通知》、教育部办公厅《关于开展党政领导干部在企业兼职情况专项检查的通知》等相关法律法规和规范性文件的任职资格规定。

劳务外包和劳务派遣：涉及劳务派遣的，关注劳务派遣企业是否具备从事劳务派遣业务的资质，是否符合《劳务派遣暂行规定》，使用劳务派遣员工是否符合"临时性、辅助性、替代性"的岗位特征，被派遣人员是否同工同酬，劳务派遣用工数量不得超过用工总量的10%，劳务派遣用工是否对公司经营的稳定性和持续经营产生不利影响，劳务派遣协议内容和社保缴纳是否合规，劳务派遣公司是否为关联公司等问题。

涉及劳务外包的，关注劳务外包信息披露是否充分，外包公司是否具备承接业务的合法资质，是否存在将劳务派遣包装成劳务外包的形式以规避相关法律和监管的情形，劳务费用定价是否公允，企业及关联人与外包公司的关联关系，劳务外包的风险管理等问题。

【案例】南通大地电气股份有限公司（证券代码：870436）

问询问题：劳务派遣合规性。

请发行人：(1)补充披露各期劳务派遣用工的具体用工岗位、人员比例，说明是否存在核心生产工序使用劳务派遣人员的情形，并结合同行业可比公司的劳务派遣用工情况，说明派遣用工的生产模式是否符合行业特点及趋势。（2）说明合作的劳务派遣公司情况、是否存在关联关系，劳务派遣单位是否具有资质，是否符合《劳务派遣暂行规定》等相关法律法规的规定，是否存在法律纠纷或潜在纠纷。

请保荐机构、发行人律师核查上述事项。

【案例】山西科达自控股份有限公司（证券代码：831832）

问询问题：人员构成及劳动用工合规性。

请发行人：补充披露是否存在劳务派遣用工，用工岗位、人员比例、劳务派遣单位资质及劳务派遣人员的社保缴费情况是否合规，报告期内是否存在劳务外包及其具体情况。

【案例】苏州禾昌聚合材料股份有限公司（证券代码：832089）

问询问题：工序外包的必要性及质量控制。

根据公开发行说明书，公司将部分非核心生产工序委托外部公司加工。

请发行人：（1）补充披露报告期内委托加工的具体情况，包括但不限于委托加工时间、内容、涉及金额及受托方名称等。（2）补充披露受托方基本情况，与公司控股股东、实际控制人，以及公司及其董监高是否存在关联关系，说明委托加工定价是否公允，是否存在利益输送，外包工序是否属于核心工序，工序外包是否须取得客户同意，是否存在纠纷及潜在纠纷，以及质量控制的具体措施。

（九）特殊经营模式

发行人业务涉及委托加工、线上销售、经销商模式、加盟模式等特殊经营模式的，具体核查要求包括但不限以下几方面。

1. 委托加工

委托加工一般是指由委托方提供原材料和主要材料，受托方按照委托方的要求制造货物并收取加工费和代垫部分辅助材料加工的业务。当发行人与同一主体既有采购又有销售业务时，应结合业务合同的属性类别及主要条款、原材料的保管和灭失及价格波动等风险承担、最终产品的完整销售定价权、最终产品对应账款的信用风险承担、对原材料加工的复杂程度等方面，判断业务作为独立购销业务还是作为委托加工或受托加工处理。

如为委托加工，保荐机构及申报会计师应核查以下事项并发表明确意见：委托加工的主要合同条款、具体内容及必要性，交易价格是否公允，会计处理是否合规，是否存在受托方代垫成本费用的情形；受托加工方的基本情况、与发行人的合作历史以及是否与发行人及其关联方存在关联关系；发行人委托加工产品质量控制的具体措施以及公司与受托加工方关于产品质量责任分摊的具体安排；结合委托加工产品的产量占比量化分析报告期内委托加工价格变动情况以及对发行人经营情况的影响。

2. 线上销售

保荐机构及申报会计师应结合客户名称、送货地址、购买数量、消费次数、消费金额及付款等实际情况，以及其他数据、指标、证明资料等，对线上销售收入确认是否符合企业会计准则规定、是否存在通过刷单虚增收入的情形以及收入的真实性等进行核查，说明采取的核查方法、程序以及核查结果或结论，并就报告期发行人线上销售收入的真实性、准确性、完整性发表明确意见。

3. 经销商模式

保荐机构及申报会计师应对经销业务进行充分核查，并对经销商模式下收入的真实性发表明确意见。主要核查事项包括但不限于以下几条。

（1）采取经销商模式的必要性及经销商具体业务模式，经销商的主体资格及资信能力；

（2）发行人报告期内经销商模式下的收入确认原则、费用承担原则及给经销商的补贴或返利情况，经销商模式下收入确认是否符合企业会计准则的规定；

（3）发行人经销商销售模式、占比等情况与同行业可比公众公司是否存在显著差异及原因；

（4）经销商管理相关内控是否健全并有效执行；

（5）经销商是否与发行人存在关联关系；

（6）对经销商的信用政策是否合理；

（7）结合经销商模式检查经销商与发行人的交易记录及银行流水记录；

（8）经销商的存货进销存情况、退换货情况及主要客户情况，经销商所购产品是否实现终端客户销售。

4. 加盟模式

保荐机构及申报会计师应结合加盟协议关键条款、行业惯例、加盟商的经营情况、终端客户销售、退换货情况等，核查加盟相关业务收入确认政策是否符合企业会计准则规定。发行人频繁发生加盟商开业或退出的，保荐机构及申报会计师应核查发行人加盟相关收入确认政策是否谨慎、对部分不稳定加盟商的收入确认是否恰当，并结合与相关加盟商的具体合作情况说明发行人会计处理是否符合企业会计准则规定。保荐机构及发行人律师应核查发行人加盟协议的主要内容、加盟业务经营过程，并对其合法合规性发表明确意见。

【案例】无锡吉冈精密科技股份有限公司（证券代码：836720）

问询问题：外协加工的具体情况。

根据公开发行说明书，发行人生产的产品主要为非标准化产品，考虑经济效益、生产效率等因素，发行人将采购数量少、批次多、品种多、毛利率较低的订单委托给外协单位完成，2018—2020年，发行人外协加工费分别为1978.13万元、1880.91万元及1825.11万元，外协加工费占采购总额比重分别为11.64%、12.09%及11.32%；此外，根据公开发行说明书，发行人所处行业工艺技术壁垒具体表现在以特有的结构方案制作模具等环节，发行人根据客户需求、产品参数等进行模具设计、开发及产品试制，试制样品通过客户验证认可后制订生产经营计划，报告期内发行人存在向龙珠模具、紫悦精密、无锡康信模具有限公司等公司采购模具等情形。

请发行人：（1）补充披露外协工序具体环节是否涉及核心工序，外协工序对应厂商的具体情况，包括外协厂商的总家数、合作历史，并按照具体采购内容补充披露报告期内前五大外协加工厂商的基本情况,包括但不限于供应商名称、成立时间、注册资本、股权结构、合作渊源、外协采购金额及占比,采购金额是否与供应商业务能力及规模相匹配,发行人对外协加工厂商是否存在依赖,是否存在外协加工厂商为发行人承担成本、费用的情形。(2)补充披露报告期各期委托加工的具体产品、数量、金额、定价方式,不同外协厂商委托加工单价是否存在明显差异及差异原因,与市场价格水平的对比情况及其定价公允性。(3)补充披露报告期外购模具对应的具体产品类别、金额及占比,各期外购模具的数量和金额,主要模具供应商情况、模具定价原则及其公允性,外购模具是否符合行业惯例,发行人保证外购模具质量的内控措施是否健全有效。(4)补充披露新产品开发模具的主要流程及其关键环节,结合报告期内自制模具、外购模具数量、金额及占比,分析并披露发行人本身是否具备模具研发能力。

【案例】上海创远仪器技术股份有限公司(证券代码:831961)

问询问题:关于外协。

根据公开发行说明书,发行人根据需要采用少量外协加工的生产模式,由生产部门负责最终产品的组装、调试和测试检验。

请发行人:(1)补充说明外协合作方的选择标准,主要外协方的名称及基本情况,是否具备相应资质,主要外协方与发行人、发行人董事、监事、高管、其他核心人员、实际控制人、发行人股东及其关联方是否存在关联关系及输送利益的情形。(2)补充说明外协服务的具体内容、发生的环节是否涉及关键工序或关键技术,是否对发行人独立性和业务完整性构成影响。(3)补充说明发行人外协服务中的保密措施及执行情况。

（十）国家秘密、商业秘密

发行人有充分依据证明拟披露的某些信息涉及国家秘密、商业秘密的，发行人及其保荐机构、证券服务机构应当在提交发行上市申请文件或问询回复时，一并提交关于信息披露豁免的申请文件（以下简称豁免申请）。

1. 豁免申请的内容

发行人应在豁免申请中逐项说明需要豁免披露的信息，以及认定国家秘密或商业秘密的依据和理由，并说明相关信息披露文件是否符合招股说明书准则及相关规定要求，豁免披露后的信息是否对投资者决策判断构成重大障碍。

2. 涉及国家秘密的要求

发行人从事军工等涉及国家秘密业务的，应当符合以下要求。

（1）按规定提供国家主管部门关于发行人申请豁免披露的信息为涉密信息的认定文件。

（2）提供发行人全体董事、监事、高级管理人员出具的关于公开发行股票并上市的申请文件不存在泄密事项且能够持续履行保密义务的声明。

（3）提供发行人控股股东、实际控制人对其已履行和能够持续履行相关保密义务出具的承诺文件。

（4）在豁免申请中说明相关信息披露文件是否符合《军工企业对外融资特殊财务信息披露管理暂行办法》及有关保密规定。

（5）说明内部保密制度的制定和执行情况是否符合《保密法》等法律法规的规定，是否存在因违反保密规定受到处罚的情形。

（6）说明中介机构是否符合《军工涉密业务咨询服务安全保密监督管理办法》及其他相关规定对中介机构军工涉密业务咨询服务的安全保密要求。

（7）对审核中提出的信息豁免披露或调整意见，发行人应相应回复、补充相关文件的内容，有实质性增减的应当说明调整后的内容是否符合相关规定、是否存在泄密风险。

3. 涉及商业秘密的要求

发行人因涉及商业秘密提交豁免申请的，应当符合以下要求。

（1）发行人应当建立相应的内部管理制度，并明确相关内部审核程序，审慎认定豁免披露事项。

（2）发行人的董事长应当在豁免申请中签字确认。

（3）豁免披露的信息应当尚未泄露。

4. 中介机构核查要求

保荐机构及发行人律师应当对发行人信息豁免披露符合相关规定、不影响投资者决策判断、不存在泄密风险出具专项核查报告。申报会计师应当对发行人审计范围是否受到限制、审计证据的充分性、豁免披露相关信息是否影响投资者决策判断出具核查报告。

（十一）募投项目

募集资金是否有明确的使用方向，原则上应当用于主营业务，募集资金数额和投资项目应当与发行人现有生产经营规模、财务状况、技术水平和管理能力等相适应，募投项目符合国家产业政策，以及募投项目的合理性及必要性。

【案例】陕西天润科技股份有限公司（证券代码：430564，北交所已注册）

问询问题：募投项目合理性。

根据公开发行说明书，本次募投项目总投资 10379.54 万元，其中 6875.30 万元用于空间信息智能化生产服务体系项目，3504.24 万元用于三维空间信息智慧化应用研发中心建设项目。

募投项目在租赁场地实施是否具有不确定性。根据公开发行说明书，发行人开展两项项目均须租赁场地。请发行人补充披露拟用于募投项目租赁房产的落实情况，包含协议签订时间、租赁价格及费用，是否存在重大不确定性，出租方与发行人、实际控制人、董监高是否存在关联关系，到期后是否存在无法续租的后续搬迁风险，以及该等情形对发行人募投项目正常实施的具体影响。

【案例】南京灿能电力自动化股份有限公司（证券代码：870299）

问询问题：关于募投项目合理性。

请发行人：（1）结合行业准入门槛、企业规模、核心技术、生产工艺、资金流动性、产品质量、客户情况、在手订单及潜在订单等经营情况，说明募投项目拟新增业务与现有业务的关联度与协同性，募投项目体量与公司现有经营情况是否匹配，募投项目是否具备可行性，是否符合市场需求，能否有效开拓市场，是否需要获得相关资质、认证或审批。（2）结合电能质量治理领域的行业发展趋势、市场容量、竞争格局、进入门槛以及募投项目相关技术储备、投产后新增产能及预期消化情况等，详细论证本次募投项目的合理性，并量化测算市场空间、募投项目的预期经济效益以及对发行人营业收入、利润的影响，并说明具体依据。（3）结合公司货币资金、交易性金融资产、技术储备、客户数量、人员配置、相关业务规模、在手订单、产能消化预期等情况，以定性与定量相结合的方式分析本次募资总额的合理性，以及未来开展电能质量监测治理综合产品扩产项目的合理性及必要性。

（十二）持续经营的能力

发行人应当保持主营业务、控制权、管理团队的稳定，最近24个月内主营业务未发生重大变化；最近24个月内实际控制人未发生变更；最近24个月内董事、高级管理人员未发生重大不利变化。

关注影响发行人持续经营能力情形的，具体包括：（1）发行人所处行业受国家政策限制或国际贸易条件影响，存在重大不利变化风险。（2）发行人所处行业出现周期性衰退、产能过剩、市场容量骤减、增长停滞等情况。（3）发行人所处行业准入门槛低、竞争激烈，发行人相比竞争者在技术、资金、规模效应等方面不具有明显优势。（4）发行人所处行业上下游供求关系发生重大变化，导致原材料采购价格或产品售价出现重大不利变化。（5）发行人因业务转型的负面影响导致营业收入、毛利率、成本费用及盈利水平出现重大不利变化，且最近一期经营业绩尚未出现明显好转趋势。（6）发行人重要客户本身发生重大不利变化，进而对发行人业务的稳定性和持续性产生重大不利影响。（7）发行人由于工艺过时、产品落后、技术更迭、研发失败等原因导致市场占有率持续下降、重要资产或主要生产线出现重大减值风险、主要业务停滞或萎缩。（8）发行人多项业务数据和财务指标呈现恶化趋势，短期内没有好转迹象。（9）对发行人业务经营或收入实现有重大影响的商标、专利、专有技术以及特许经营权等重要资产或技术存在重大纠纷或诉讼，已经或者未来将对发行人财务状况或经营成果产生重大影响。（10）其他明显影响或丧失持续经营能力的情形。

【案例】南京灿能电力自动化股份有限公司（证券代码：870299）

问询问题：供电紧缺对发行人持续经营能力的影响。

根据首轮问询回复和公开信息，发行人产品为电能质量检测设备，涉及发电、输电、变电、配电、用电各个环节；今年全国存在供电紧缺现象，各地出台了限电限产政策。

请发行人说明供电紧缺及各地限电政策是否影响公司业务开展，发行人下游应用领域是否发生结构性变化，是否存在合同变更或取消的情形，是否对发行人持续经营能力构成较大不利影响。请充分揭示相关风险。

请保荐机构补充核查并发表明确核查意见。

【案例】吉林碳谷碳纤维股份有限公司（证券代码：836077）

问询问题：公司是否具备独立持续经营的能力。

持续亏损情形是否可能继续存在。根据申报材料，公司自主研发过程艰辛，持续受到国际巨头打压，投入较大，使得公司持续亏损。请发行人：（1）结合2017年至2019年的利润情况，说明逐年导致亏损的核心原因，"持续受到国际巨头打压"表述的依据是否客观准确，并与同行业可比公司对比分析持续亏损是否具有合理性，导致亏损的因素是否会长期存在，是否已采取应对措施及产生的效果，亏损因素是否仍会导致后续持续亏损。（2）结合后续业务经营计划、市场开展情况、产品单位消耗、原材料成本价格、毛利率水平等，测算后续公司达到持续盈亏平衡点所需条件，并说明在达到持续盈亏平衡点前是否可获得关联方持续补贴支持，以及合作银行稳定贷款。

第二节
北交所上市审核重点关注的财务问题

一、关注北交所上市过程中财务问题的意义

在我国社会主义市场经济体制日益完善的时代背景下,我国金融体系不断加强,很多优质中小企业在发展的过程中不断改革和创新发展模式,北交所上市已经成为企业改革、创新、发展的路径。北交所的设立,可以真正地让中小企业,特别是处于战略新兴产业的创新型中小企业充分享受到资本市场的培育作用;同时,通过交易所间的良性竞争,还可以打破由沪、深两家交易所长期垄断而形成的利益分配格局,实现上市资源的均衡配置,促使交易所提升服务水平、降低成本,实现差异化竞争;此外,推动整个资本市场的长期健康发展,特别是通过资本市场支持科技创新,让"专精特新"迎来春天。

但是,我国中小企业发展仍处于初始阶段,缺乏财务核算、内部控制、审计等有关方面的经验。中小企业上市融资前获得证监会通过的难度较大、概率较低,增加了企业上市的难度。从企业北交所上市过程中被否定的因素来看,主要包括企业规范运作、财务核算和盈利能力等问题,其中,因为财务问题被北交所拒之门外的企业占一半以上,可见财务问题对企业北

交所上市的重要性。所以，关注并解决中小企业北交所上市过程中的财务问题对中小企业而言尤为重要。截至 2022 年 3 月 31 日，在北交所申请上市的企业《问询函》中，问询问题主要集中在持续盈利能力、收入确认、成本费用、资产质量、关联交易、内部控制、现金流量、研发费用、税务问题、会计基础工作等，具体占比如图 9-1 所示。

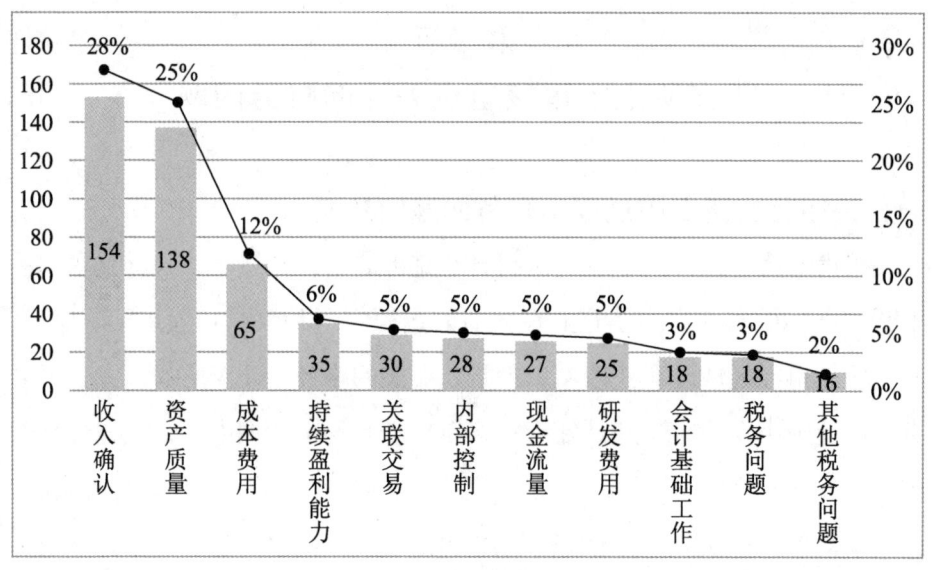

图 9-1　北交所上市重点关注财务问题占比

二、北交所上市审核重点关注的财务问题

（一）研发投入

研发投入为企业研究开发活动形成的总支出。研发投入通常包括研发人员工资费用、直接投入费用、折旧费用与长期待摊费用、设计费用、装备调试费、无形资产摊销费用、委托外部研究开发费用、其他费用等。本期研发投入为本期费用化的研发费用与本期资本化的开发支出之和。

1. 研发相关内控要求

发行人应制定并严格执行研发相关内控制度，明确研发支出的开支范围、标准、审批程序以及研发支出资本化的起始时点、依据、内部控制流程。同时，应按照研发项目设立台账归集核算研发支出。发行人应审慎制定研发支出资本化的标准，并在报告期内保持一致。

2. 中介机构核查要求

（1）保荐机构及申报会计师应对报告期内发行人的研发投入归集是否准确、相关数据来源及计算是否合规、相关信息披露是否符合招股说明书准则要求进行核查，并发表核查意见。

（2）保荐机构及申报会计师应对发行人研发相关内控制度是否健全且被有效执行进行核查，就发行人以下事项作出说明并发表核查意见：①是否建立研发项目的跟踪管理系统，有效监控、记录各研发项目的进展情况，并合理评估技术上的可行性。②是否建立与研发项目相对应的人财物管理机制。③是否已明确研发支出开支范围和标准，并得到有效执行。④报告期内是否严格按照研发开支用途、性质据实列支研发支出，是否存在将与研发无关的费用在研发支出中核算的情形。⑤是否建立研发支出审批程序。

（3）对于合作研发项目，保荐机构及申报会计师还应核查项目的基本情况并发表核查意见，基本情况包括项目合作背景、合作方基本情况、相关资质、合作内容、合作时间、主要权利义务、知识产权的归属、收入成本费用的分摊情况、合作方是否为关联方；若存在关联方关系，需要进一步核查合作项目的合理性、必要性，以及交易价格的公允性。

【案例】潍坊智新电子股份有限公司（证券代码：837212）

问询问题：研发投入核算的合规性及与业务的匹配性。

请发行人：（1）说明如何准确地划分和核算各项研发支出，发行人研发费用与纳税申报表加计扣除数是否一致，是否存在应计入营业成本但计入研发费用的情形，研发费用和营业成本中的职工薪酬、折旧费用、材料费用如何区分计量，说明计入营业成本的研发投入具体内容以及相关归集方法是否符合《企业会计准则》规定和行业惯例。（2）披露其中包含的主要研发项目；结合研发项目具体内容，补充说明研发项目是否与主要经营业务相关，是否有利于增强公司核心竞争优势。（3）结合研发项目具体情况，补充披露研发费用中材料费的具体构成、材料费金额逐年增加的原因，以及研发费用领用物资的去向和残余物资的处置情况。

【案例】北京凯德石英股份有限公司（证券代码：835179）

问询问题：核心技术的先进性和独创性。

根据公开发行说明书，公司通过自主研发方式掌握了多项与石英制品加工相关的核心技术，申请了多项专利。公司的产品研发能力和生产工艺水平直接决定公司产品的市场竞争力和客户认可度，是影响公司收入规模和盈利能力的主要因素。

请发行人：（1）补充披露公司生产产品过程中使用的主要核心技术、技术的起源及演进情况、先进性和独创性，是否为行业内普遍使用，相应技术是否申请专利或相应保密情况，技术是否依赖少数技术人员。（2）结合公司产品结构和下游客户业务分布情况，分析并说明公司相关技术的市场认可度，是否构成公司的竞争优势。（3）说明公司生产中手工加工涉及的工序、环节，如何保障产品质量的稳定性、可靠性，生产工艺设计和所用设备与行业内先进企业对比情况，手工加工是否为高端产品产能增长的瓶颈。

（二）会计差错更正

通常新三板挂牌申报时，对相关财务事项会计处理执行会计准则严谨性不够，日常年度审计机构审核关注度不够，在申报北交所前的辅导和规范阶段可能会存在不规范或不谨慎的会计处理事项，需要进行审计调整的，符合《企业会计准则第28号——会计政策、会计估计变更和差错更正》和相关审计准则的规定，保证提交北交所申请时的申报财务报表能够公允地反映发行人的财务状况、经营成果和现金流量。发行人因会计基础薄弱、内控不完善、未及时进行审计调整的重大会计核算疏漏、滥用会计政策或者会计估计以及恶意隐瞒或舞弊行为，导致重大会计差错更正的，可能会被全国股转公司采取自律监管措施或纪律处分，会严重影响上市审核。

会计差错更正需要履行必要的审批程序，建议在北交所辅导备案后，在辅导机构和会计师的指导下进行，确保会计差错的更正不存在影响发行人会计基础工作规范性及内控有效性情形。

报告期内发行人会计政策和会计估计应保持一致性，不得随意变更，若有变更应符合企业会计准则的规定。变更时，保荐机构及申报会计师应关注是否有充分、合理的证据表明变更的合理性，并说明变更会计政策或会计估计后，能够提供更可靠、更相关的会计信息的理由；对会计政策、会计估计的变更，应履行必要的审批程序，并依据《企业会计准则第28号——会计政策、会计估计变更和差错更正》的规定披露相关信息。相关变更事项应符合专业审慎原则，与同行业公众公司不存在重大差异，不存在对发行人会计基础工作规范及内控有效性产生重大影响的情形。保荐机构及申报会计师应当充分说明专业判断的依据，对相关调整变更事项的合规性发表明确意见。如无充分、合理的证据表明会计政策或会计估计变更的合理性，或者未经批准擅自变更会计政策或会计估计的，视为滥用会计政策或会计估计。

报告期内发行人如出现会计差错更正事项，保荐机构及申报会计师应重点核查以下方面并发表明确意见：会计差错更正的时间和范围，是否反映发行人存在故意遗漏或虚构交易、事项或者其他重要信息，滥用会计政策或者会计估计，操纵、伪造或篡改编制财务报表所依据的会计记录等情形；差错更正对发行人的影响程度，是否符合《企业会计准则第28号——会计政策、会计估计变更和差错更正》的规定。发行人是否存在会计基础工作薄弱和内控缺失，是否按照《公开发行证券的公司信息披露编报规则第19号——财务信息的更正及相关披露》及相关日常监管要求进行了信息披露。

【案例】南通通易航天科技股份有限公司（证券代码：871642）

问询问题：收入跨期调整原因及整改情况。

请发行人：（1）补充披露上述收入跨期调整涉及的具体事项及具体原因、发行人的整改措施，收入确认相关内部控制制度是否建立健全并有效执行。（2）补充披露其他会计差错更正涉及的具体事项、差错发生的具体原因，披露各期会计差错对净利润、净资产的影响比例。

【案例】北京诺思兰德生物技术股份有限公司（证券代码：430047）

问询问题：会计差错更正涉及自律监管处罚。

根据公开披露文件，发行人2017—2019年会计差错更正对归属于母公司所有者权益合计影响比例分别为 –25.24%、–38.47%、–22.34%，且发行人因年报存在差错更正构成信息披露违规并收到口头警示自律监管措施。

请发行人在公开发行说明书中补充披露报告期内各项会计差错更正事项的具体原因、处理情况及对财务报表的影响数和影响比例，相关处理是否符合《企业会计准则第 28 号——会计政策、会计估计变更和差错更正》的规定，说明上述事项是否反映发行人存在会计基础工作薄弱和内控缺失，如存在，说明整改情况。

请发行人说明是否按照《公开发行证券的公司信息披露编报规则第 19 号——财务信息的更正及相关披露》《企业会计准则第 28 号——会计政策、会计估计变更和差错更正》及全国股转公司相关日常监管要求进行了信息披露，更正事项披露是否全面。

【案例】苏州旭杰建筑科技股份有限公司（证券代码：836149）

问询问题：关于会计差错更正。

根据公开发行说明书，发行人报告期内存在会计差错更正，涉及财务报表的多个科目。

请发行人：（1）补充披露上述会计差错更正涉及的具体事项、更正原因、时间和范围，各事项的调整计算过程、结果及影响，报告期内会计差错更正事项对财务报表各项目的累积影响情况，并说明相关会计处理是否符合《企业会计准则》的规定。（2）2017 年净利润更正比例为 159.74%，请结合报告期内历次会计差错更正事项的性质、重要性及累积影响程度等，说明相关事项是否反映发行人存在故意遗漏或虚构交易、事项或者其他重要信息，滥用会计政策或者会计估计，操纵、伪造或篡改编制财务报表所依据的会计记录等情形。(3)说明相关信息披露是否符合《公开发行证券的公司信息披露编报规则第19号——财务信息的更正及相关披露》及全国股转公司相关日常监管要求。(4)说明2019年度对现金流量表相关科目进行合并抵销的具体原因。

请保荐机构、申报会计师核查上述事项，就发行人是否因会计基础薄弱、内控不完善、审计疏漏、滥用会计政策或者会计估计以及恶意隐瞒或舞弊行为导致重大会计差错更正，是否涉及财务会计文件虚假记载发表明确意见。

【案例】恒拓开源信息科技股份有限公司（证券代码：834415）

问询问题：关于会计差错更正。

根据公开资料，发行人对2017年、2018年财务报表进行了前期会计差错更正。

请发行人：(1)补充披露上述会计差错更正涉及的具体事项、更正原因、时间和范围，各事项的具体调整计算过程、结果及影响，结合会计差错更正事项对各期财务报表相关项目的累积影响情况，说明相关会计处理是否符合《企业会计准则》规定。(2)结合报告期内会计差错更正事项的性质、重要性及累积影响程度等，说明相关事项是否反映发行人存在故意遗漏或虚构交易、事项或者其他重要信息，滥用会计政策或者会计估计，操纵、伪造或篡改编制财务报表所依据的会计记录等情形。(3)说明相关信息披露是否符合《公开发行证券的公司信息披露编报规则第19号——财务信息的更正及相关披露》及全国股转公司相关日常监管要求。

请保荐机构、申报会计师核查上述事项，就发行人是否因会计基础薄弱、内控不完善、审计疏漏、滥用会计政策或者会计估计以及恶意隐瞒或舞弊行为导致重大会计差错更正，是否涉及财务会计文件虚假记载发表意见。

（三）客户集中度

发行人存在客户集中度较高情形的，应重点关注该情形的合理性、客户的稳定性和业务的持续性，督促发行人作好信息披露和风险揭示。对于非因行业特殊性、行业普遍性导致客户集中度偏高的，应充分考虑相关大客户是否为关联方或者存在重大不确定性客户；该集中是否可能导致发行人未来持续经营能力存在重大不确定性。

对于发行人由于下游客户的行业分布集中而导致的客户集中具备合理性的特殊行业（如电力、电网、电信、石油、银行、军工等行业），发行人应与同行业可比公众公司进行比较，充分说明客户集中是否符合行业特性，发行人与客户的合作关系是否具有一定的历史基础，是否具有充分的证据表明发行人采用公开、公平的手段或方式独立获取业务，相关的业务是否具有稳定性以及可持续性，并予以充分的信息披露。

针对因上述特殊行业分布或行业产业链关系导致发行人客户集中情况，应当综合分析考量以下因素的影响：（1）发行人客户集中的原因与行业经营特点是否一致，是否存在下游行业较为分散而发行人自身客户较为集中的情况及其合理性。（2）发行人客户在其行业中的地位、透明度与经营状况是否存在重大不确定性风险。（3）发行人与客户合作的历史、业务稳定性及可持续性，相关交易的定价原则及公允性。（4）发行人与重大客户是否存在关联关系，发行人的业务获取方式是否影响独立性，发行人是否具备独立面向市场获取业务的能力。

保荐机构如发表意见认为发行人客户集中对持续经营能力不构成重大不利影响的,应当提供充分的依据说明上述客户本身不存在重大不确定性,发行人已与其建立长期稳定的合作关系,客户集中具有行业普遍性,发行人在客户稳定性与业务持续性方面没有重大风险。发行人应在招股说明书中披露上述情况,充分揭示客户集中度较高可能带来的风险。

【案例】深圳市则成电子股份有限公司(证券代码:837821)

问询问题:客户集中度较高的风险。

根据申请材料,报告期内发行人销售收入主要来自前五大客户,向前五大客户的销售占比分别为93.71%、95.34%和94.54%,其中对第一大客户FCT的销售占比分别为47.09%、56.65%和66.45%,销售占比呈上升趋势。其余前五大客户中占比较高的客户Azoteq(Pty)Ltd和Next Biometrics AS均为境外客户。

(1)主要客户的基本情况及合作情况。请发行人:①补充披露FCT、Azoteq(Pty)Ltd和Next Biometrics AS等报告期各期前五名客户的简要情况,包括但不限于成立时间、注册地址、股权结构、主营业务、经营规模、客户获取方式、与发行人的合作历史、终端客户情况等。②补充披露报告期各期前五名客户中是否存在新增的客户,发行人与报告期各期前五名客户之间是否存在除购销外的其他任何关系。③补充披露获得主要客户业务的具体形式,是否需要经过招投标程序,与除FCT之外的主要客户的稳定性情况。④补充披露对前五大客户销售的具体内容,以及销售内容与发行人按产品类型、产品形态区分的业务模式的对应关系。

(2)主要客户及销售金额变动原因。请发行人:①结合境外客户所处地区、新冠肺炎疫情情况、市场行情等,补充披露向FCT的销售占比持续上升的原因，2020年向FCT的销售金额基本稳定，但向第二、第三大客户Azoteq（Pty）Ltd和Next Biometrics AS的销售金额均下降的原因，未来是否会持续下降，若是，请充分揭示相关风险。②补充披露主要境外客户本身是否存在重大不确定性风险；发行人拓展其他客户的难度及目前拓展情况，未来客户集中度的变化趋势；对比同行业公司的主要客户情况，分析发行人主要客户高度集中是否符合行业惯例，充分揭示客户集中度较高可能带来的风险。③补充披露2020年对境内客户精博电子（南京）有限公司的销售金额大幅下降的原因，以及未来合作稳定性。④说明对同一客户各类产品销售价格的变动情况、同期相同产品在不同客户之间的单价对比情况等，是否存在不一致，结合上述情况说明各类产品销售价格的公允性。

（3）新客户开拓情况及合作模式。根据申请材料，发行人进入了美敦力（Medtronic）、柯惠医疗（Covidien）等众多世界知名品牌企业的供应链体系；发行人2019年较2018年净利润增长239.32万元，主要原因是开拓了博士（BOSE）耳机新项目；2019年，除客户FCT、Azoteq（Pty）Ltd及Next Biometrics AS外，境外销售金额为187.45万元。请发行人：说明与客户博士（BOSE）的销售是否仍通过FCT、Azoteq（Pty）Ltd或Next Biometrics进行，详细披露新客户的开拓及合作的具体过程和模式；说明报告期内向美敦力（Medtronic）、柯惠医疗（Covidien）等新客户销售的产品类型、金额及占比。

（四）财务不规范行为

对报告期存在的财务不规范事项需要特别关注，如现金交易、转贷、第三方回款、资金占用等。

废料收入、现金收入涉及资金流水核查和收入确认的完整性，现金交易要具有可验证性，关注与现金交易相关的内部控制制度的完备性、合理性与执行有效性，相关收入确认及成本核算的原则与依据，关注是否存在体外循环或虚构业务情形等。资金占用期末是否存在比较明显，在年度内发生期末无余额占用的事项需要特别关注，第三方回款、转贷在新三板挂牌时容易被忽视，从而遗漏信息披露。

1. 现金交易

发行人存在销售或采购环节现金交易金额较大或占比较高情形的，应在招股说明书中披露以下信息：(1) 现金交易的必要性与合理性，是否与发行人业务情况或行业惯例相符，现金交易比例及其变动情况与同行业可比公众公司是否存在重大差异，现金使用是否依法合规。(2) 现金交易的客户或供应商的基本情况，是否为自然人或发行人的关联方，现金交易对象含自然人的，还应披露向自然人客户（或供应商）销售（或采购）的金额及占比。(3) 现金交易相关收入确认及成本核算的原则与依据，是否存在体外循环或虚构业务情形。(4) 现金交易是否具有可验证性，与现金交易相关的内部控制制度的完备性、合理性与执行有效性。(5) 现金交易流水的发生与相关业务发生是否真实一致，是否存在异常分布。(6) 实际控制人及发行人董事、监事、高级管理人员等关联方是否与相关客户或供应商存在资金往来。(7) 发行人为减少现金交易所采取的改进措施及进展情况。

保荐机构及申报会计师应对发行人上述事项进行核查，说明对发行人现金交易可验证性及相关内控有效性的核查方法、过程与证据，以及发行人是否已在招股说明书中充分披露上述情况及风险，并对发行人报告期现金交易的真实性、合理性和必要性发表明确意见。

2. 转贷

"转贷"行为通常是指发行人为满足贷款银行受托支付要求，在无真实业务支持情况下，通过供应商等取得银行贷款或为客户提供银行贷款资金走账通道。首次申报审计截止日后，发行人原则上不能再出现"转贷"情形。中介机构应关注发行人连续 12 个月内银行贷款受托支付累计金额与相关采购或销售（同一交易对手或同一业务）累计金额是否基本一致或匹配，是否属于"转贷"行为。

如发行人存在"转贷"行为，保荐机构、发行人律师及申报会计师应重点关注下列事项。

（1）关注"转贷"行为的合法合规性，由中介机构对公司前述行为违反法律法规（如《贷款通则》等）的事实情况进行说明认定，是否存在被处罚情形或风险，是否构成重大违法违规，是否满足相关发行上市条件的要求。

（2）发行人对前述行为的财务核算是否真实、准确，与相关方资金往来的实际流向和使用情况，是否通过体外资金循环粉饰业绩。

（3）发行人是否已通过收回资金、完善制度、加强内控等方式积极整改，是否已建立针对性的内控制度并有效执行，且申报后未发生新的不合规资金往来等行为。

（4）相关行为不存在后续影响，已排除或不存在重大风险隐患。

（5）发行人前述行为信息披露充分性，如相关交易形成原因、资金流向和使用用途、利息、违反有关法律法规具体情况及后果、后续潜在影响的承担机制、整改措施、相关内控建立及运行情况等。

3. 第三方回款

第三方回款问题通常是指发行人收到的销售回款的支付方（如银行汇

款的汇款方、银行承兑汇票或商业承兑汇票的出票方式或背书转让方）与签订经济合同的往来客户不一致的情况。

企业在正常经营活动中存在的第三方回款，通常情况下应考虑是否符合以下条件：（1）与自身经营模式相关，符合行业经营特点，具有必要性和合理性。（2）第三方回款的付款方不是发行人的关联方。（3）第三方回款与相关销售收入钩稽一致，具有可验证性，不影响销售循环内部控制有效性的认定，申报会计师已对第三方回款及销售确认相关内部控制有效性发表明确核查意见。（4）能够合理区分不同类别的第三方回款，相关金额及比例处于合理可控范围。

报告期存在第三方回款，通常关注以下方面：（1）第三方回款的真实性，是否存在虚构交易或调节账龄情形。（2）第三方回款形成收入占营业收入的比例。（3）第三方回款的原因、必要性及商业合理性。（4）发行人及其实际控制人、董事、监事、高级管理人员或其他关联方与第三方回款的支付方是否存在关联关系或其他利益安排。（5）境外销售涉及境外第三方的，其代付行为的商业合理性或合法合规性。（6）报告期内是否存在因第三方回款导致的货款归属纠纷。（7）如签订合同时已明确约定由其他第三方代购买方付款，该交易安排是否具有合理原因。（8）资金流、实物流与合同约定及商业实质是否一致。

保荐机构及申报会计师还应详细说明对实际付款人和合同签订方不一致情形的核查情况，包括但不限于：抽样选取不一致业务的明细样本和银行对账单回款记录，追查至相关业务合同、业务执行记录及资金流水凭证，获取相关客户代付款确认依据，以核实和确认委托付款的真实性、代付金额的准确性及付款方和委托方之间的关系，说明合同签约方和付款方存在不一致情形的合理原因及第三方回款统计明细记录的完整性，并对第三方回款所对应营业收入的真实性发表明确意见。

【案例】镇江三维输送装备股份有限公司（证券代码：831834，暂缓表决）

问询问题之一：个人银行账户、微信账户收款等交易的真实性及内控有效性。

根据申报文件及首轮问询回复，2018年至2020年，发行人存在使用出纳个人银行账户收取货款的情形，各期发生额分别为1389.92万元、1095.93万元和457.34万元；存在使用出纳微信账户收取货款的情形，各期发生额分别为437.94万元、684.47万元和411.79万元。出纳的微信账户在收取货款后提现至个人银行账户，然后由出纳取现后存入发行人银行账户。由于出纳最初绑定微信账户的个人银行卡为其工资卡，为避免工资卡与发行人账户直接发生资金往来，因此取现后再存入发行人银行账户，后虽然更换了工资卡，但一直沿用上述做法。另外，微信账户在收取货款后，提现至出纳个人银行账户，部分通过出纳个人银行账户直接转账用于支付报销款、发放奖金等日常支出，2018年至2020年发生金额为217.91万元、129.77万元、39.66万元。发行人于2020年下半年注销了出纳用于收取货款的个人银行账户和个人微信账户，开通了兴e付电子账户，客户可以直接通过微信或支付宝扫码将货款支付到发行人账户。

请发行人说明：（1）2020年3—5月单月微信账户收款金额显著高于2020年1月、2月和6月，且高于报告期内其他全部月份单月收款金额的原因、合理性，个人银行账户收款、微信账户收款月度分布是否存在异常；说明个人银行账户收款、微信账户收款中个人客户等不同类型客户的比例，各类客户通过个人银行账户和微信账户付款是否均具有商业合理性，分别说明报告期内个人银行账户收款、微信账户收款的主要客户、客户类型及交易金额；说明个人银行账户收款、微信账户收款中涉及第三方回款的金额。（2）出纳的微信账户前后绑定的各个人银行账户情况、该账户的使用及管理方式，是否与出纳个人收支混同，内控安排及是否有效执行，该账户与出纳个人银行账户收款使用的账户是否为同一账户，出纳对上述账户分别采用取现方式和转账方式的原因及合理性。（3）微信账户收款、提现、取现、存入发行人账户的间隔时间，个人银行账户收款后转入发行人账户的间隔时间，上述各资金流转记录及发行人入账记录是否均具有对应关系，报告期内是否存在未及时、全额转入发行人账户并入账的情形。（4）对于出纳个人银行账户现金管理的管理方式、用于日常开支的审批流程、内部控制安排是否有效，各期用于日常开支部分的主要支付对象、支付金额，支付报销款及备用金是否具有真实背景及完整凭证，奖金发放是否符合薪酬制度及考核规定，相关费用的记账科目及记账期间是否准确、奖金发放代扣代缴税款是否合规，上述日常开支是否真实及是否存在流向发行人关联方及主要客户、供应商的情形。（5）结合对出纳个人银行账户的使用管理情况说明发行人日常开支能否准确划分，相关成本费用入账是否完整、准确。（6）说明不同情形下销售及收款循环的内部控制流程及留存的凭证，内部控制执行是否有效，说明是否存在销售人员虚报收入或调节收入期间的情形，说明发行人的财务人员配置能否满足内控有效性及财务规范性的要求。（7）说明兴e付的基本情况、各期采用兴e付收款的金额，以及与以前年度个人银行卡账户和个人微信账户收款金额是否存在显著差异及原因。（8）说明除已披露的出纳个人银行账户收款、出纳微信账户收款外，是否存在通过其他个人的银行账户或微信账户、支付宝账户收付款的情形。请保荐机构、申报会计师补充核查上述问题并发表明确意见，并补充说明对个人账户收款、微信账户收款及现金收付款、第三方回款、兴 e 付收款涉及交易的真实性、准确性、完整性及内部控制有效性的核查情况，包括核查的方式、核查的具体内容（包括获取的内外部证据名称等）、核查范围及比例、核查结论等，并说明针对个人账户收款、微信账户收款同时涉及第三方回款的情形是否进行针对性核查，结合上述情况充分论证核查工作能否支撑核查结论。请保荐机构、申报会计师结合对银行流水的核查情况就问题（8）进行核查并发表意见，并说明核查的充分性。

问询问题之二：奖金发放不规范。

根据申报文件及首轮问询回复，报告期内发行人存在两类奖金发放不规范的情形。一是报告期内，发行人销售人员为减轻个税负担，通过劳务费的形式列支部分奖金。劳务公司（镇江市丹徒区兴蕾劳务有限公司和江苏艾驰阿信息科技有限公司）在扣税后支付到出纳个人卡上，出纳将该部分奖金交由董事李××（实际控制人亲属及一致行动人）控制的账户保管，待发放的时候支付到财务总监张×卡上，支付给相应的销售人员。二是 2018 年度，发行人存在将每月预提的销售人员的奖金先由出纳及其他相关方保管（董事李××控制账户），完成绩效考核评估后再支付给对应销售人员的行为，涉及金额 51.55 万元。

（1）问询回复中关于通过劳务公司发放奖金的金额存在两种不同口径、金额及期间存在差异的原因。根据首轮问询回复，2017—2019 年劳务形式发放奖金 113.85 万元、47.33 万元、73.68 万元，同时"2018—

2020 年相关劳务费用发生金额分别为 55.54 万元、124.08 万元和 68.80 万元"。请发行人详细说明上述两种口径金额及期间存在差异的原因，详细说明上述奖金发放过程中资金流转的具体情况，说明是否存在信息披露错误或遗漏，是否存在关联方代垫奖金的情形，是否存在未入账成本费用。

（2）奖金由关联方李××保管是否涉及关联方资金占用。请发行人说明：①资金在各主体间的流转时间，销售人员奖金通过出纳及董事李××控制账户保管的原因和必要性、履行的审批程序、保管时间，结合上述奖金由关联方李××保管的事实说明问询回复中"控股股东、实际控制人及其关联方不存在通过财务不规范行为，或通过购买理财产品、境外存款、关联交易等手段非经营性占用发行人资金的情形""上述款项均最后支付给相应销售人员，款项的最终付款明细与发行人奖金发放明细匹配，未流向除销售以外的其他人员，未流向发行人客户及其关键人员、发行人关联方"的表述是否真实准确，上述情形是否构成关联方资金占用。②上述奖金发放不规范情形涉及的劳务公司及其关联方与发行人及其关联方是否存在关联关系、资金往来、业务往来及其他利益安排。

（3）成本费用混同及跨期。根据首轮问询回复，发行人认为通过劳务费用列支奖金事项对各期财务报表科目影响及占当期利润总额的比例较低，不影响投资者的投资决策，因此未作更正。请发行人：①说明两种奖金发放方式下，各个环节发行人涉及的会计处理及是否合规，说明通过劳务费用列支奖金事项对各期销售费用、营业成本、所得税影响的测算依据，对所得税的影响测算是否考虑待补缴税款的影响，结合发行人对销售人员奖金的会计处理说明销售费用是否存在跨期、是否存在成本费用混同。②说明奖金交由出纳、李××等其他方保管并发放的内部控制是否有效、是否及时进行账务处理，结合资金流转时点及账务处理说明2018—2020年各年末对李××等其他方不存在其他应收款是否合理。

（4）个税补缴是否存在被处罚风险。根据首轮问询回复，发行人、销售人员出具承诺，若因此事项涉及补缴个税，则由其个人承担，发行人已督促相关销售人员前往税务局沟通补缴相关税款。请发行人说明目前补缴税款的进展、未完成补缴的原因，发行人是否可能因未履行代扣代缴义务被处罚，是否构成重大违法行为。请保荐机构、申报会计师对上述事项进行核查并发表明确意见，请发行人律师对问题（4）进行核查并发表明确意见，请详细说明核查程序、内容、范围和结论。

【案例】七丰精工科技股份有限公司（证券代码：873169）

问询问题之一：报告期内财务内控不规范情形的整改情况。

根据公开信息，发行人对2018年、2019年年报进行两次更正，并且前期会计差错更正公告称"不存在因不符合精选层标准而被调整出现有层级的风险"。根据申请材料，2019年至2021年3月发行人存在通过向关联方盐丰包装支付加工费的形式以及通过实际控制人蔡××代收废料收入的形式支付奖金的情况，其中由盐丰包装代付工资及奖金而转出资金252.81万元；2018年至2020年实际控制人蔡××代收代付款金额分别为123.51万元、15.33万元、23.19万元，主要为以现金方式收取的废料款。截至2021年3月31日，发行人共有4名财务人员、4家全资子公司。同时，2021年1月发行人向关联方贵州朝鹏酒店采购会议接待服务，2020年9月发行人向关联方七丰房产支付预售购房款328.00万元，截至申报日该商品房尚未完成交付。

（1）账外支付员工薪酬等不规范情形的整改情况。请发行人：①披露报告期内通过关联方等支付奖金的背景、金额、资金来源（是否为自有资金），相关成本费用是否完整入账，财务内控不规范情形（包括通过供应商转贷等）整改措施是否有效，相关内部控制制度是否建立健全并有效执行。②披露由关联方盐丰包装代收代付款的具体内容、原因，向贵州朝鹏酒店采购会议接待服务的具体背景、合理性。

（2）会计差错更正合规性。请发行人：①说明前述会计差错更正是否按照《审查问答（一）》问题 10 及全国股转公司相关日常监管要求进行了信息披露，更正事项披露是否全面，相关更正公告内容表述是否恰当。②披露报告期内各项会计差错更正事项的具体原因、会计差错更正对净利润及净资产的累积影响金额及占比，说明上述事项是否反映发行人存在会计基础工作薄弱和内控缺失，如存在，说明整改情况。

请保荐机构、申报会计师核查：（1）核查上述事项并发表明确意见，说明核查程序、依据、范围和结论。（2）结合对发行人及其关联方资金流水的核查情况，说明报告期内各项成本归集是否完整、准确，是否存在关联方或第三方代垫成本、费用的情形；说明发行人是否存在资金体外循环，是否存在其他表外支付成本、费用的情形；说明向关联方预付加工费、购房款等是否构成资金占用，并发表明确意见。

问询问题之二：关于财务内控。

报告期内发行人存在转贷、使用个人银行及微信账户收付款项、第三方回款、违规发放奖金等财务不规范情形。

请发行人及保荐机构就以下问题进行说明并发表明确意见。

（1）报告期内发行人存在多项财务不规范行为，公司治理及财务内控执行是否有效。

（2）对出纳个人银行账户及微信账户收付款的管理方式、相关内控、执行情况及合理性，个人银行账户及微信账户相关收入是否真实、准确，是否与出纳个人收支存在混同情形。

（3）结合发行人财务不规范事项及客户相关情况，发行人采取的具体措施、整改落实情况是否到位，是否可保障后续内控机制持续有效。

（4）对于报告期内发行人存在会计差错更正和成本费用混同等问题，财务会计基础是否薄弱，是否足以保障相关会计信息披露的真实、准确、完整。

（5）发行人股权高度集中，客户、供应商较为分散，发行人避免实际控制人不当控制及财务舞弊风险的关键控制点及对应的控制制度。请保荐机构及申报会计师说明对关键控制点的核查程序，并对发行人内控制度的有效性及执行情况发表明确意见。

问询问题之三：财务内控不规范情形是否彻底整改。

根据问询回复，报告期内实际控制人蔡××使用个人卡为发行人代收废料款，其中2018年蔡××收到123.51万元废料收入后将49.07万元缴存至公司，剩余74.44万元代公司支付员工奖金；2019年至2021年3月，发行人以采购服务名义向盐丰包装支付252.81万元，实质为发放2018年至2020年奖金。

请发行人：（1）详细说明针对报告期内财务内控不规范（包括转贷等）采取的切实可行的具体整改措施，如何保证相关内部控制制度健全并有效执行。（2）结合关联方代收废料发放奖金等不规范情形调整入账情况，说明相关收入、成本费用调整是否符合《企业会计准则第28

号——会计政策、会计估计变更和差错更正》和相关准则的规定，特别是2018年通过蔡××代发74.44万元奖金归属期间及相关依据，说明报告期内是否存在其他财务内控不规范情形。（3）结合前述差错更正调整情况、原材料投入产出比、废料管理制度和计量方式、废料主要回收商等，说明生产、研发活动等形成的废料处置情况，特别是研发产生的废料相关会计处理是否符合《企业会计准则》规定。（4）量化分析废料规模与投入产出等业务实际情况的匹配性，说明是否存在通过关联交易调节经营业绩情形，是否涉及关联方资金占用。

请保荐机构、申报会计师：（1）对上述事项核查，说明核查依据、过程并发表明确核查意见。（2）核查发行人提交的申报财务报表是否能够公允地反映发行人的财务状况、经营成果和现金流量并发表明确意见。（3）就发行人财务内控规范性进行评估并发表明确意见。

【案例】潍坊智新电子股份有限公司（证券代码：837212）

问询问题：内控制度健全有效性。

根据公开发行说明书，发行人存在转贷、关联方资金拆借等违规行为。

请发行人补充披露：（1）报告期内是否存在其他应披露而未披露的隐性债务或担保等事项，如有，补充披露包括但不限于相关交易形成时间、原因、资金流向和使用用途、利息、违反有关法律法规具体情况及后果、后续可能影响的承担机制、整改措施等。（2）报告期是否存在利用员工个人卡或者第三人卡代发工资、结算费用等问题，是否存在实际控制人代发行人承担成本、费用等情形。（3）发行人是否已经建立完善的内控制度并有效执行，发行人公司治理是否健全、是否符合进入精选层的相关标准。

请保荐机构、申报会计师、发行人律师说明核查过程、范围、方法和结果，并发表明确意见。

【案例】江苏威博液压股份有限公司（证券代码：871245）

问询问题：个人微信、支付宝、个人卡收款的规范情况。

根据申请文件，发行人存在通过个人微信、支付宝、个人卡等方式收款的情形。

请发行人：（1）补充披露使用个人卡、支付宝、微信收取货款的具体情况，包括但不限于报告期各期的笔数、金额及占比、发生时间及转入公司账户时间；对个人卡、支付宝和微信收款的管理、相关内部控制及执行情况。（2）补充披露控股股东、实际控制人及其关联方是否通过上述财务不规范行为、关联交易等非经营性占用发行人资金，是否存在关联方为发行人承担各类成本费用、对发行人进行利益输送或存在其他利益安排的情形，是否存在体外循环或虚构业务的情形。

请保荐机构、申报会计师核查上述事项并发表明确意见，并请保荐机构、申报会计师详细说明对控股股东、实际控制人及其关联方控制的账户、员工的账户和其他账户核查工作范围、程序、测试比例的核查结论及依据，发行人在报告期是否存在类似情况影响收入、成本、费用的真实性和完整性，保荐机构、申报会计师的核查结果是否能够说明发行人报告期中收入、成本、费用的真实、完整，发行人内控设计和运行能否有效控制类似风险。

【案例】无锡吉冈精密科技股份有限公司（证券代码：836720）

问询问题：转贷及向关联方拆借资金的必要性和合规性。

根据公开发行说明书，报告期内，公司多次向公司实际控制人及董监高拆入拆出资金，其中公司累计向实际控制人周×拆借资金5123.70万元，主要用于补充公司流动资金。同时，报告期内，公司存在利用供应商周转贷款的情形，取得的贷款均用于支付供应商货款等日常经营性支出。

请发行人：（1）结合订单情况、销售和回款情况、采购情况、银行贷款等，量化分析公司日常运营的资金需求，结合资金周转情况等，分析披露转贷和向股东拆借资金的必要性、贷款发放机构、贷款发放期限、贷款发放和转回的具体时间、向股东借款时间和偿还银行贷款时间，说明相关借款的具体资金流向和最终使用情况，是否通过体外资金循环粉饰业绩。（2）结合公司资金和负债情况、回款情况、现金流等分析披露目前公司是否仍存在资金缺口，终止转贷后是否存在现金流断裂风险。（3）补充披露后续是否仍需通过股东借款等方式补充流动资金，结合相关股东资产负债情况等，说明相关股东是否能够持续为发行人提供资金周转，发行人是否对相关股东资金构成重大依赖，结合原材料价格上涨、下游行业趋势等说明发行人是否存在业绩下滑和资金情况恶化的风险，如相关股东无法为发行人提供资金，发行人是否具备持续经营能力，并就相关流动性风险作重大事项提示和风险揭示。（4）补充披露发行人是否向股东支付利息，相关借款的经济实质是否属于股东对企业的资本性投入，是否应计提利息费用，相关会计处理是否合规。

请保荐机构、发行人律师及申报会计师对上述事项进行核查并发表明确意见，请保荐机构及发行人律师就转贷和向关联方拆借资金的合法合规性发表明确意见。

【案例】吉林碳谷碳纤维股份有限公司（证券代码：836077）

问询问题：资金拆借、转贷及票据融资的合法合规性。

（1）资金拆借的商业合理性。根据申报材料，2015年6月前，吉林奇峰化纤为发行人控股股东，持有发行人100%的股份。报告期内发行人与控股股东国兴新材料及吉林奇峰化纤存在资金拆借行为，此外发行人与奇峰化纤既存在采购又存在销售情形。

请发行人：①说明公司与国兴新材料、奇峰化纤资金拆借的具体情况，包括拆入和拆出金额、资金拆借原因、资金流向和实际用途、拆借利息是否公允，向关联方拆出的款项是否构成资金占用等，说明关联方资金拆借是否履行内部决策程序，相关内控措施是否执行有效。②结合《审查问答（一）》问题12的要求，从实质重于形式角度判断认定吉林奇峰化纤不属于公司关联方的理由是否充分，奇峰化纤与发行人及其关联方、发行人客户和供应商是否存在关联关系、资金往来或其他利益安排。③说明公司对奇峰化纤进行产品销售作为债务清偿的方式的合理性，相关安排是否构成债务重组，发行人对奇峰化纤销售的产品是否构成最终销售，交易定价相比其他客户是否公允。

（2）转贷及资金拆借的合法合规性。根据申报材料，报告期内发行人通过供应商进行转贷的金额分别为19970万元、19090万元、17090万元和6490万元，协助合作伙伴转贷金额分别为47200万元、74480万元、92212万元、74000万元，其中在2018年、2019年协助第一大客户吉林精功进行转贷金额分别为25100万元、7800万元，此外，在报告期后，发行人7月发生了6500万元协助转贷的情况。

请发行人：①补充披露发生转贷行为的具体情况、相关交易形成原因、资金流向和使用用途、利息、后续潜在影响的承担机制等。②补充披露转贷行为是否违反《贷款通则》等法律法规，是否存在被处罚情形或风险，是否构成重大违法行为。③补充披露转贷行为的财务核算是否真实、准确，与相关方资金往来的实际流向和使用情况，是否通过体外资金循环粉饰业绩。④补充披露是否已通过收回资金、完善制度、加强内控等方式积极整改，是否已建立针对性的内控制度并有效执行，且申报后未发生新的不合规非经营性资金往来等行为。⑤补充披露相关行为是否存在后续影响，是否存在重大风险隐患。

（3）无真实交易票据融资的合法合规性。根据申报材料，公司存在与客户和供应商之间开具无真实交易背景的银行承兑汇票，再通过银行贴现获得融资的情形，报告期发生金额分别为2000万元、24500万元、11845万元和6000万元。

请发行人：①逐笔披露报告期内开具无真实交易背景票据的具体情况，包括但不限于发生原因、交易对方基本情况、票据融资收票人及与发行人的关联关系、票据出票的时间和金额、相关资金的流入和流出情况、相关会计处理、对发行人财务状况的影响。②相关内部控制制度情况，未能遵守相关内部控制制度的原因，对内部控制制度的规范和完善情况。③中国人民银行吉林市中心支行出具的证明文件是否具有相应法律效力，是否经过其上级主管单位批准，是否符合我国相关法律法规的规定，发行人是否存在被其他机构处罚的可能及造成的金额和影响。

【案例】国义招标股份有限公司（证券代码：831039）

问询问题之一：现金采购的合规性。

根据申请材料，报告期内，发行人现金采购金额分别为1709.56万元、1231.31万元、946.57万元和317.08万元，主要为支付场地租赁费、项目评审费、会务费等；现金销售金额分别为79.88万元、55.78万元、27.13万元和5.18万元。

请发行人：(1) 补充披露报告期各期支付场地租赁费、项目评审费、会务费等的具体构成情况，包括金额、占比及变化情况、变化原因，相关交易定价的合理性及公允性；对现金收、付款的界定标准，是否包含通过支付宝、微信转账的收款方式，如否，说明报告期各期通过该类渠道涉及的金额和占比。(2) 补充披露报告期内涉及向自然人现金付款的人数，前20名自然人现金付款金额、各期采购金额、采购内容、签订合同对象，是否存在集中向单一自然人大规模采购的情况，如有，分析其原因及合理性；说明是否存在向同一对象支付和收取现金的情形，如是，说明其原因及合理性。(3) 发行人通过微信、支付宝等方式规范现金交易，说明是否存在员工等代为收、付款的情形。(4) 说明现金交易相关的内控制度建设以及执行是否有效，现金收支的管理是否符合《现金管理暂行条例》的相关规定。

请保荐机构、申报会计师详细说明对发行人现金交易可验证性及相关内控有效性的核查方法、过程与证据，以及发行人是否已充分披露上述情况及风险，并对发行人报告期现金交易的真实性、合规性和必要性发表明确意见。

问询问题之二：第三方回款占比较高。

第三方回款占比较高是否合理。根据申请材料，报告期各期，发行人第三方回款占比分别为83.74%、85.56%、85.85%和87.20%。请发行人说明除因中标方支付代理服务费导致的第三方回款外，是否还存在其他原因导致的第三方回款情形，如存在，说明具体原因、金额、占比；

与同行业可比公司进行对比,说明发行人第三方回款比例较高是否符合行业惯例。

【案例】华维设计集团股份有限公司（证券代码：833427）

问询问题：第三方回款收入真实性。

根据保荐工作报告,报告期内发行人存在第三方回款情形。报告期内第三方回款比例分别为28.70%、27.59%、23.71%和30.88%。

（1）第三方回款的必要性、合理性。请发行人补充披露第三方回款三类情形形成收入占营业收入的比例,第三方支付方与客户的关系,第三方回款的各类情形是否均符合行业经营特点,是否具有必要性和合理性；结合第三方回款三类情形补充披露降低第三方回款比例的措施及实施情况。

（2）第三方回款的真实性。请发行人：①补充披露发行人及其实际控制人、董事、监事、高级管理人员或其他关联方与第三方回款的支付方是否存在关联关系或其他利益安排。②说明报告期内是否存在因第三方回款导致的款项纠纷；说明是否存在签订合同时已明确约定由其他第三方代客户付款的情形,是否具有合理原因。③说明第三方回款资金流、实物流与合同约定及商业实质是否一致；说明第三方回款收入是否真实,是否存在虚构交易或调节账龄的情形,是否存在资金体外循环；说明第三方回款及销售确认相关内部控制是否有效。④说明报告期内是否存在通过发行人实际控制人及其他关联方、业务人员、财务人员等相关人员个人账户收款的情形。

【案例】宁夏凯添燃气发展股份有限公司（证券代码：831010）

问询问题：关于现金交易。

根据公开发行说明书，发行人报告期内存在现金交易。

请发行人披露：(1) 现金交易相关收入确认及成本核算的原则与依据，是否存在体外循环或虚构业务情形。(2) 现金交易是否具有可验证性，与现金交易相关的内部控制制度的完备性、合理性与执行有效性。(3) 现金交易流水的发生与相关业务发生是否真实一致，是否存在异常分布。(4) 发行人为减少现金交易所采取的改进措施及进展情况。

请保荐机构、申报会计师对发行人上述事项进行核查，说明核查方法、过程与证据，并发表明确意见。

（五）资金流水核查

充分评估发行人所处经营环境、行业类型、业务流程、规范运作水平、主要财务数据水平及变动趋势、所处经营环境等因素，确定发行人相关资金流水核查的具体程序和异常标准，以合理保证发行人财务报表不存在重大错报风险。

发行人及其控股股东、实际控制人、董事、监事、高管等相关人员应按照诚实信用原则，向中介机构提供完整的银行账户信息，资金流水核查范围除发行人银行账户资金流水以外，结合发行人实际情况，还可能包括控股股东、实际控制人、发行人主要关联方、董事、监事、高管、关键岗位人员等开立或控制的银行账户资金流水，以及与上述银行账户发生异常往来的发行人关联方及员工开立或控制的银行账户资金流水。

资金流水核查中，重点核查报告期内发生的以下事项：(1) 发行人资金管理相关内部控制制度是否存在较大缺陷。(2) 是否存在银行账户不受发行人控制或未在发行人财务核算中全面反映的情况，是否存在发行人银行开户数量等与业务需要不符的情况。（3）发行人大额资金往来是否存在重大异常，是否与公司经营活动、资产购置、对外投资等不相匹配。（4）发行人与控股股东、实际控制人、董事、监事、高管、关键岗位人员等是否存在异常大额资金往来。（5）发行人是否存在大额或频繁取现的情形，是否无合理解释；发行人同一账户或不同账户之间，是否存在金额、日期相近的异常大额资金进出的情形，是否无合理解释。（6）发行人是否存在大额购买无实物形态资产或服务（如商标、专利技术、咨询服务等）的情形，如存在，相关交易的商业合理性是否存在疑问。（7）发行人实际控制人个人账户大额资金往来较多且无合理解释，或者频繁出现大额存现、取现情形。（8）控股股东、实际控制人、董事、监事、高管、关键岗位人员是否从发行人处获得大额现金分红款、薪酬或资产转让款，转让发行人股权获得大额股权转让款，主要资金流向或用途存在重大异常。（9）控股股东、实际控制人、董事、监事、高管、关键岗位人员与发行人关联方、客户、供应商是否存在异常大额资金往来。（10）是否存在关联方代发行人收取客户款项或支付供应商款项的情形。

发行人在报告期内存在以下情形的，保荐机构和申报会计师应考虑是否需要扩大资金流水核查范围：（1）发行人备用金、对外付款等资金管理存在重大不规范情形。（2）发行人毛利率、期间费用率、销售净利率等指标各期存在较大异常变化，或者与同行业公司存在重大不一致。（3）发行人经销模式占比较高或大幅高于同行业公司，且经销毛利率存在较大异常。（4）发行人将部分生产环节委托其他方进行加工的，且委托加工费用大幅变动，或者单位成本、毛利率大幅异于同行业。（5）发行人采购总额中进口占比较高或者销售总额中出口占比较高，且对应的采购单价、销售单价、境外供应商或客户资质存在较大异常。（6）发行人重大购销交易、对外投资或大额收付款在商业合理性方面存在疑问。（7）董事、监事、高管、关键岗位人员薪酬水平发生重大变化。（8）其他异常情况。

保荐机构和申报会计师还应结合上述资金流水核查情况就发行人内部控制是否健全有效、是否存在体外资金循环形成销售回款、承担成本费用的情形发表明确核查意见。

【案例】上海创远仪器技术股份有限公司（证券代码：831961）

问询问题：关于董监高及实际控制人的资金流水。

申报材料显示，发行人董监高及实际控制人的资金流水存在以下情形：（1）报告期内公司实际控制人通过出纳、董事会秘书账户给核心人员发放奖金、支付学费等。（2）报告期内，发行人与供应商杭州旗奥实业有限公司、杭州浙商企业管理咨询有限公司和杭州玻色子通信科技有限公司等存在大额资金往来，上述企业的实际控制人、股东同时与发行人实际控制人、出纳的个人账户存在资金往来。（3）2017年度，发行人与深圳市林普世纪通信技术有限公司签署1862.60万元合同但至今仍未执行，当年发行人收到深圳市林普世纪通信技术有限公司款项1905.00万元，并随后将款项全部转给与发行人并无业务往来的深圳市前海高博投资管理有限公司和深圳市岳鹏成科技有限公司。（4）存在多份函证上银行工作人员在回函信息处标注"默认无须函证"。

请发行人：（1）补充说明报告期内公司实际控制人通过出纳、董事会秘书账户给核心人员发放奖金的具体情况和会计处理。（2）补充列示以上情形（2）中前述往来的金额、时间、原因，并说明签署的相关合同的具体内容、是否具有商业实质，合同中约定的付款条件是否相符、与往来金额和时间是否相符,个人往来的借款协议签署、利息约定情况结合往来款项顺序说明是否构成资金占用,以及是否存在实际控制人代发行人承担成本、费用的情形。(3)补充说明情形(3)中发行人与深圳市林普世纪通信技术有限公司签署合同内容和未执行的原因,款项一进一出的具体原因,深圳市林普世纪通信技术有限公司、深圳市前海高博投资管理有限公司和深圳市岳鹏成科技有限公司之间是否有关联关系,前述公司是否与发行人客户、供应商及关联方存在关联关系,发行人是否存在合规合法风险。(4)补充说明银行询证函无须函证的具体情况,对应的银行账号、金额、比例及发生原因,是否导致相关信息未能函证,银行函证程序的执行效果是否难以保证。(5)补充说明申报期内存在转贷、票据融资、银行借款受托支付、非经营性资金往来、关联方或第三方代收货款等情形(如有),包括但不限于相关交易形成时间、原因、资金流向和使用用途、利息、违反有关法律法规具体情况及后果、后续可能影响的承担机制、整改措施、相关内控建立及运行情况;资金管理制度及相关内控制度是否有效。

请保荐机构、发行人律师及申报会计师进行核查,说明对于发行人董监高及实际控制人的个人流水核查范围;上述个人流水中是否包含发行人的客户及供应商,流水发生的具体金额与原因;发行人是否存在通过个人卡虚增收入或承担相关费用的情况;并就发行人的财务内控是否能够持续符合规范性要求,以及不存在影响发行条件的情形明确发表意见。

【案例】深圳市则成电子股份有限公司(证券代码:837821)

问询问题:关于实际控制人大额取现的核查。

（1）实际控制人存在大额取现。根据首轮问询回复，发行人实际控制人2018年取现5笔合计95.30万元，2020年取现7笔合计229.80万元，用途主要为购买、收藏油画装饰其房子和别墅、支付新房装修杂费、购买白酒等。请保荐机构、申报会计师说明上述大额取现的支付对象、金额、款项用途、核查中获取的证据及合理性，发行人是否存在体外资金循环、商业贿赂等情形。

【回复要点】

（1）核查实际控制人个人卡的全部大额支出情况（列表）。

（2）核查包括交易合同、收据、发票等文件。

（3）访谈交易对象、走访交易现场。

（4）核查交易实物。

（5）随机抽查员工工资流水记录并访谈员工（是否存在支付工资情形）。

（6）实际控制人出具情况说明："2018年度、2019年度、2020年度，本人银行取现所得资金仅用于个人或家庭消费。本人银行取现所得资金的用途与深圳市则成电子股份有限公司及各子公司、关联方、客户、供应商、董事、监事、高级管理人员、核心技术人员及其他员工不存在任何利益关系，不存在将该等资金用于代垫费用、利益输送或任何其他非法用途的情形。"

（7）作出结论，发行人实际控制人在报告期内的大额取现资金的最终流向均有合理用途，不存在体外资金循环、商业贿赂等情形。

（六）收入确认

收入确认政策符合企业会计准则相关规定，收入确认政策描述要准确、有针对性，披露的相关收入确认政策符合发行人实际经营情况，披露不同业务类别和销售方式的收入确认政策，以及与同行业可比上市公司是否存在较大差异的情况。

【案例】陕西天润科技股份有限公司（证券代码：430564）

第一轮审核问询问题：收入确认及更正收入确认政策合规性。

根据公开发行说明书，发行人部分重大合同的合同期限与收入确认区间存在较大差异，如榆林市城市管理综合行政执法局金额为4655.69万元的"软件系统开发、部署、集成调试"合同期限为2016.2—2018.2，2020年对其确认收入4453.55万元；上海市测绘院的金额为554.45万元的"地形图更新采集、调绘、编辑"与500.00万元的"纠正点测量、道路矢量提取、道路实景模型"合同期限分别为2020.8—2021.8和2020.7—2021.7，2020年对上海市测绘院确认收入1198.68万元。发行人2020年存在会计差错更正，主要原因为更正2018年、2019年的收入确认政策，对遥感与测绘地理信息数据服务、空间信息系统开发应用与集成业务由完工百分比法改成终验法，即在服务成果交付客户业经客户或者第三方验收，取得验收单据后按合同约定金额确认收入，会计差错更正对2018年净利润的影响比例为 –24.42%，净资产的影响比例为 –43.27%；对2019年净利润调整比例为 –2.96%，净资产调整比例为 –40.10%。

（1）各业务收入确认方法和依据。请发行人：①针对遥感与测绘地理信息数据服务、空间信息系统开发应用与集成业务，结合合同的主要条款，如履约周期、成果交付、验收方式、收款方式、合同双方的权利与义务等情况，补充披露发行人收入确认的时点、依据及与合同约定的一致性；说明报告期内与产品或服务验收相关的内部控制及执行是否有效，验收依据是否充分，验收时间是否存在随意性、是否存在收入跨期。②说明验收确认收入下，发行人项目收入确认是否存在多个时点，如是，披露涉及的业务、项目具体情况，包括项目名称、项目内容、客户名称、各阶段收入确认的金额和时间、确认具体依据、合同关于验收时点的约定情况，披露收入确认时点是否准确合理。③针对服务合同，结合新收入准则披露采用分期或直线法确认收入而非验收确认收入的依据，上述服务提供的周期、采用分期或直线法确认收入的具体方式及依据。

（2）更正收入确认政策的合规性。请发行人：①说明将收入确认政策由完工百分比变更为验收确认的原因，收入确认政策变更导致2018年、2019年业绩均大幅降低，是否存在改变收入确认政策进而调节报告期内业绩的情形；说明如按照完工百分比法确认收入，2020年的主营业务收入、净利润及净资产等关键财务指标的测算结果，结合合同约定、项目周期、内容及客户验收结算条款，分析采取验收法确认收入是否具有合理性，是否符合《企业会计准则》相关规定。②根据申请材料及公开信息，可比公司中，国源科技，其地理信息数据工程、行业应用软件开发及空间信息应用服务按照实际测量的完工进度确定提供服务的履约进度，并按履约进度确认收入；其他上市公司，如建通测绘，对于金额较小的测绘项目，具有发生频繁、实施时间较短等特点，在取得客户验收证明（包括但不限于项目成果交接单、完工证明或交付使用证明）时确认收入，对于其他测绘项目，按照完工百分比法确认收入。请发行人结合可比公司可比业务收入确认政策、公众公司案例和发行人业务实际，进一步说明报告期内将收入确认方法由完工百分比法变更为验收法的合理性；结合测绘股份、建通测绘等公司收入确认情况，说明发行人采用"验收"确认收入的合理性,以及报告期各期验收相关外部证据取得情况及与合同匹配性。

(3)会计基础工作规范性及内控有效性。请发行人结合收入确认方法的会计差错更正,收入核算相关会计基础工作开展情况和相关内控制度及执行情况,评估相关会计基础工作规范性及内控有效性。

第二轮审核问询问题:收入确认合规性及政策变更的影响未充分披露。

(1)收入确认政策变更合规性。①根据问询回复,"公司提供技术服务成果统一在项目完工后交付客户并验收,客户取得最终的验收成果资料前不能在公司履约的同时即时取得并消耗公司履约所带来的经济利益,因此,公司技术服务合同更倾向于适用'在某一时点履行履约义务'的情形,较为符合新收入准则的规范含义"。请发行人结合报告期各期主要项目的合同条款约定及执行情况(如项目推进过程中完工确认的具体方式、内容及载体、时间及地点、过程,开工时间、合同约定验收时间及实际验收时间,结算、付款安排及实际执行情况,独立第三方参与情况等),详细分析说明"客户不能在公司履约的同时即时取得并消耗公司履约所带来的经济利益"的判断,是否符合《企业会计准则第14号——收入》应用指南中"在某一时段内履行履约义务"相关规定;论证说明时请保持专业审慎,避免使用"更倾向于适用""较为符合"等含糊不清的表述。②根据问询回复,"公司在提供服务中基本不能取得客户或独立外部第三方确认的完工进度表、工作量确认表等外部证据,或经其他有权利方确认的项目进度或形象进度"。请保荐机构、申报会计师结合报告期各期主要项目合同关于完工确认的要求及执行情况、相关客户在访谈或函证等核查过程对完工确认执行过程的确认情况等,说明前述结论是否真实准确并提供相关核查证据。

(2)充分披露变更收入确认政策对报告期各期业绩的具体影响。根据问询回复,发行人2020年将收入确认政策由完工百分比法更正为终验法,政策变更导致发行人2020年收入增加327.75万元,归母扣非后净利润增加177.57万元,影响金额及比例均较小。但发行人披露的2020年第一大客户榆林市智慧城管系统项目,政策变更前2016—2019年已累计确认收入3592.79万元(根据年报前五大客户统计);2021年上半年前三大客户汕头市相关项目,变更前2017—2019年已累计确认收入6509.16万元(根据年报前五大客户统计)。

请发行人:①按项目详细测算说明完工百分比法下报告期各期收入确认金额、累计确认收入金额、净利润(含预计),对应说明项目的合同金额、完工进度及计算依据,客户对完工进度的确认情况(如有),客户付款金额、时点及对应的付款依据,开工时间、合同约定验收时间及实际验收时间等;结合前述测算结果及基本信息,与终验法下各期各项目收入确认情况进行详细比较,说明变更收入确认政策对报告期各期收入和净利润的具体影响。②说明汕头市三个农村地籍调查项目集中于2021年上半年确认收入8048.55万元,与发行人披露的"公司承接业务并完成相应服务后,通常根据客户要求于下半年提交成果并取得客户验收确认,公司据此确认相应的服务收入"的表述是否矛盾,前述项目在2021年上半年集中验收的合理性,是否存在延迟或提早验收、集中确认收入的情形。③说明发行人2021年上半年净利润变动趋势与同行业可比公司不一致的原因及合理性。④结合前述情况分析发行人变更收入确认政策对发行人业绩影响的披露是否准确。

（3）未充分揭示收入确认政策变更对发行人后续业绩的影响。根据问询回复，报告期各期主要项目的开工至验收周期普遍在3～7年，发行人2020年至今新签合同金额为2.23亿元，目前在手订单金额2.13亿元。请发行人结合目前在手和新签主要合同项目进度、合同金额（**在手订单请明确待执行及确认金额**）、开工时间、合同约定的验收时间及预计验收时间、结算付款安排及执行情况等，量化分析收入确认政策变更为终验法后对发行人期后经营业绩的具体影响，说明是否存在验收时间较长导致发行人后续业绩大幅下滑的风险，请发行人作充分的风险揭示和重大事项提示。

（4）收入确认的具体依据。根据问询回复，发行人以客户出具的完工验收单作为收入确认依据，部分项目披露的收入确认依据为资料交验清单，且存在客户委托第三方验收的情形。请发行人：①说明完工验收单的具体含义和具体表现形式，是否包括项目成果交接单、完工验收单、资料交验清单、验收报告等多种形式，是否均取得客户签字盖章确认；对于需要第三方验收的项目，以客户出具的完工验收单作为收入确认依据是否恰当、准确。②说明项目是否存在不同部门多次验收的情形，如有，说明发行人验收确认收入的具体时点和取得的具体依据，如需公司客户上级部门审批，上级部门审批是否涉及对发行人收入金额的调整。

【案例】威海克莱特菲尔风机股份有限公司（证券代码：831689）

问询问题：收入确认的合规性。

根据申请文件，发行人按时点确认收入，国内收入确认时点为客户验收时或客户领用时，国外收入确认时点为货物装船离岸时点或货物提货时点。株洲中车时代合同为暂估数量合同。报告期内因少量客户交易模式特殊导致营业收入成本跨期调整。

（1）特殊交易模式下收入确认时点不一致的原因及合理性。

请发行人：①补充披露烟台冰轮、西屋制动收入确认方式采用领用确认，与其他下游主要客户收入确认政策不同的原因。②按照国内国外，分别说明不同交易模式及收入确认政策下对应的主要客户，收入确认金额及占比。③结合业务模式、合同金额、数量、运输条款等详细披露收入确认的时点、依据和方法，分析在相关时点商品所有权上的风险和收益是否转移，说明收入确认方法、依据是否充分、恰当，是否符合会计准则的规定。④按国内国外分别说明划分两种收入确认方式的依据，收入确认方式和同行业可比公司是否一致，如有差异，请说明原因及合理性。⑤结合订单、购销协议、发票、实际收付款方等，说明各期收入确认金额是否恰当反映了发行人各期的实际销售、收款情况，是否存在暂估确认收入的情形。⑥结合各期末欠款客户收入确认具体依据，客户从收货到验收的时间差异及跨期情况，发行人是否发货确认收入或提前确认收入。

（2）质保金约定对收入确认时点的影响。根据申请文件，2018年及2019年，发行人的未回款金额包含未到期的质保金，发行人未披露质保期、质保金等具体质保约定。发行人未披露装船、发运、到货时间等交货约定。

请发行人说明：①报告期及历史上是否存在因产品质量、无法满足交货期的要求而被退货、罚款、赔偿、存在纠纷的情况。②国内及国外客户一般约定的产品质量保证条款的内容、公司承认的义务，报告期内是否发生质保金（尾款）未能按时收回、豁免、无法收回的情况。③针对产品质量，是否计提产品质量保证金，相关处理是否符合行业惯例。④针对国内国外，说明一般的装船、发运、到货时间的具体约定情况，如无法按照相关时间予以送达，相关责任方及赔偿标准。

（3）会计差错更正及财务内控有效性。会计差错更正具体更正事项分别涉及对跨期确认的营业收入、营业成本进行调整、存货跌价准备重新计算、附追索权的已背书或贴现未到期的信用等级相对较低的银行承兑汇票及商业承兑汇票不再终止确认等。上述调整影响 2018 年净资产 –4.93%、净利润 –11.93%，影响 2019 年净资产 –4.74%、净利润 –0.11%，影响 2020 年净资产 –3.70%、净利润 10.50%。

请发行人：①说明收入、成本、费用会计差错更正金额较高的原因。②说明针对重大调整事项是否进行整改以及整改的措施和效果，发行人会计基础工作是否规范，内部控制制度是否建立健全且被有效执行。

请保荐机构和申报会计师：（1）对上述事项进行核查，说明核查方法、范围、证据、结论并发表明确意见。（2）逐项核查各项差异调整是否符合企业会计准则的规定，并对发行人会计基础工作是否规范，内部控制制度是否建立健全且被有效执行，内部控制是否存在重大缺陷进行核查并发表明确核查意见。

【案例】中设工程咨询（重庆）股份有限公司（证券代码：833873）

问询问题：收入确认合规性。

（1）补充披露收入确认的具体方法。发行人未充分披露各类业务的收入确认方法。

请发行人：①披露各类业务在新收入准则、原收入准则下的收入确认具体方法及依据，说明与同行业可比上市公司同类业务收入确认阶段和对应比例是否存在差异及差异原因。②说明报告期内各收入确认阶段是否均具有外部证据，完工进度与实际完工情况是否一致，是否存在人为调节的因素。③披露新收入准则下，公司在整个合同期间内有权就累计已完成的履约部分收取款项的具体依据,说明2020年前后的各类业务的收入确认政策在确认时点、金额、所需外部证据等方面是否存在实质性差异。④说明报告期内是否出现过不能可靠地估计或合同预计总成本将超过合同预计总收入的情况。如有,请说明具体情况,包括但不限于合同客户名称、合同金额、出现此类情况的原因等。⑤针对项目代建、EPC总承包项目,说明收入确认采用总额法或净额法的依据,结合新收入准则的相关规定说明收入确认是否符合《企业会计准则》的要求。

(2)主要合同的收入确认是否与合同匹配。

请发行人说明:①各主要业务类别下主要合同项目情况,包括签署时间、客户名称、项目所处阶段及进度、各期收入确认金额及毛利率、回款情况、合同重大变动情况。②发行人主要合同关于阶段性成果和最终成果的提交时间、形式、第三方审核、成果确认、款项结算等约定情况,合同间的差异情况,相应收入确认的方式、时点、数额是否与合同约定情况相匹配。③同类业务不同项目毛利率差异的原因,同一项目各期毛利率差异原因,差异较大的,请结合项目收入确认、成本归集结转情况分析合理性。

【案例】北京恒合信业技术股份有限公司(证券代码:832145)

问询问题:收入确认的合规性。

(1)进一步披露各类业务的具体收入确认政策。

请发行人:①结合不同销售模式、产品类别的收入确认政策、客户验收时间以及具体合同条款,说明收入确认时点是否符合《企业会计准则》。②列表说明报告期各期直销模式前十大合同的主要内容及执行情况,包括但不限于客户名称、交易内容、业务取得途径、合同签订时间、合同金额、交付日期、验收日期、实现最终销售日期、收款日期,质保期、质保金额、结算政策、合同执行进度等，说明报告期发行人确认收入时是否按合同约定取得收款权限，相关收入确认是否符合会计准则规定。③对比同行业可比上市公司的收入确认具体政策，并结合发行人各类业务的特点，说明收入确认政策是否与同行业存在重大差异。④说明与收入相关的内部控制制度执行情况。

（七）持续盈利能力

1. 持续盈利能力审核的目的

北交所上市审核是严格把关企业是否具有上市资格、保护投资者权益的重要关卡，基本遵循风险导向、实质性判断等审核理念，关注点一直是规范性、真实性和持续盈利能力等方面，以更好支持实体经济发展，发挥资本市场融资功能。实质性判断主要是判断企业投资价值及发展空间，同时结合发行条件来确定企业是否具备上市条件。在实际操作中，证监会实际判断的门槛一般都远高于相关条例的审核规定，其中，持续盈利能力体现的就是企业投资价值和发展空间。基于上述审核理念，持续盈利能力成为事关企业能否上市的直接原因，也成为证监会一直以来的关注重点。

2. 首次公开募股公司持续盈利能力审核重点

持续盈利能力是一个相对较为宽泛且模糊的领域，涉及企业经营的方方面面，因此，要准确判定首次公开募股公司是否可以通过持续盈利能力方面的考核需要综合判定其影响因素，明确审核重点。

（1）企业盈利来源是否过于集中。企业的主要目的在于盈利，作为盈利来源的主营业务、客户及销售情况是关注的重点，而对盈利状况不利的产品结构过于单一、销售区域过于集中和过度依赖某一大客户等均是首次公开募股持续盈利能力审核的重点。

（2）采购资源供应是否受限。投入一产出是企业最基本的盈利模式，相应地，稳定的投入是企业后续具备持续性产出的前提条件，因而证监会在首次公开募股的审核中对采购这一投入要素也会重点关注。

（3）业绩增长是否存在异常。公司业绩变动与盈利能力密切相关，因而，业绩的稳定性与增长的合规性对持续盈利能力的判定影响颇大。其中，公司业务及财务指标是否存在异常、客户及产品开发能力、是否存在利润存疑的关联方交易、盈利指标与可比公司变动趋势一致性、净利润是否过于依赖政府补贴或税收优惠、应收账款是否是销售的主要增长点等均是业绩方面持续盈利能力审核的重点。

（4）核心竞争力是否存在缺失。核心竞争力指的是与同行业相比可让企业脱颖而出带来竞争优势的资源配置，其所有权、是否具有法律纠纷和可持续性是判断核心竞争力是否缺失的主要因素，对企业存续及后续盈利至关重要。在行业内部竞争不断加剧的情况下，企业很容易陷入低水平竞争的困境。

【案例】安徽泰达新材料股份有限公司（证券代码：430372）

在北交所申请上市，监管部门在审核时关注到业绩周期性及持续盈利能力风险，根据公开信息，在2020年1月，原油价格高位约70美元/桶，此后价格持续下跌至约20美元/桶，自2020年11月以来，国际原油价格持续走高，目前已临近近三年来的最高位。请发行人补充披露。

（1）原油价格波动对公司利润变动的敏感性分析，明确说明报告期内公司经营业绩大幅增长是否为业绩周期性表现。

（2）发行人产品单一情况下，原油价格2021年持续走高是否造成原料价格上涨幅度高于产品售价上涨幅度，对发行人持续经营能力是否造成重大不利影响，以及发行人是否具有有效应对措施。请发行人就业绩周期性及持续盈利能力波动风险作充分的重大事项提示。

根据公开发行说明书，2018年、2019年和2020年，发行人计入当期损益的政府补助金额分别为536.97万元、513.41万元、447.75万元，占同期利润总额的比例分别为67.63%、89.12%、11.06%。请发行人补充披露。

（1）政府补助划分为经常性和非经常性损益的原则和依据，相关列报是否合规，政府补助的会计处理是否合规。

（2）公司获得政府补助的稳定性和持续性，若无法获取各项补助对公司持续经营能力是否产生重大不利影响，并作重大事项提示。

【案例】南京云创大数据科技股份有限公司（证券代码：835305）

在北交所申请上市，监管部门在审核时关注到毛利率大幅下降对发行人持续盈利能力的影响。问询问题如下。

（1）大数据智能处理业务毛利率持续下降。报告期各期，发行人大数据智能处理业务毛利率分别为65.21%、55.18%、47.49%。要求发行人分析披露影响大数据智能处理业务毛利率的主要因素、不同项目间毛利率差异的具体原因，毛利率显著高于可比公司合理性、报告期内持续下滑原因；结合在手订单、行业发展趋势等，分析说明大数据智能处理业务毛利率的变化趋势，是否可能进一步下降，是否会对发行人经营业绩产生重大不利影响。

（2）大数据智能处理和大数据存储业务成本结构差异。要求发行人补充披露大数据智能处理业务和大数据存储业务提供的主要软硬件产品类型、两项业务在定价依据、成本结构上的具体异同，是否都包含通用性的云储存系统等硬件设备,大数据储存业务在销售中是否需要配套软件,两类产品定价的核心竞争力。

【案例】四川梓橦宫药业股份有限公司(证券代码:832566)

2021年在北交所申请上市,监管部门在审核时关注到产品单一对持续盈利能力的影响。根据申报材料显示,报告期内发行人主要产品胞磷胆碱钠片(商品名:欣可来)的营业收入占公司主营业务收入的比例分别为89.22%、89.79%、86.71%以及88.90%。报告期内,发行人主营业务毛利超过90%比例来自欣可来,且欣可来毛利率较高。

(1)存在单一产品依赖风险。

请发行人说明:①结合产品市场需求、市场开拓情况(**市场占有率和覆盖率**)、主要供应商及客户稳定性、产品销售和价格变化情况、销售模式的变化情况等,补充分析单一产品销售收入增长的合理性,产品结构高度集中对发行人持续盈利能力的影响。②发行人产品胞磷胆碱钠片相比市场上其他同类产品的优势,同行业其他公司产品对发行人产品的可替代性,产品市场是否发展受限,发行人针对单一产品风险的应对措施及其有效性,请发行人充分披露相关风险因素,必要时进行重大事项提示。

(2)未来业绩的增长潜力及可持续性。

请发行人:①说明欣可来的售价及毛利率与齐鲁制药等其他三家主要竞争企业胞磷胆碱钠片产品是否存在重大差异及差异原因。②分析欣可来的销售价格变动趋势和幅度与市场价格变动趋势是否一致,结合欣可来售价提高但销量下降的情况、目前行业状况、市场容量、发行人市场地位及市场开拓情况、在手订单情况等,说明发行人未来业绩增长潜力及可持续性。

（八）收入确认

营业收入是保证公司持续盈利和现金流稳定的前提，在上市公司管理办法中对营业收入指标有明确的要求。营业收入的真实、规范，是北交所上市审核的重点，也是后期信息披露的关键审核内容。按照会计准则的规定，判断公司能否确认收入的一个核心原则是对商品控制权是否转移给购货方，这就需要结合公司的销售模式、渠道以及收款方式进行确定。

1. 上市审核中对收入的审核重点

（1）销售循环的内控制度是否健全，流程是否规范，单据流、资金流、货物流是否清晰可验证。这些是确认收入真实性、完整性的重要依据，也是企业上市审核中对收入的关注重点。

（2）销售合同的验收标准、付款条件、退货、后续服务及附加条款。同时还须关注商品运输方式。

（3）收入的完整性，即所有收入是否均开票入账，对大量现金收入的情况，是否有专门内部控制进行管理。对于零售企业等大量收入现金的企业，更须引起重点关注。

（4）现金折扣、商业折扣、销售折让等政策。根据会计准则规定，发生的现金折扣，应当按照扣除现金折扣前的金额确定销售商品收入金额，现金折扣在实际发生时计入财务费用；发生的商业折扣，应当按照扣除商业折扣后的金额确定销售商品收入金额；发生的销售折让，企业应分别不同情况进行处理。

（5）销售季节性产品，产品的销售区域和对象，企业的行业地位及竞争对手，结合行业变化、新客户开发、新产品研发等情况，确定各期收入波动趋势是否与行业淡旺季一致，收入的变动与行业发展趋势是否一致，是否符合市场同期的变化情况。

【案例】深圳市广道高新技术股份有限公司（证券代码：839680）

2021年在北交所申请上市，监管部门在审核时关注到收入结构变动较大及季节性波动风险。根据公开发行说明书，发行人主营业务收入各年度结构占比差异较大、分布无规律，主要产品服务收入披露情况和年报披露口径不一致，报告期内收入增幅较大，收入主要集中在第三、四季度。请发行人作说明。

（1）说明报告期内第三、第四季度收入占比逐年提高且占比较高的原因及合理性，结合同行业可比公司收入季节性分布说明是否符合行业惯例。

（2）说明第三、第四季度销售收入占比较大的主营业务的具体类型、主要客户（直销、经销）情况和销售模式情况，是否存在客户2019年第三、第四季度销售金额占全年销售金额比例显著高于以前年度的情形，是否存在经销商囤货的情形及其最终销售情况和存货情况。

（3）说明第三、第四季度销售的产品种类是否与报告期内其他期间主要销售产品不一致，说明第三、第四季度主要产品平均售价，是否与同客户同类产品别的季度销售单价有显著差异。

（4）说明是否存在期后退换货和实物返利的情形，2020年退换货比例是否显著高于以前年度，说明各报告期期后回款金额和比例，还款时间分布情况。

2. 由于企业经营模式不同，使得收入确认政策也不同

对于北交所上市企业而言，收入确认的方法和时点也是重点需要关注的问题。这部分具体表现出的财务问题为以下几点。

（1）一般产品。

一般产品指无须经过复杂安装的产品，在进行销售收入确认时，通常是依据销售合同、订单、发货单、验收单、销售发票这些文件、单据进行，但在实际财务核算中，许多企业并不能提供原始凭证，使得差错率有所上升。另外，企业在收入确认时，应充分结合运输方式进行账务处理，不同的运输方式收入确认时间也不同。在确认收入时，需要考虑运输方式有以下几种。

① 上门自提。以客户或其委托的第三方运货出门为收入确认时点。

② 送货上门。以买方签收为收入确认时点。

③ 快递。以快递公司或对方确认已收到的时间为收入确认时点。第二、三种运输方式显示在途，以未签收清单为依据作发出商品，进行处理。但部分企业在确认收入时，并未结合运输方式、时间进行综合考虑。

【案例】惠州市锦好医疗科技股份有限公司（证券代码：872925）

2021年在北交所申请上市过程中，监管部门在审核时关注到收入确认时点的合规性问题，根据申报材料，对于境外销售，若合同或协议有明确约定外销商品所有权主要风险转移时点的，按约定确认收入；若无明确约定的，按《国际贸易术语解释通则》中对各种贸易方式的主要风险转移时点的规定确认，如公司主要FOB形式出口，故在装船后确认收入。对于境内销售，若合同或协议有明确约定销售商品控制权转移时点的，按约定确认；若无明确约定的，公司销售以货物发出或取得购货方签收的送货单日期作为收入确认时点。另外，根据申报材料，发行人境内线下销售仍以货物交付签收时点确认收入，存在前后表述不一致的情形。请发行人补充披露说明。

（1）结合其经营实际情况、销售特点、退换货条款等，补充披露境内、境外下直销（线上、线下）、经销等不同销售模式收入确认的原则、时点、依据及方式，依次说明上述收入确认标准与相关合同约定的条件或行业惯例是否相符，是否符合企业会计准则的规定，收入实际确认情况与其收入确认标准是否一致。

（2）说明公开发行说明书中境内销售分别以货物发出、取得购货方签收的送货单日期作为收入确认时点的依据及原因，以签收作为收入确认是否与合同约定的风险转移相违背，公开发行说明书与申报材料中关于境内收入确认政策披露不一致的合理性。

（2）安装调试产品。

首先需要判断设备销售和安装调试是否可能构成两项履约义务，如果合同约定不管是否由供应商安装，最后都需要试运行证明，说明企业需要对安装调试测试结果负责，则表明即使分解为两项履约义务，但设备销售这一项履约义务下商品控制权转移时点是在通过试运行时，与安装调试这一履约义务完成时点相同或接近，因此，等设备安装调试后再确认收入更为合适、谨慎。

【案例】无锡亿能电力设备股份有限公司（证券代码：837046）

2022年在北交所申请上市过程中，监管部门在审核时关注到收入确认时点是否与合同约定相符问题，未考虑安装环节即验收确认收入是否合规。根据申请文件，发行人商品销售收入以客户收到货并验收无误后确认收入，同时发行人存在安装费用，主要系产品运输至现场后进行安装的人力及材料支出。请发行人补充披露说明。

（1）结合业务模式、销售合同主要条款、各类产品安装与售后约定、验收过程、同行业可比公司收入确认政策比较情况，详细披露不同客户类型、不同业务类型新旧收入准则下的收入确认时点、依据和方法，客户收到货并验收无误后确认收入是否存在提前确认收入的情形、是否符合企业会计准则规定、是否存在跨期确认收入的情形。

（2）补充披露报告期各期不同类型产品销售需要安装调试和不需要安装调试产品金额及比例，说明安装服务的提供方、安装过程及周期、是否涉及施工、安装业务是否作为单项履约业务确认收入，说明安装费用的主要构成及核算方式、安装费用成本占比、部分项目安装费用成本占比较高的原因，聘请第三方进行安装是否得到客户的认可。

（3）提供劳务收入。

提供劳务收入一般指从事建筑安装、修理修配、技术服务等劳务服务活动取得的收入。区别于一般商品销售，提供劳务通常存在跨月、跨年情形。因此，存在按时点确认还是按时段确认收入的问题。

① 按时点确认。企业在月末按照结算金额确认收入，次月一般要求客户对结算单进行确认，以此作为收入确认的外部证据，但由于结算确认的过程中，牵涉客户数量较多，存在确认不及时、不配合提供，对结算数量和金额有异议的情况，差异得不到及时处理，在最终结算开具发票时才能予以确认。

② 按时段确认。收入准则中在某段时间履行的义务，按照产出法和投入法确认进度，北交所上市企业对以下问题理解不够全面：首先该业务本身是否适用按照履约进度确认收入成本；其次对内部控制制度重点关注，预算总成本是否具备合理估计的基础；最后关注完工进度比例计算方法是否妥当，对北交所上市企业，一般要求企业取得外部进度证明，不同进度之间相互验证。

（九）成本费用

成本费用直接影响企业的毛利率和利润，影响企业的规范、合规性和盈利能力，其主要关注点如下。

1. 成本核算

拟企业成本核算不规范，更深层次原因是企业内部管理存在问题。成本归集、结转涉及企业产供销、人事、合同管理等各个环节，因此构建成本核算体系需投入较大的人力、财力，这是企业规范的基本要求。企业成本核算不规范主要体现为：将不属于本期的成本费用全部计入当期；虚增或者虚减生产成本；调节采购单价等。监管部门在对成本审核过程中，主要关注其合理性。

2. 费用核算

企业常见的费用核算问题主要有同期对比分析异常，费用与其他科目匹配度背离，费用的合理性、真实性无法解释的问题，主要原因有以下几点。

（1）费用跨期，未及时计提。拟北交所上市企业存在费用跨期，未严格按照权责发生制进行预估计提，年末需要核实其他应收款大额备用金、预付账款等科目，实质业务已发生，未及时办理报销或结算手续。

（2）不合理的工薪费用等。职工工资显著低于正常水平，北交所上市企业中，部分存在通过实际控制人或其他个人卡直接给部分职工转账。

（3）虚增费用。主要是申报期前期，实控人通过企业列支个人大额开支，购置财产等。

【案例】北京恒合信业技术股份有限公司（证券代码：832145）

2021年在北交所申请上市过程中，监管部门关注到成本费用归集的准确性问题，根据申报材料，发行人采取按需采购的方式进行采购，2018年至2020年期间，油气回收在线监测系统核心构件中，流量测量单元采购数量分别为4293个、3700个、6000个，压力传感器采购数量分别为700个、1357个、750个，控制台采购数量为370个、780个、553个，上述核心构件的采购数量比例出现较大变动。2019年，由于中石化上海分公司招投标政策变化，发行人原经销商上海仁熠公司转变为协助拓展市场的服务商。请发行人补充披露说明。

（1）补充披露相关产品集成过程中各种核心构件的领用数量比例，相关核心构件的领用数量比例是否出现较大变动，如是，请说明领用数量变动的合理性，相关营业成本归集是否准确。

（2）补充披露报告期内发行人与上海仁熠公司的交易金额，量化分析在经销商与服务商两种不同合作模式下对发行人营业收入、毛利率、销售费用等财务数据的影响，说明与上海仁熠公司的相关支出计入销售费用而非营业成本是否符合企业会计准则的要求，是否存在通过合作模式的转变调增营业收入、毛利率等财务数据的情况。

【案例】重庆市泓禧科技股份有限公司（证券代码：871857）

2021年在北交所申请上市过程中，审核成本费用时，重点关注成本费用核算合规性、准确性问题，根据申请材料，发行人主营业务成本以直接材料为主，主要原材料包括精密接插件、FPC、线材、包材等，2019年因非BOM领料导致制造费用大幅增加。公开资料显示，2020年第四季度起，线材、铜材等上游原材料价格大幅上涨。请发行人补充披露。

（1）详细披露各业务成本核算方法和流程、共同成本费用的分摊方法，说明是否符合其实际经营情况、是否符合《企业会计准则》规定，相关内部控制是否能够确保发行人成本核算完整、准确。

（2）结合发行人与可比公司主要直接材料采购价格、相同材料向不同供应商采购价格的差异比较情况，分析主要原材料采购价格的公允性。

（3）结合直接材料成本构成、主要原材料价格波动情况、发行人与下游客户约定价格调整机制情况、实际调价执行情况，就各主要直接材料价格波动对毛利率的影响进行敏感性分析。

（4）披露制造费用的具体构成及占比，分析并披露其中波动较大的项目金额变动的原因。

（十）税务问题

北交所的监管要求相对比较严格，对企业经营情况、运营规模、财务指标都有着较高的准入门槛。在实务中，很多企业经常忽视北交所上市中产生的涉税问题，使得部分企业在上市中容易发生税务问题。在首次公开发行股票审核过程中，证监会等相关部门对财务报告信息披露中的涉税问题都会重点关注。

1. 补税问题

企业北交所上市过程包含诸多环节，补税问题主要发生在财务报表审计环节。在财务报表审计过程中，审计后财务报表与原始纳税申报的财务报表之间通常会出现差错调整。如果调整涉及收入、利润总额等报表科目的增加，就会引发税收补缴的情况。审计调整的原因，调整金额的大小，都会影响补税的性质和金额，也会引发不同结果，决定其是否能够顺利通过证监会审核。补税性质在财务报表审计调整中，主要由两个原因引起，一是因为核算错误，二是受舞弊因素的影响，两者有着本质上的差别。

使用了错误的会计方法，会计处理的时间性差异等因素导致的财务报表调整，都属于错误因素的范畴。而为了偷税漏税、逃避纳税采用虚列成本费用、转移收入成本引发的调整，则包含在舞弊因素范畴内。错误导致的调整能够得到人们的理解，但是因为舞弊而引发的调整，其性质比较恶劣，该因素导致的补税在审核过程中会形成实质障碍。

对于补税数额，即便明确补税性质以后，受到某些客观因素影响，也可能无法准确计算补税数额。由于错误导致的补税，通常不会产生较大的补税数额。如果补税数额过高，如大于对应纳税期间已申报缴纳税额50%等，通常表示可能存在舞弊迹象。大额补税在本质上将引起证监会等发审机构的重点关注，形成北交所上市的实质性障碍。

更正申报财务报表并补缴税款会导致税收罚款、滞纳金等法律后果，导致大额营业外支出，也会对企业的经营情况和社会形象带来负面影响，导致企业不具备继续享受优惠政策的条件，不利于保护股东利益。为避免引起证监会审核的重点关注，出现大额补税而又难以合理解释原因的企业，通常会选择顺延辅导期，严重拖慢企业的上市进程，未来的政策变化和经济环境的不确定性也会加重企业北交所上市的风险。

2. 偷税漏税

部分企业为了达到北交所上市的财务指标条件，违规扩大利用当地的产业扶持和税收优惠政策，通过偷税漏税的方式调节利润，虚增企业业绩。而个别地方政府因对税收政策了解不全面，或为了促进经济发展，培育品牌企业明星效应，促进企业上市，会选择性忽视企业的违法违规行为，包庇纵容企业的违法违规行为，避免严重的行政处罚给北交所上市企业带来负面影响。对于申报的企业是否存在偷税漏税的情况，是当前证监会非常关注的内容。证监会在审核过程中，会严格检查核实企业是否存在偷税漏税的行为，一经发现，严肃处理，直接否决。

3. 税务与会计差异问题

我国现行税收收入主要是流转税和所得税，其中增值税和企业所得税占国家税收收入的比例接近70%。为减少税务差异风险，在申请北交所上市以前，企业通常会优先选择满足纳税需求的会计核算方法，而不是严格执行企业会计准则和企业会计制度。例如收入确认方法，很多企业仍采用开具发票时确认收入，而不是按权责发生制确认收入，从而保持纳税申报表的收入总额与财务报表中的收入总额保持一致。然而实际上，税收法规规定的计税收入确认时点，与会计制度规定的财务报表收入确认时点经常存在着差异，新收入准则的实施更是进一步加大了收入确认的税会差异。

企业申请北交所上市必须严格执行企业会计准则的规定，要按照纳税与会计充分分离的原则，计税收入按照税收法规的规定处理，会计收入则按照会计准则的规定处理。如果收入确认方法使用不当，会导致持续修改财务报表的情况，从而产生更多重大差异，为北交所上市审核带来影响，不利于企业成功上市。

4. 企业重组问题

一般情况下，企业为了获取更多的经济效益，降低经营风险，防止受到股权并购等风险因素影响，在北交所上市前，会对现有资源进行整合和调配，即企业重组，提升企业资源的利用效率，提升盈利水平。在企业重组中，也会引发各种税收问题，如资源整合调配是否满足税务要求、重组后是否会增加税务成本、企业如果在年中重组是否会出现补缴税务额状况、需要怎样计算规划重组后企业的纳税情况等。企业如果能够及时将上述问题处理，将业务重组和税务筹划相结合，不但能够减少涉税风险出现，也会提高审核的过会效率。

5. 个人所得税问题

有限公司整体变更为股份有限公司时，涉及未分配利润转增股本，自然人股东应当按照财产转让所得缴纳 20% 的个人所得税。在以往审核过程中，由于多数企业选择暂时不交该部分个人所得税，只要股东出具兜底承诺，发审委就不再追问。但是，目前随着北交所审核的节奏加快，审核要求趋严，此问题逐步得到重视，常用的解决方法是股东向当地税务局申请分期缴纳。

（十一）资产质量

资产质量是企业资产运营情况的反映，是企业盈利能力、发展能力、偿债能力、营运能力的综合体现，资产质量的高低是企业价值的体现之一。企业通过不断优化资产结构，持续提高运营效率，加强人才队伍建设，将经营重点放在应收账款回收、存货加快周转、项目建设可行性研究分析等方面，获得良好的经济效益必将水到渠成。但部分企业为了上市，忽略资产质量，片面追求利润增长，导致应收账款急剧增长，存货大量积压，给企业经营和上市带来不利影响。

1. 应收账款

应收账款存在余额较大、波动异常、与生产经营不匹配，周转率低，账龄长及客户质量等方面问题。在审核过程中，监管部门需要企业结合信用账期、结算方式、应收账款内部控制对相关情况进行说明。

【案例】中设工程咨询（重庆）股份有限公司（证券代码：833873）

2021 年在北交所申请上市，监管部门在审核时关注到长账龄应收账款占比较高，根据公开发行说明书，报告期内各期应收账款账面余额分别为 2.24 亿元、2.60 亿元、3.04 亿元、2.96 亿元，账龄 1 年以上应收账款占比均在 50% 以上。2019 年年末、2020 年 6 月 30 日单项计提坏账准备的应收账款余额为 4662.46 万元，计提比例为 100%，2017 年、2018 年年末进行单项计提。请发行人补充披露说明。

（1）补充披露各期各账龄应收账款的金额占比，结合项目承接等分析账龄 1 年以上款项占比持续较高的具体原因，分析披露发行人与同行业可比公司账龄结构、应收账款周转率的差异原因；区分客户类型分析各类客户应收账款的账龄结构、周转率水平。

（2）披露发行人提高应收账款质量、加强款项催收的具体措施，报告期末各账龄组合应收账款期后回款情况、催收进展，说明关于项目承接、项目管理、应收账款管理等的内部控制制度是否建立健全并被有效执行。

（3）量化披露应收账款无法回收的风险、应收账款资产减值损失导致业绩大幅波动的风险，并披露重大事项提示。

2. 存货

存货主要问题集中在余额较大，波动异常，库龄较长，周转率低，冷背残次，减值计提不充分，账实不符等情况。在审核过程中，监管部门需要企业结合行业特点，对存货的真实性、合理性以及存货跌价准备计提是否充足进行充分说明。

【案例】沈阳风景园林股份有限公司（证券代码：838795）

2021 年在北交所申请上市，监管部门在审核时关注到存货跌价准备计提是否充分，公开发行说明书披露，2017 年年末至 2020 年上半年结束，公司存货账面价值分别为 8211.83 万元、20430.65 万元、

28685.64万元和33029.85万元，占资产总额的比例分别为18.59%、21.37%、21.20%和24.81%，占资产总额比重较高，存货构成为石材和绿植等原材料以及建造及设计合同形成的已完工未结算资产，其中主要为建造合同形成的已完工未结算资产，且2017年至2019年均未对存货计提跌价准备。请发行人披露说明。

（1）结合原材料的性质、使用情况、存储周期、存货发出成本计量等，比对同行业情况，说明原材料存货跌价准备计提的充分性。

（2）结合建造合同形成的资产的工程进展、是否存在工程建造、结算纠纷等，说明建造合同形成的资产相关存货跌价准备计提的充分性。

（3）补充说明存货的盘点情况，包括盘点时间、地点、人员、范围、盘点方法、程序、盘点比例、账实相符的情况、盘点结果，是否存在盘点差异及产生原因、处理措施等。

3. 固定资产

工程项目竣工结算、决算严重滞后；固定资产验收不及时，达到预定可使用状态的资产，未及时办理转固验收手续；在建工程长期挂账，未及时转入固定资产，计提折旧等。

【案例】北京凯腾精工制版股份有限公司（证券代码：871553）

2021年在北交所申请上市，监管部门在审核时关注到固定资产及在建工程的核算合规性问题，问询问题。

（1）机器设备规模与公司产能的匹配性。报告期末发行人机器设备账面原值分别为24418.53万元、26539.15万元、27863.72万元、

28690.49 万元，增幅不大。请发行人分析披露说明各类业务产能的计算方式，报告期各期机器设备与各类业务产能、业务规模的匹配关系是否合理，机器设备占营业收入的比例与同行业可比公司相比是否存在较大差异及差异原因。

（2）激光直雕机等在建工程转固的进展及对发行人经营的影响。报告期各期末发行人在建工程变动主要是因为激光直雕机等项目投产并转入固定资产，2020 年 6 月末发行人"超精细雕刻激光直雕机"项目占期末在建工程的 83.41%。请发行人补充披露报告期内各激光直雕机项目的建设周期、开始建设时间和预计完成时间，截至目前的完工进度及与计划工期相比是否存在差异，预计结转固定资产时间，是否存在延迟转固的情形，说明在建项目涉及的产品类型、生产线、预计实现效果，结合目前产能、在手订单及发展战略等分析激光雕刻机项目投产对发行人的影响。

4. 商誉

商誉是非同一控制下合并形成，按会计准则规定，每年需进行减值测试，商誉减值测试的方法成为会计处理的难点，通过对未来现金流进行折现，不确定因素太多，如果不能合理测试，将严重影响企业资产质量。

5. 资产瑕疵问题

（1）土地，土地取得方式、取得程序以及登记手续存在瑕疵，需重点关注红线外用地；

（2）知识产权，知识产权纠纷或瑕疵，给企业生产经营可能会造成重大影响；

（3）房屋建筑物存在未批先建、建造过程中相关手续不完善、完工后未及时办理验收手续等，导致房屋建筑物无法办理产权证；

（4）企业使用的房子、车子等资产实质是企业所有，但所有权并未登记在其名下，在上市前应办理过户手续；

（5）存在"存贷双高"情形，重点关注货币资金是否存在保证金、质押、担保等，防范重大财务风险。

【案例】杭州市路桥集团股份有限公司（证券代码：870892）

2022年在北交所申请上市，监管部门在审核时关注到发行人土地、房产存在瑕疵，根据公开发行说明书，发行人阿克苏基地、仁和基地相关房屋尚未取得房产证；康桥基地与衢州基地相关土地尚未取得土地使用权证，其中康桥基地土地性质为划拨，用途为公共设施用地。请发行人补充披露说明。

（1）说明上述尚未取得产权证书相关土地使用权的取得、使用是否符合《土地管理法》等相关法律法规的规定，是否依法办理必要的审批手续，有关房产是否为合法建筑，是否可能被行政处罚，是否构成重大违法行为。

（2）补充披露康桥基地土地的具体使用情况，其实际用途与法定用途是否相符，相关土地用途是否对发行人业务开展造成限制。

（3）说明上述尚待取得的土地使用权证、房产证办理的进度情况、预计办理完毕的时间、是否存在不能办理的障碍，若存在，请补充披露对发行人生产经营的影响以及公司的应对措施。

6. 资产减值问题

发行人需要在日常经营过程中考虑资产的减值问题，尤其是自新金融工具准则生效以来，对应收账款的坏账准备也产生了一定影响，在生产过程中涉及的存货减值也要引起重视。随着科技的进步，产品的更新迭代也在加快，因此，产品可能会随着技术的更新而产生跌价风险。企业在估计可变现净值时，需要关注预期变现的周期以及价格预期的趋势。

对于长期资产减值来说，发行人在历史期间并购形成的商誉需要在每年年末进行减值测试，无固定使用期限的无形资产也需要每年进行减值测试。企业需要审慎地评估商誉对应的资产组，使用可回收金额来进行减值测试，并对估计中的关键参数和假设进行恰当披露，最好借鉴评估机构的工作成果。

【案例】杭州市路桥集团股份有限公司（证券代码：870892）

2022年在北交所申请上市，监管部门在审核时关注到商誉减值计提的充分性问题，根据申报材料，2017年收购欧姆（重庆）电子技术有限公司100%股权，先由LI××先生以其自有资金收购Realm Electronic Technology Limited（以下简称Realm Electronic）之100%股权，其后LI××先生再根据与公司之间的协议约定，将标的公司或标的公司所持的欧姆全部股权转让予公司或公司指定子公司，本次收购形成商誉686.09万元；2019年公司通过全资子公司海希环球以180万欧元收购德国LogoTek的60%的股权，本次收购形成商誉903.3万元。请发行人补充披露说明。

（1）说明将收购欧姆（重庆）电子技术有限公司认定为非同一控制下企业合并的原因，是否符合《企业会计准则规定》。

（2）披露两次交易对手方是否与发行人、发行人董监高、实际控制人等存在关联关系，相关收购款项的支付情况及资金最终流向。

（3）说明商誉减值测试的计算过程，结合市场变化、订单变化等情况，进一步说明商誉减值测试的相关假设是否合理，未来收入和利润的测算是否符合实际；对于 LogoTek 未来现金流的测算是否合理。

（十二）现金流量

现金流量反映了一个企业真实的盈利能力、偿债和支付能力，资产负债表和利润表都是通过权责发生制展现企业的经营情况，而现金流量表可以通过收付实现制展现资产负债表和利润表无法提供的财务信息，此部分财务信息更真实有效，更为清晰地展示了企业财务状况。

经营活动产生的现金流量净额直接关系到收入的质量及公司的核心竞争力。应结合企业的行业特点和经营模式，将经营活动现金流量与主营业务收入、净利润进行比较。经营活动产生的现金流量净额为负数的要有合理解释。关注投资、筹资活动现金流量与公司经营战略的关系。现金流量表应重点关注以下两点。

（1）经营活动产生的现金流量净额，此部分直接展示了业务的质量和公司的核心竞争力；

（2）投融资现金流量，此部分关系公司整体经营战略。

【案例】黑龙江省中瑞医药股份有限公司（证券代码：839574）

2021 年在北交所申请上市，监管部门在审核时关注到现金流持续紧张、偿债压力较大对发行人持续经营的影响。根据公开发行说明书，报告期内，发行人经营活动产生的现金流量净额分别为 177.97 万元、

−5275.35万元、−910.27万元、−2949.75万元；同时，发行人最近一期末有息债务总额为15776.74万元，均为短期借款且部分已届期。请发行人披露说明。

（1）报告期内业绩增长且现金流持续为负的原因。

（2）商业模式是否具有可持续性。

（3）货币资金是否存在限制性安排。

（4）资金拆借的合规性。

（5）偿债能力与可比公司是否存在较大差异。

（6）质押、抵押权实现对发行人经营情况的影响。

【案例】深圳市广道高新技术股份有限公司（证券代码：839680）

2021年在北交所申请上市，监管部门在审核时关注到经营活动现金流量净额与净利润差异较大。根据公开发行说明书，2017年至2020年上半年，发行人经营活动产生的现金流量净额分别为1273.16万元、−1190.64万元、−262.14万元和31.76万元，与净利润差异较大。请发行人披露说明。

（1）结合报告期业务规模变化、应收款项回款情况、应付款项支付等因素，进一步量化分析并披露报告期内各期经营活动产生的现金流量净额和净利润之间差异的具体原因及合理性。

（2）说明"购买商品、接受劳务支付的现金"与存货采购金额、应付账款及预付款项等报表项目之间的匹配情况。

（3）说明支付给职工的现金以及为职工支付的现金流量与应付职工薪酬、期间费用和成本的钩稽关系和归集情况，说明变动原因及合理性。

（4）补充披露资金往来款项的具体情况，包括对方名称、金额、性质、产生原因、收款时间、付款时间，说明往来款的必要性。

（十三）独立性与关联交易

企业上市应当具有完整的业务体系和管理结构，具备直接面向市场独立经营的能力，具体为资产独立、人员独立、财务独立、机构独立和业务独立五大独立。

1. 业务独立

证监会对关联交易的审核非常严格，要求报告期内关联交易总体呈现下降的趋势。因此对关联交易要有完整业务流程的规范，还要证明其必要性及公允性。

【案例】河南硅烷科技发展股份有限公司（证券代码：838402）

2022年在北交所申请上市，根据招股说明书，发行人报告期内与集团财务公司进行资金拆借业务，与集团结算中心进行贷款业务。公司在中国平煤神马能源化工集团财务公司存款利率（0.5%）高于银行金融机构同期存款利率（0.35%）。在中国平煤神马能源化工集团财务公司资金拆借利率为8.0%，财务公司贷款利率为5.6%。财务公司贷款利率与公司向外部金融机构借款利率接近。在中国平煤神马能源化工集团财务公司的利率高于外部金融机构利率，主要系集团借款利率中含1.7%的金融服务费及1.6%的融资咨询费，扣除该等费用，实际利率为4.7%，与外部金融机构借款利率接近。集团结算中心收取的金融服务费及融资咨询费，为集团统一制定的政策，集团内子公司借款均执行此费率。在问询中，请发行人补充披露说明。

（1）是否仅向财务中心贷款。

① 集团结算中心和财务中心功能区别，明确发行人与结算中心和财务中心分别开展何等业务。

② 如结算中心自动划拨发行人存款，说明发行人对该部分资金的控制情况，是否存在与其他单位存放资金混同的情形，与结算中心资金业务是否清理及进展。

③ 说明报告期内与集团结算中心资金往来具体情况，集团结算中心资金划拨安排及是否与集团内其他公司一致。

④ 明确测算按向财务公司和结算中心贷款利率和向外部金融机构借款利率差异对报告期内各期财务费用的影响，说明关联交易是否公允。

（2）与财务公司之间关联交易的规范性。

① 集团财务公司是否具备相应的业务资质，运作是否规范，其基本财务指标是否符合银行监管机构规定。

② 集团财务公司是否归集闲散资金，对发行人及下属企业从事存贷款业务在资金存贷、资金调配、业务流程、决策机制等方面的具体规定。

③ 发行人与财务公司发生存贷款业务往来的具体约定，是否存在不利于发行人的条款，发行人是否通过财务公司发放委托贷款，是否履行相关程序，财务处理是否符合企业会计准则的规定。

④ 列表说明申请人报告期各期在集团财务公司存贷款发生额及余额情况、利率情况，与同期银行利率的差异情况。

⑤ 发行人在集团财务公司存款安全性和独立性，财务公司是否存在将申请人闲置资金强行划入财务公司的要求和行为。

⑥ 发行人是否建立系统的资金风险防范制度和内部控制制度并有效执行，是否明确约定在财务公司存款每日余额的最高限额及在财务公司的日均存款余额不得超过贷款余额。

⑦ 本次募集资金的管理和使用安排，是否存放于关联财务公司。

2. 关联交易的合理性、公允性

发行人关联交易的合理性、公允性、必要性和程序规范性是上市审核过程中的重点关注事项，因关联交易、内部控制不合规而导致的系列问题是发审委委员投出反对票的重要因素。常见问题如下：发行人是否依照相关规定完整披露关联方及关联交易；报告期内关联交易发生的必要性及商业逻辑、占同类交易的比例、定价依据，是否均已履行必要、规范的决策程序，公司是否已制定并实施减少关联交易的有效措施；发行人及实际控制人、董监高与发行人及其下属公司的客户或供应商，是否存在商业往来、亲属等可能存在利益输送的关系；报告期内是否存在关联交易非关联化的情形。

【案例】河南同心传动股份有限公司（证券代码：833454）

2022年在北交所申请上市，监管部门关注到关联交易价格公允性问题，报告期内，发行人与关联方存在多笔关联交易，其中2018年向关联方采购商品和劳务金额合计205.61万元，2019年向关联方采购设备金额合计160.05万元，向关联方出售子公司股权作价160万元。请发行人补充披露说明。

（1）补充披露向关联方采购商品和劳务的具体内容，结合其他供应商产品销售和车加工、热处理外协劳务单价，说明相关交易价格是否公允；

（2）结合参股公司同瑞动力资产负债情况、生产经营情况等，说明以实缴资本确定股权转让价格是否公允合理，受让方资金是否来自发行人实际控制人，转让后同瑞动力是否仍由发行人实际控制人控制，同瑞动力资产和人员是否独立，是否租用或使用发行人厂房场地，是否存在与发行人共用生产设备或人员的情况。

3. 关联交易依赖性

在关联交易判断时需要重点关注经常性的关联交易、企业对某笔关联交易是否存在依赖性。如果关联交易比例过大被认定为对控股股东或关联方存在依赖性，独立面向市场的经营能力受到质疑，应将关联方完整的经营性资产纳入上市主体。另外，发行人是否还存在关联方资金占用情形，在申报期内应当计提利息费用并归还；在关联交易过程中，超过信用周期的关联方交易结算，应严格按照合同条款履行，避免被认定为关联方资金占用。

（十四）内部控制

内控制度在证监会《首次公开发行股票并上市管理办法》中有明确规定，但是很多上市公司内控形同虚设，内控存在明显漏洞，存在非常大的管理风险，很多上市企业仍然无法按照内控制度要求建设。重点关注以下问题。

1. 内部控制环境

内部控制环境是内部控制要素的构成之一，也是内部控制得以有效建立与落实的基础。但从实际来看，通常拟北交所上市企业缺乏开展内部控制的环境，虽然建立了内部控制制度，但内控环境不理想，缺乏环境支持，使内控的执行效率不高，形同虚设，对企业上市造成了阻碍，影响企业的稳定运营。

2. 内控管理机制

要想促进拟北交所上市企业实现稳步上市，需要建立完善的内控管理体系。目前部分企业虽然已经建立内部控制制度，但是在机制设计上缺少科学性，部分企业存在内部控制管理与战略目标不符的状况，而这种现象出现的原因是没有一套行之有效的内控制度，现有内控制度流于形式，不能起到有效的控制效果。

3. 内控管理执行效率

通常企业在拟北交所上市之前，需要接受主办券商以及会计师事务所的指导，制定内部控制机制来提高自身优势。但有些企业缺乏对这一工作的重视，所开展的内部控制管理过于形式化、形同虚设，达不到预期效果，影响其功能的发挥。在这种情况下，将会给内部控制执行效率带来影响，使得内部控制管理目标无法顺利完成，容易产生经营风险。

4. 监督管理

在大部分拟北交所上市企业中，即便在企业上市前制定了内部控制管理方案，但是因为没有建立专业的监督管理系统，使得内部控制管理效率和质量下降。企业在进行内部控制管理时，缺少对执行过程的监管，部分管理人员没有履行好工作职责，导致内部控制缺乏监督，故内控效果的实施不甚理想。如果发行人存在财务报表不精准或者数据信息不真实的状况，必然会让企业面临上市失败的风险。

【案例】广州博芳环保科技股份有限公司（证券代码：837879）

2022年在北交所申请上市过程中，监管部门关注到公司治理及内部控制的有效性，根据申请文件，实际控制人控制的企业存在股权代持情形，部分企业与发行人存在同业竞争、关联交易不规范、频繁资金往来等情形，发行人挂牌后存在新增同业竞争，存在转贷、环保违规、信息披露不规范等情形。本次申请文件与已披露文件存在矛盾或不一致情形。请发行人补充披露说明。

（1）说明公司是否存在其他未被相关主管机关发现或处理的违法违规情形、经营管理或业务开展过程中是否存在其他不规范情形，如是，请补充披露具体情况，相关情形未被发现或处理的原因，是否存在被处罚的风险、是否属于重大违法违规及对公司的影响。

（2）结合发行人存在的各类违法违规或经营管理不规范等情形发生的时间、原因、规范整改情况及规范整改时间、对公司的影响或潜在影响、公司内部管理制度建设执行情况等，分析说明报告期内存在多种类型违法违规或不规范情形是否反映公司在合规经营相关的制度建设、制度执行等方面存在薄弱环节，是否反映公司治理规范性严重不足或存在重大缺陷，是否存在严重影响公司独立性的情形，是否存在不符合公开发行并在精选层挂牌条件的风险，公司已采取或拟采取的规范措施及相关措施是否切实可行、有效。

【案例】恒进感应科技（十堰）股份有限公司（证券代码：838670）

2022年在北交所申请上市过程中，重点关注内部控制是否健全有效，根据保荐工作报告：（1）发行人曾存在以下内控不规范情形，2018年至2020年，发行人通过发票报销方式发放奖金金额分别为89.65万、28.80万、9万元；发行人将长期挂账的预收货款进行核销，将货款转给实际控制人，构成资金占用，合计金额32.02万。（2）报告期内发行人存在现金支付费用的情况，金额分别为 87.70 万元、131.04 万元、143.60 万元和 59.99 万元。请发行人补充披露。

（1）发行人会计基础是否薄弱，内部控制是否健全有效，报告期内是否还存在其他财务内控不规范的情形；目前对上述长期挂账的合同负债的会计处理情况。

（2）说明各期现金交易的主要内容及金额、占比情况，现金交易的必要性与合理性，是否与发行人业务情况或行业惯例相符，是否真实；现金交易的客户或供应商的情况，是否为发行人的关联方。

（十五）研发费用

根据《政府会计准则第 4 号——无形资产》规定，对于开发阶段支出满足五个条件才能确认为无形资产。从资本化条件来看，认定条件均比较模糊，存在较强的主观判断和对未来预期，给会计处理带来不确定性，主要体现为以下几点。

（1）研究与开发阶段难以划分；

（2）研发活动等非财务信息难以把握；

（3）费用与资产界限难以界定；

（4）无形资产摊销及减值难以确定；

（5）研发支出证据难以认定。

在拟北交所上市企业中，为满足高新技术企业认定，或加计扣除需要，将不属于研发支出的费用，归集至研发费用进行核算；在申请高新技术企业，对以前年度的研发支出在年末集中调整账务，修改年度申报；同时研发人员工时记录、考勤记录不完善；材料领用过程控制不完善等。

【案例】商丘市鼎丰木业股份有限公司（证券代码：873459）

2021年在北交所申请上市过程中，审核研发费用时，重点关注2019年研发费用大幅增长的合理性，根据申请文件，报告期内发行人研发项目主要有无醛刨花板及超强刨花板两项，2018年至2020年，发行人研发费用直接投入金额分别为101.66万元、312.50万元、347.50万元，2019年研发投入直接投入增长207.40%。此外，发行人核心工艺技术来源均为引进消化吸收再创新。请发行人补充披露。

（1）2019年研发费用中直接投入大幅增长的原因及具体费用构成，研发、生产过程是否能够清晰准确区分、是否共用生产及研发设备，成本是否能够准确计量。

（2）引进技术的具体情况，包括引进时间、对公司的重要程度及对应产品销售收入、利润情况，出让方的基本情况、出让价格及公允性，出让方与公司及相关方是否存在关联关系，相关转让是否存在纠纷或潜在纠纷。

（3）核心技术再创新具体环节及技术难度，是否能体现公司技术水平，结合上述情况及在研项目、核心研发团队背景、研发投入、研发设备、技术储备等情况，说明公司是否具备技术持续创新机制。

【案例】深圳市广道高新技术股份有限公司（证券代码：839680）

2021年在北交所申请上市过程中，审核研发费用时，监管机构关注到研发费用核算的规范性，具体问题如下。

（1）补充披露采购与成本结转情况；

（2）研发支出归集、核算的规范性；

（3）研发人员薪酬大幅增长的合理性；

（4）披露与研发相关的无形资产摊销情况；

（5）研发支出资本化依据是否充分。

（十六）会计基础工作

会计基础工作规范，是企业上市最基本的保障。发行人应当保证业务体系和管理结构的完整性、独立性，保证企业拥有独立面向市场经营的能力，保证资产独立、人员独立、财务独立、机构独立和业务独立。关联交易在上市进程和后续审核中要求非常严格，报告期内关联交易总体应呈现下降的趋势，才可以保证业务的相对独立性，同时要保证业务流程的规范性和完整性。

【案例】广州博芳环保科技股份有限公司（证券代码：837879）

2022年在北交所申请上市过程中，重点关注财务核算的规范性问题，该公司存在多项会计差错更正。根据申请文件，发行人对2018年至2019年财务报表进行了会计差错更正，其中2018年分别调增净资产、净利润4.08%、10.87%，2019年分别调增净资产、净利润3.88%、3.14%。请发行人补充披露说明。

（1）逐项说明会计差错更正事项的形成原因、更正后会计处理的依据，披露各项会计差错累计对各期净利润、净资产的影响比例。

（2）说明会计差错更正是否反映发行人存在会计基础工作薄弱、内控缺失、审计疏漏、滥用会计政策或者会计估计以及恶意隐瞒或舞弊行为，是否构成重大会计差错更正；如存在会计基础工作薄弱、内控缺失，请说明整改情况。

（3）说明相关调整是否存在导致收入、成本跨期的情形，是否存在利润调节或操纵的情形。

第三节
北交所上市审核重点关注的其他问题

关注节点一：所处行业是否符合北交所定位

（一）北交所设立的定位

北交所于 2021 年 9 月 3 日注册成立，是经国务院批准设立的我国第一家公司制证券交易所。北交所将牢牢坚持服务创新型中小企业的市场定位，尊重创新型中小企业发展规律和成长阶段，提升制度包容性和精准性。

北交所成立的目的是打通创新型中小型企业在资本市场的融资通道，鼓励创新型企业来北交所上市，实务中一般要求企业具有"专、精、特、新"特征。

（二）北交所不支持申报上市行业的禁制性规定

（1）《北京证券交易所向不特定合格投资者公开发行股票并上市业务规则适用指引第 1 号》1—9 行业相关要求。

① 发行人属于金融业、房地产业企业的，不支持其在北交所发行申报上市；

② 发行人不得属于产能过剩行业（产能过剩行业的认定以国务院主管部门的规定为准）、《产业结构调整指导目录》中规定的淘汰类行业；

③ 发行人不得属于从事学前教育、学科类培训等业务的企业。

（2）《国务院关于化解产能严重过剩矛盾的指导意见》（国发〔2013〕41号）要求如下。

钢铁、水泥、电解铝、平板玻璃、船舶等行业产能总量与环境承载力、市场需求、资源保障相适应，空间布局与区域经济发展相协调，产能利用率达到合理水平。

（3）《产业结构调整指导目录（2019年本）》（国发第29号令）对第三类淘汰类行业做了要求：有淘汰计划的条目，根据计划进行淘汰；未标淘汰期限或淘汰计划的条目为国家产业政策已明令淘汰或立即淘汰。《国家发展改革委关于修改〈产业结构调整指导目录（2019年本）〉的决定》（国发第49号令）中补充的淘汰类行业内容为"虚拟货币'挖矿'活动"。

综合上述禁止性规定，从另一个角度看，北交所申报上市厘定了一个负面行业清单：金融、房地产、产能过剩行业、淘汰类行业，以及学前教育和学科类培训行业等。

（三）企业的创新性特征被北交所重点关注

（1）《北京证券交易所向不特定合格投资者公开发行股票并上市业务规则适用指引第1号》1—9行业相关要求：发行人应当结合行业特点、经营特点、产品用途、业务模式、市场竞争力、技术创新或模式创新、研发投入与科研成果转化等情况，在招股说明书中充分披露发行人自身的创新特征。

（2）目前，北交所半数以上上市公司都属于"专精特新"类公司。

（四）北交所问询案例

【案例】广东汇群中药饮片股份有限公司（证券代码：832513）主营中药饮片的研发、生产和销售，在财报数据符合上市申报的情况下，在问询中，被重点问询"企业创新特征及是否符合北交所定位"。

【案例】珠海伊斯佳科技股份有限公司（证券代码：838858）主营业务专注于皮肤检测、功效护理、验证技术和定制服务，在问询中，要求"说明在产品创新、智能制造创新方面具体的先进性表现"。

【案例】合肥银山棉麻股份有限公司（证券代码：872247）主营造币用棉浆粕，在问询中，要求"进一步说明生产工艺的创新性"。

【案例】深圳壹创国际设计股份有限公司（证券代码：839120）主营建筑工程领域的设计、研发、咨询、管理及服务，在问询中，要求"补充披露创新特征及转型升级的情况"。

【案例】杭州路桥集团股份有限公司（证券代码：870892）主营市政工程的施工、维修和养护等，因研发费过低，不具备创新特征，终止了申报上市。

由此可见，非负面清单行业中的"专精特新"类公司是北交所上市申报定位和争取的企业。

关注节点二：发行人重大违法行为的例外情形

（一）下列情形可以不被认定为重大违法行为

被处以罚款以上行政处罚的违法行为，如有以下情形之一且保荐机构及发行人律师出具明确核查结论的，可以不认定为重大违法行为。

（1）违法行为显著轻微、罚款金额较小；

（2）相关处罚依据未认定该行为属于情节严重的情形；

（3）有权机关证明该行为不属于重大违法行为；但违法行为导致严重环境污染、重大人员伤亡或社会影响恶劣的除外。

在实践中，依据《再融资业务若干问题解答》（2020年6月修订），发行人的各级子公司，若合并报表范围内的主营业务收入和净利润对发行人不具有重要影响（一般占比不超过5%）的，各级子公司违法行为可不视为对发行人存在重大影响或构成实质性障碍，但因各级子公司违法行为导致严重环境污染、重大人员伤亡或社会影响恶劣的除外。

（二）重大违法行为起算时点

关于36个月重大违法行为起算时点，是指从违法行为的刑罚执行完毕或者行政处罚决定执行完毕之日起计算。

关注节点三：上市发行前增资或股权转让

上市发行前增资或股权转让，关注核心是发行人股权历史形成过程是否有瑕疵。

（一）上市发行前增资或股权转让的规定

证监会发布的《首发业务若干问题解答》（2020年6月10日）"问题4"，发行人上市申报前增资或股权转让的，应当主要考察申报前一年新增的股东，全面核查发行人新股东的基本情况、产生新股东的原因、股权转让或增资的价格及定价依据，有关股权变动是否是双方真实意思表示，是否存在争议或潜在纠纷，新股东与发行人其他股东、董事、监事、高级管理人员、本次发行中介机构及其负责人、高级管理人员、经办人员是否存在亲属关系、关联关系、委托持股、信托持股或其他利益输送安排，新股东是否具备法律、法规规定的股东资格。

发行人在招股说明书信息披露时，除满足招股说明书信息披露准则的要求外，如新股东为法人，应披露其股权结构及实际控制人；如为自然人，应披露其基本信息；如为合伙企业，应披露合伙企业的普通合伙人及其实际控制人、有限合伙人的基本信息。最近一年末资产负债表日后增资扩股引入新股东的，申报前须增加一期审计。

（二）上市发行前增资或股权转让行为法律关注重点

（1）应关注法律事实事项主要包括以下几点。

① 不违反法律、法规、行政规章等强制性规定，不存在股权纠纷或潜在争议，不存在代持或信托持股；

② 不影响公司股权的稳定性，不会对发行人的正常生产及持续经营产生重大影响，董事、高级管理人员不发生重大变化，实际控制人不发生变更等；

③ 相关股权的权属明确清晰，不存在潜在或现实的资产权属纠纷，不存在法律争议或潜在纠纷；

④ 发行人新股东的基本情况，新股东具备法律、法规规定的股东资格；

⑤ 产生新股东的原因与股东间的真实意思表示，股权转让或增资的价格及定价依据是否公允；

⑥ 新股东与发行人其他股东、董事、监事、高级管理人员、本次发行中介机构负责人及其签字人员不存在亲属关系、关联关系、委托持股、信托持股或其他利益输送安排；

⑦ 增资入股或者受让股份的新股东与公司或者原股东及中介机构是否存在关联关系，应避免新股东与公司存在同业竞争的情形。

（2）应关注法律程序事项主要包括以下几点。

① 增资或股权转让履行了相应的法定程序和发行人章程规定；

② 如涉及国有股东的，履行了《中华人民共和国企业国有资产法》《关于公司国有产权转让有关事项的通知》等规定的相应的审批、评估、备案、进场交易等手续；

③ 转让合同签署生效，有关增资款和转让款的支付，在市场监督管理部门办理了变更登记；

④ 新股东增资的资金来源应合法、清晰；

⑤ 负有纳税义务或代扣代缴义务的转让方或受让方，应到主管税务机关办理纳税（扣缴）申报，并持税务机关开具的股权转让所得缴纳个人所得税完税凭证或免税、不征税证明。

（三）北交所问询案例

北交所开市时间相对较短，比之其他交易所，增资或股权转让问询案例有限。

【案例】北交所对凯德石英（证券代码：835179）问询：（1）股权转让原因及其合理性，新增股东持有发行人股权是否系真实持有，是否存在股权代持或者其他利益安排。（2）2019年徐××转让德益诚投资27.774%合伙份额的原因、合理性及其价款支付情况，其转让合伙企业份额的价格存在差异的原因及其合理性；并结合相关银行流水进一步说明是否存在股权代持或其他利益安排。

【案例】北交所对晶赛科技（证券代码：871981）问询：（1）相关合伙企业份额转让的原因、对价及其支付情况、税收缴纳情况、相关转让的合理性及是否存在纠纷或潜在纠纷。（2）结合出资现金流、份额转让情况说明相关员工持股平台是否存在股权代持或其他利益安排。

关注节点四：股份权属

股份所有权指发行人在筹集资本时以股票的形式向出资人发行的股份凭证。股票代表着其持有者（即权属人）对发行人所享有的一种综合性权利，如参加股东大会、投票表决、参与发行人的重大决策、收取股息或分享红利等。

（一）股份权属相关规定

（1）《首次公开发行股票并上市管理办法》（2020修正）第十条规定："发行人的注册资本已足额缴纳，发起人或者股东用作出资的资产的财产权转移手续已办理完毕，发行人的主要资产不存在重大权属纠纷。"该办法第十三条规定："发行人的股权清晰，控股股东和受控股股东、实际控制人支配的股东持有的发行人股份不存在重大权属纠纷。"

（2）根据《北京证券交易所向不特定合格投资者公开发行股票并上市

业务规则适用指引第 1 号》1—8 业务、资产和股份权属:"(三)发行人控股股东和受控股股东、实际控制人支配的股东所持有的发行人股份不存在重大权属纠纷。"

(二)股份权属的法律关注重点
(1)北交所关于股权纠纷,重点关注的是控股股东持有的股份不存在重大权属纠纷。

(2)根据《公开发行证券公司信息披露的编报规则第 12 号——公开发行证券的法律意见书和律师工作报告》相关规定,中介机构按照如下规定核查。

1)发起人和股东(追溯至发行人的实际控制人)。

①发起人或股东是否依法存续,是否具有法律、法规和规范性文件规定担任发起人或进行出资的资格。②发行人的发起人或股东人数、住所、出资比例是否符合有关法律、法规和规范性文件的规定。③发起人已投入发行人的资产的产权关系是否清晰,将上述资产投入发行人是否存在法律障碍。④若发起人将其全资附属企业或其他企业先注销再以其资产折价入股,应说明发起人是否已通过履行必要的法律程序取得了上述资产的所有权,是否已征得相关债权人同意,对其原有债务的处置是否合法、合规、真实、有效。⑤若发起人以在其他企业中的权益折价入股,是否已征得该企业其他出资人的同意,并已履行了相应的法律程序。⑥发起人投入发行人的资产或权利的权属证书是否已由发起人转移给发行人,是否存在法律障碍或风险。

2)发行人的股本及演变。

①发行人设立时的股权设置、股本结构是否合法有效,产权界定和确

认是否存在纠纷及风险。②发行人历次股权变动是否合法、合规、真实、有效。③发起人所持股份是否存在质押，如存在，说明质押的合法性及可能引致的风险。

（3）股权代持发行人应当真实、准确、完整地披露股东信息，发行人历史沿革中存在股份代持等情形的，应当在提交申请前依法解除，并在招股说明书中披露形成原因、演变情况、解除过程、是否存在纠纷或潜在纠纷等。

（三）申报上市股权权属瑕疵处理

（1）发行人历史存在出资瑕疵的，应当在申报上市前依法采取补救措施。发行人应当充分披露存在的出资瑕疵事项、采取的补救措施，以及中介机构的核查意见。

（2）投资机构在投资发行人对约定对赌协议等类似安排的，原则上要求发行人在申报前清理。

但同时满足以下要求的可以不清理：①发行人不作为对赌协议当事人。②对赌协议不存在可能导致公司控制权变化的约定。③对赌协议不与市值挂钩。④对赌协议不存在严重影响发行人持续经营能力或者其他严重影响投资者权益的情形。

发行人应当在招股说明书中披露对赌协议的具体内容、对发行人可能存在的影响等，并进行风险提示。

关注节点五：承诺事项

承诺事项指适用于发行人及其实际控制人、股东、关联方、董事、监事、高级管理人员、收购人、资产交易对方、破产重整投资人等承诺人在发行人申报上市、再融资、并购重组、破产重整以及日常经营过程中作出解决同业竞争、资产注入、股权激励、解决产权瑕疵等各项承诺的行为。任何单位和个人不得利用承诺损害上市公司及其股东的合法权益。

（一）承诺事项相关规定

（1）《上市公司监管指引第4号——上市公司及其相关方承诺》（证监会公告〔2022〕16号）第三条规定，任何单位和个人不得利用承诺损害上市公司及其股东的合法权益。

（2）《北京证券交易所向不特定合格投资者公开发行股票并上市业务规则适用指引第1号》1—16要求，发行人及其控股股东或实际控制人曾出具公开承诺的，应当诚实守信，最近12个月内不得存在违反公开承诺的情形。针对发行人及其控股股东或实际控制人作出的尚未履行完毕和新增的公开承诺，发行人和中介机构在进行信息披露和核查时应当重点关注下列事项。

① 承诺事项内容应当具体、明确、无歧义、具有可操作性，符合法律法规和业务规则的相关要求。承诺无法履行或者无法按期履行的，发行人应及时履行变更程序并作重大事项提示；

② 承诺事项不符合《上市规则》相关规定的，承诺相关方应当进行规范，中介机构应当对规范后的承诺事项是否符合《上市规则》的规定发表意见。

（二）承诺事项法律关注要点

（1）承诺人的承诺事项一般应当包括以下内容。

① 承诺的具体事项；

② 履约方式、履约时限、履约能力分析、履约风险及防范对策；

③ 履约担保安排，包括担保方、担保方资质、担保方式、担保协议（函）主要条款、担保责任等（如有）；

④ 履行承诺声明和违反承诺的责任；

⑤ 证监会要求的其他内容。

承诺事项应当有明确的履约时限，不得使用"尽快""时机成熟时"等模糊性词语。承诺履行涉及行业限制的，应当在政策允许的基础上明确履约时限。

（2）承诺的信息披露与信息披露配合包括以下内容。

① 承诺人作出承诺，有关各方必须及时、公平地披露或者提供相关信息，保证所披露或者提供信息的真实、准确、完整，不得有虚假记载、误导性陈述或者重大遗漏；

② 承诺人应当关注自身经营、财务状况及承诺履行能力，在其经营财务状况恶化、担保人或者担保物发生变化导致或者可能导致其无法履行承诺时，应当及时告知发行人，说明有关影响承诺履行的具体情况，同时提供新的履行担保，并由发行人予以披露；

③ 承诺履行条件已经达到时，承诺人应当及时通知发行人，并履行承诺和信息披露义务。

（3）承诺人应当严格履行其作出的各项承诺，采取有效措施确保承诺的履行，不得擅自变更或者豁免。

下列承诺不得变更或豁免。

① 依照法律法规、证监会规定作出的承诺；

② 除证监会明确的情形外，重大资产重组中按照业绩补偿协议作出的承诺；

③ 承诺人已明确不可变更或撤销的承诺。

（4）出现以下情形的，承诺人可以变更或者豁免履行承诺。

① 因相关法律法规、政策变化、自然灾害等自身无法控制的客观原因导致承诺无法履行的；

② 其他确已无法履行或者履行承诺不利于维护发行人权益的。

发行人及承诺人应充分披露变更或者豁免履行承诺的原因，并及时提出替代承诺或者提出豁免履行承诺义务。

发行人及其控股股东或实际控制人如果用承诺来兜底，承诺是否具有操作性以及合理性，是核查的重点。

（三）违反承诺的行为

违反承诺是指未按承诺的履约事项、履约方式、履约时限、履约条件等履行承诺的行为。

变更、豁免承诺的方案未经股东大会审议通过且承诺到期的，视同超期未履行承诺。

关注节点六：税收优惠

税收优惠是指国家运用税收政策在税收法律、行政法规对发行人给予减轻或免除税收负担的措施。

（一）税收优惠相关规定

（1）《中华人民共和国税收征收管理法》（2015）第三条规定，税收的开征、停征以及减税、免税、退税、补税，依照法律的规定执行；法律授权国务院规定的，依照国务院制定的行政法规的规定执行。任何机关、单位和个人不得违反法律、行政法规的规定，擅自作出税收开征、停征以及减税、免税、退税、补税和其他同税收法律、行政法规相抵触的决定。

（2）《北京证券交易所向不特定合格投资者公开发行股票并上市业务规则适用指引第 1 号》1—18 要求，对于税收优惠，发行人应遵循如下原则进行处理。

① 如果很可能获得相关税收优惠批复，按优惠税率预提预缴经税务部门同意，可暂按优惠税率预提并作风险提示，并说明如果未来被追缴税款的处理安排；同时，发行人应在招股说明书中披露税收优惠不确定性风险；

② 如果获得相关税收优惠批复的可能性较小，需按照谨慎性原则按正常税率预提，未来根据实际的税收优惠批复情况进行相应调整；

③ 发行人依法取得的税收优惠，在《公开发行证券的公司信息披露解释性公告第 1 号——非经常性损益》规定项目之外的，可以计入经常性损益。

保荐机构、发行人律师及申报会计师应对照税收优惠的相关条件和履行程序的相关规定，对发行人税收优惠相关事项的处理及披露是否合规，发行人对税收优惠是否存在较大依赖，税收优惠政策到期后是否能够继续享受优惠进行专业判断并发表明确意见。

（二）税收优惠关注要点

（1）发行人对税收优惠，需重点关注以下情况。

① 发行人报告期内享受的税收优惠应符合法律法规的相关规定，基于税收法定原则，相关税收优惠政策主要权限在国务院层面；

② 发行人的经营对税收优惠不存在严重依赖的情形；

③ 税收优惠是越权审批，或无正式批准文件的情形，或偶发性的税收

返还、减免等,发行人必须计入非经常性损益。该部分税收优惠作为非经常性损益扣除后,发行人仍应符合上市申报条件;

④ 发行人依法取得的税收优惠,如高新技术企业、软件企业、文化企业及西部大开发等特定性质或区域性的税收优惠,符合《公开发行证券的公司信息披露解释性公告第1号——非经常性损益》规定的,可以计入经常性损益;

⑤ 若所享受的税收优惠均符合法律法规,应关注税收优惠的稳定性、持续性。

(2)发行人取得的税收优惠到期后,发行人、保荐机构、律师和申报会计师应对照税收优惠的相关条件和履行程序的相关规定,对拟上市企业税收优惠政策到期后是否能够继续享受优惠进行专业判断并发表明确意见。

① 如果很可能获得相关税收优惠批复,按优惠税率预提预缴经税务部门同意,可暂按优惠税率预提并作风险提示,并说明如果未来被追缴税款,是否有大股东承诺补偿;同时,发行人应在招股说明书中披露税收优惠不确定性风险;

② 如果获得相关税收优惠批复的可能性较小,需按照谨慎性原则按正常税率预提,未来根据实际的税收优惠批复情况进行相应调整。

关注节点七:特许经营模式

(一)特许经营的关注要点

(1)《商业特许经营管理条例》(国务院令第485号)第三条规定:"本条例所称商业特许经营(以下简称特许经营),是指拥有注册商标、企业标志、专利、专有技术等经营资源的企业（以下称特许人），以合同形式将其拥有的经营资源许可其他经营者（以下称被特许人）使用，被特许人按照合同约定在统一的经营模式下开展经营，并向特许人支付特许经营费用的经营活动。企业以外的其他单位和个人不得作为特许人从事特许经营活动。"

（2）《北京证券交易所向不特定合格投资者公开发行股票并上市业务规则适用指引第1号》1—23要求，发行人业务涉及委托加工、线上销售、经销商模式、加盟模式等特殊经营模式的，具体核查要求包括但不限于：保荐机构及申报会计师应结合加盟协议关键条款、行业惯例、加盟商的经营情况、终端客户销售、退换货情况等，核查加盟相关业务收入确认政策是否符合企业会计准则规定；发行人频繁发生加盟商开业或退出的，保荐机构及申报会计师应核查发行人加盟相关收入确认政策是否谨慎、对部分不稳定加盟商的收入确认是否恰当，并结合与相关加盟商的具体合作情况说明发行人会计处理是否符合企业会计准则规定；保荐机构及发行人律师应核查发行人加盟协议的主要内容、加盟业务经营过程，并对其合法合规性发表明确意见。

（二）特许经营法律关注要点

（1）特许人应当自首次订立特许经营合同之日起15日内，依照《商业特许经营管理条例》的规定向商务主管部门备案。在省、自治区、直辖市范围内从事特许经营活动的，应当向所在地省、自治区、直辖市人民政府商务主管部门备案；跨省、自治区、直辖市范围从事特许经营活动的，应当向国务院商务主管部门备案。

特许人向商务主管部门备案，应当提交下列文件、资料。

① 营业执照复印件或者企业登记（注册）证书复印件；

② 特许经营合同样本；

③ 特许经营操作手册；

④ 市场计划书；

⑤ 表明其符合本条例第七条规定的书面承诺及相关证明材料；

⑥ 国务院商务主管部门规定的其他文件、资料。

特许经营的产品或者服务，依法应当经批准方可经营的，特许人还应当提交有关批准文件。

（2）商务主管部门应当将备案的特许人名单在政府网站上公布，并及时更新。

（3）从事特许经营活动，特许人和被特许人应当采用书面形式订立特许经营合同。

特许经营合同应当包括下列主要内容。

① 特许人、被特许人的基本情况；

② 特许经营的内容、期限；

③ 特许经营费用的种类、金额及其支付方式；

④ 经营指导、技术支持以及业务培训等服务的具体内容和提供方式；

⑤ 产品或者服务的质量、标准要求和保证措施；

⑥ 产品或者服务的促销与广告宣传；

⑦ 特许经营中的消费者权益保护和赔偿责任的承担；

⑧ 特许经营合同的变更、解除和终止；

⑨ 违约责任；

⑩ 争议的解决方式；

⑪ 特许人与被特许人约定的其他事项。

（4）特许人和被特许人应当在特许经营合同中约定，被特许人在特许经营合同订立后一定期限内，可以单方解除合同。特许经营合同约定的特许经营期限应当不少于3年。但是，被特许人同意的除外。特许人和被特许人续签特许经营合同的，不适用前款规定。

（5）特许人应当向被特许人提供以下信息。

① 特许人的名称、住所、法定代表人、注册资本额、经营范围以及从事特许经营活动的基本情况；

② 特许人的注册商标、企业标志、专利、专有技术和经营模式的基本情况；

③ 特许经营费用的种类、金额和支付方式（包括是否收取保证金以及保证金的返还条件和返还方式）；

④ 向被特许人提供产品、服务、设备的价格和条件；

⑤ 为被特许人持续提供经营指导、技术支持、业务培训等服务的具体内容、提供方式和实施计划；

⑥ 对被特许人的经营活动进行指导、监督的具体办法；

⑦ 特许经营网点投资预算；

⑧ 在中国境内现有的被特许人的数量、分布地域以及经营状况评估；

⑨ 提供最近2年的经会计师事务所审计的财务会计报告摘要和审计报告摘要；

⑩ 提供最近5年内与特许经营相关的诉讼和仲裁情况；

⑪ 特许人及其法定代表人是否有重大违法经营记录；

⑫ 国务院商务主管部门规定的其他信息。

（三）通过判例分析，特许经营的认定包括特许经营资源的许可、统一的经营模式开展经营活动和付费三个要素。

上海市闵行区人民法院一民事判决书【案号：（2015）闵民三（知）初字第1841号】载明：本院认为涉案合同系特许经营合同，不是被告抗辩的合作协议等合同，理由如下。

（1）涉案合同的名称中虽有"代理"两字，合同条文中有"独家代理权"的表述，但涉案合同内容并非约定原告作为委托人、被告作为代理人的权利义务，故此处的"代理""独家代理权"不是我国民法意义上的"代理"概念，不产生民法上代理的法律后果。涉案合同约定被告保证原告在无锡地区的"独家代理权"，原告在交给被告约定的代理费后，须在无锡地区4个月内开设2家经营店，一年内开设10家经营店，故涉案合同中所谓的"独家代理权"实为原告享有约定区域内的"独家经营权"。

（2）涉案合同约定原告开设的经营店使用被告公司统一设备、产品、形象、标识、服饰等，并约定被告是注册商标所有人，自本合同签订之日起10日内，原告应与被告签订《商标使用许可合同》。在履约过程中，被告也确已许可原告在开设的店铺中使用"沁丰"的商标标识，故涉案合同涉及特许经营资源的许可。至于"沁丰"不是注册商标，那是被告未按合同约定履行的违约行为，不影响双方对于特许经营资源许可的合同约定。

（3）经营模式是指企业对其在生产、运营中涉及的各种资源进行组织、整合的方式，具有统一化、规范化、标准化的特点。本案被告要求原告的店铺装修风格统一，有被告提供商品服务，经营技术辅导等，还提供《经营管理手册》，负责企业的形象，品牌宣传，组织促销活动，要求原告只能经营被告提供的进口商品，未经被告同意，不得经营其他产品。在经营过程中，被告提供 POS 系统，统一下订单并记录进货和收入情况，故原告系依照被告统一的经营模式在开展经营活动。

（4）原告为取得在无锡地区的经营权，须在一年内分期支付给被告 100 万元的对价。综上分析，涉案合同符合特许经营合同的特征，系区域特许经营合同。在上述法院判决中，法官通过适用《商业特许经营管理条例》第三条规定，认定了涉案《沁丰区域代理合同》为特许经营合同。特许经营资源的许可、统一的经营模式开展经营活动和付费成为特许经营的三个认定要素。

关注节点八：与上市公司监管规定的衔接

根据《北京证券交易所向不特定合格投资者公开发行股票并上市业务规则适用指引第 1 号》1—24，"与上市公司监管规定的衔接"规定如下。

（一）关于发行人上市前公司治理方面的衔接准备情况，应重点核查发行人是否符合以下要求并发表明确意见

（1）发行人申报时提交的公司章程（草案）内容应当符合《上市规则》等相关规定，对利润分配、投资者关系管理、独立董事、累积投票等内容在公司章程（草案）中予以明确或者单独制定规则。

（2）发行人申报时的董事（独立董事除外）、监事、高级管理人员（包括董事会秘书和财务负责人）应当符合《上市规则》等规则规定的任职要求，并符合本所上市公司董事兼任高级管理人员的人数比例、董事或高级管理人员的亲属不得担任监事的相关要求。

（3）在上市委员会审议之前，发行人独立董事的设置应当符合本所上市公司独立董事的相关规定。

（二）发行人申报时存在全国股转系统挂牌期间发行的可转换公司债券的，应重点核查发行人是否符合以下要求并发表明确意见

（1）发行人应当在董事会、股东大会审议通过公开发行股票并上市议案时，同步审议通过已发行可转债在本所挂牌转让的议案。

（2）发行人应当按照全国股转系统可转债暂停与恢复转股的相关规定，在申报当日办理完成暂停转股事宜并披露可转债暂停转股的公告，在收到终止审核决定书或者股票上市后及时办理恢复转股事宜。

（3）发行人应当在招股说明书中充分披露以下事项：报告期初至申报前可转债的发行、转股、赎回与回售等情况，历次可转债转股价格调整情况；在申报前调整转股价格、限售安排等可转债基本条款的，相应决策程序的合规性，是否存在损害可转债持有人利益的情形；转股价格的公允性；上市后可转债的转股、赎回、回售及价格修正等条款的执行对发行人控制权稳定性、财务状况等可能存在的不利影响。

（三）发行人申报时存在全国股转系统挂牌期间发行的优先股的，应重点核查发行人是否符合以下要求并发表明确意见

（1）发行人应当在董事会、股东大会审议通过公开发行股票并上市议案时，同步审议通过已发行优先股在本所挂牌转让的议案。

（2）发行人应当在招股说明书中充分披露以下事项：报告期初至申报前优先股的发行、付息与调息、赎回与回售等情况，优先股股东表决权的恢复、行使、变动及优先股股东分类表决情况等，前述事项对发行人控制权稳定性、财务状况可能存在的不利影响。

（四）发行人申报时存在全国股转系统挂牌期间依法实行的期权激励计划的，应重点核查发行人是否符合以下要求并发表明确意见

（1）发行人应当在招股说明书中充分披露以下事项：期权激励计划的基本内容、制定计划履行的决策程序、目前的执行情况；期权行权价格的确定原则，与最近一年经审计的净资产或评估值的差异与原因；期权激励计划对公司经营状况、财务状况、控制权变化等方面的影响；涉及股份支付费用的会计处理等。

（2）在审期间，发行人不应新增期权激励计划，相关激励对象原则上不得行权。

关注节点九：重大事项报告

根据《北京证券交易所向不特定合格投资者公开发行股票并上市业务规则适用指引第 1 号》1—27 规定。

发行人及中介机构应当按照本所发行上市审核相关规定，对下列重大事项进行报告、核查并发表明确意见。

（1）发行人及其实际控制人、控股股东等发生重大媒体质疑、涉及重大违法行为的突发事件或被列入失信被执行人名单；

（2）发生涉及公司主要资产、核心技术等诉讼仲裁，或者公司主要资产被查封、扣押等；

（3）发行人控股股东和受控股股东、实际控制人支配的股东所持发行人股份被质押、冻结、拍卖、托管、设定信托或者被依法限制表决权，或发生其他可能导致控制权变更的权属纠纷；

（4）发行人发生重大资产置换、债务重组等公司架构变化的情形；

（5）发生影响公司经营的法律、政策、市场等方面的重大变化；

（6）发生违规对外担保、资金占用或其他权益被控股股东、实际控制人严重损害的情形，或者损害投资者合法权益和社会公共利益的其他情形；

（7）披露审计报告、重大事项临时公告或者调整盈利预测；

（8）发生可能导致中止或终止审核的情形；

（9）存在其他可能影响发行人符合发行条件、上市条件和相应信息披露要求，或者影响投资者判断的重大事项。

关注节点十：经营稳定性

发行人经营的稳定性包含对实际控制人、主营业务、董事、高级管理人员这些因素的认定。

（一）经营稳定性的规定

《北京证券交易所向不特定合格投资者公开发行股票并上市业务规则适用指引第 1 号》1—5 要求。

《上市规则》第 2.1.4 条第（六）项规定了发行人不得存在对经营稳定性具有重大不利影响的情形。发行人应当保持主营业务、控制权、管理团队的稳定，最近 24 个月内主营业务未发生重大变化；最近 12 个月内曾实施重大资产重组的，在重组实施前发行人应当符合《上市规则》第 2.1.3 条规定的四套标准之一（**市值除外**）；最近 24 个月内实际控制人未发生变更；最近 24 个月内董事、高级管理人员未发生重大不利变化。

保荐机构对发行人的董事、高级管理人员是否发生重大不利变化的认定，应当本着实质重于形式的原则，综合两方面因素分析：一是最近 24 个月内变动人数及比例，在计算人数比例时，以上述人员合计总数作为基数；二是上述人员离职或无法正常参与发行人的生产经营是否对发行人生产经营产生重大不利影响。变动后新增的上述人员来自原股东委派或发行人内部培养产生的,原则上不构成重大不利变化;发行人管理层因退休、调任、亲属间继承等原因发生岗位变化的,原则上不构成重大不利变化,但发行人应当披露相关人员变动对公司生产经营的影响。如果最近 24 个月内发行人上述人员变动人数比例较大或上述人员中的核心人员发生变化,进而对发行人的生产经营产生重大不利影响的,应视为发生重大不利变化。

实际控制人为单名自然人或有亲属关系多名自然人,实际控制人去世导致股权变动,股份受让人为继承人的,通常不视为公司控制权发生变更。其他多名自然人为实际控制人,实际控制人之一去世的,保荐机构及发行人律师应结合股权结构、去世自然人在股东大会或董事会决策中的作用、对发行人持续经营的影响等因素综合判断。

(二)公司稳定性法律关注要点

(1)关注实际控制人认定,关注实际控制人的认定是否符合相关规定,以及报告期内实际控制人发生变更是否符合发行条件等。

实际控制人是拥有发行人控制权的主体。发行人股权较为分散但存在单一股东控制比例达到 30% 的情形的,若无相反的证据,原则上应将该股东认定为控股股东或实际控制人。存在下列情形之一的,应进一步说明是否通过实际控制人认定而规避发行条件或监管并发表专项意见:①公司认定存在实际控制人,但其他股东持股比例较高与实际控制人持股比例接近的,且该股东控制的企业与发行人之间存在竞争或潜在竞争的。②第一大股东持股接近 30%,其他股东比例不高且较为分散,公司认定无实际控制人的。发行人及中介机构通常不应以股东间存在代持关系、表决权让与协议、一致行动协议等为由,认定公司控制权未发生变动。

法定或约定形成的一致行动关系并不必然导致多人共同拥有公司控制权的情况，发行人不应为扩大履行实际控制人义务的主体范围或满足发行条件而作出违背事实的认定。通过一致行动协议主张共同控制的，无合理理由的，一般不能排除第一大股东为共同控制人。共同控制人签署一致行动协议的，应当在协议中明确发生意见分歧或纠纷时的解决机制。

（2）关注主营业务和董事、高级管理人员在最近24个月内是否发生重大变化、实际控制人是否发生变更。

（三）北交所问询案例

【案例】武汉光谷信息技术股份有限公司（以下简称光谷信息）（证券代码：430161）主营地理空间信息技术、大数据技术、系统融合技术。被问询以下内容。

最近24个月内实控人是否发生变更。从股东层面分析，股东赛微电子持有光谷信息29.9952%股份，姜××等6人持有公司16.8070%股份。但姜××等6人被认定为实际控制人，原因是赛微电子通过《表决权委托协议》，将其表决权委托给姜××等6人。显然，赛微电子通过《表决权委托协议》规避"24个月实控人不能发生变更"。

根据相关规定，通过一致行动协议主张共同控制的，无合理理由的，一般不能排除第一大股东为共同控制人。光谷信息第一大股东赛微电子排除在实际控制人之外，被认定为因经营稳定性不符合规范，未能通过审核。

【案例】惠州恒泰科技有限公司（证券代码：838804）主营聚合物锂电池的研发、生产和销售。在问询中，北交所要求补充披露"是否存在离婚财产分割问题""持股平台相关事项"，并说明"股权代持及清理过程有无争议纠纷"等，注重其经营稳定性。

北交所审核提速，在追求扩大北交所企业规模的同时，更注重发行人经营稳定性问题。

关注节点十一：知识产权

知识产权是专精特新企业中不可或缺的内容，也是北交所申报上市的重要内容。知识产权如专利、著作权、商业秘密等产出数量、质量，尤其是高质量发明专利的积累储备，以及运用效益是评价专精特新企业创新能力和水平的重要指标。

以科创板为例，涉及知识产权的主要问题有：核心技术、知识产权、权属问题、研发费用合理性问题、核心技术的先进性问题等。这些问题同样是专精特新企业在北交所发行应注意的知识产权问题。

（一）知识产权的规定

（1）《首次公开发行股票并上市管理办法》（证监会令第173号）第三十条规定："发行人不得有下列影响持续盈利能力的情形：（五）发行人在用的商标、专利、专有技术以及特许经营权等重要资产或技术的取得或者使用存在重大不利变化的风险……"

（2）《公开发行证券的公司信息披露内容与格式准则第41号——科创板公司招股说明书》（以下简称《第41号准则》）第三十三条明确规定发

行人应结合科创企业特点，披露由于重大技术、产品、政策、经营模式变化等可能导致的风险:(五)法律风险,包括重大技术、产品纠纷或诉讼风险,土地、资产权属瑕疵,股权纠纷,行政处罚等方面对发行人合法合规性及持续经营的影响……

(二)知识产权法律关注要点

（1）发行人是否掌握具有自主知识产权的核心技术，核心技术是否权属清晰，是否拥有高效的研发体系，是否具备持续创新能力，是否具备突破关键核心技术的基础和潜力。

（2）核心技术是否真正或充分用于企业的主营业务，结合收入及重要性程度进行重点说明。

（3）核心技术是否符合国家战略、具有突破性的关键核心技术，是否为国家所认可具有国际领先、引领作用或者对于国家战略具有重大意义的技术。

（4）产品价值依靠核心技术形成的主要产品（服务），是否属于国家鼓励、支持和推动的关键产品，是否实现了进口替代等。

（5）核心技术是否涉及技术升级迭代、研发失败、技术专利许可或授权不具排他性、技术未能形成产品或实现产业化等风险，如何规避。

（6）是否对核心技术进行多种形式交叉的知识产权进行了保护，是否有健全和完善行之有效的知识产权保护制度。

（7）对已申请专利特别是已经授权的专利进行尽调，分析和判断拟发行人技术是否存在专利侵权风险，并提早进行防范。

（8）排查因职务发明、委托开发、合作开发等可能引起的专利权属纠纷问题。

（三）科创板"专精特新"企业问询案例

【案例】锐芯微电子股份有限公司（证券代码：603893）（科创板申报终止）主营业务包括CMOS传感器芯片的研发、摄像机芯的设计及生产，并提供芯片及机芯的定制设计服务。公司在招股书中披露"多名董事、高级管理人员、核心技术人员曾任职于美国朗讯、中芯国际、视翔科技、长城光电等科技公司"。公司收到问询："请发行人说明：发行人董事、高级管理人员、核心技术人员是否与前任职单位签署竞业禁止协议、保密协议，如是，是否影响其在发行人处任职或开展技术研发，是否与前任职单位存在纠纷及潜在纠纷。"发行人应严格对核心技术人员的竞业禁止和技术开发限制进行了解，防范潜在纠纷。

【案例】上海皓元医药股份有限公司（证券代码：688131）主营新药开发中相关化合物的研究开发及特色医药原料药、高级中间体的研究开发、有机合成砌块、高端试剂研发销售等。公司在招股说明书中，对合作研发的"巴洛沙韦原料药技术"成果归属为："相关技术改进后的知识产权属于实际作出贡献的一方。"公司收到问询："巴洛沙韦原料药技术研发合作项目关于成果的归属'属于实际作出贡献的一方'的约定是否有进一步的细化协议，是否有产生纠纷的风险以及对应的解决机制。"

发行人应对知识产权产生纠纷的风险和应对机制进行披露，并形成防范机制。

【案例】广东聚石化学股份有限公司(证券代码:688669)主营业务为阻燃剂、改性塑料粒子及制品的研发、生产和销售。公司对"聚磷酸铵"技术介绍为:"公司通过对聚磷酸铵合成过程的各个阶段详细的数据分析,获取聚磷酸铵合成的适宜反应条件……与国内外同类技术相比,公司制备的聚磷酸铵聚合度大于1000,高于常规产品800左右的水平,碳层的致密度更好,阻燃效率更优异;分解温度达到275℃以上,常规产品为260℃左右;水溶性低于 $0.5g/100cm^3$,低于常规产品 $0.7g/100cm^3$ 的水平,具备更优异的相溶性和耐迁移性,可有效拓宽下游成品的应用环境。"公司收到问询:"发行人核心技术中的配方技术、生产制备方法的具体内涵,并与同行业比较;结合行业内生产该产品的方式和方法。"

发行人应通过与同行业或同类技术的比较,来形象地说明技术的先进性,体现创新能力。

关注节点十二:社保公积金缴纳

对于发行人申报上市中的社保、公积金问题,一般在招股书中披露,主要涉及公司为员工办理社会保险及住房公积金的时间、人数、类别;未缴纳的分类及原因;缴费标准;主管机关开具的合规证明;公司实际控制人的兜底承诺。

(一)社保公积金缴纳规定

(1)《首发业务若干问题解答中》(2020年6月)"问题21"规定。

发行人报告期内存在应缴未缴社会保险和住房公积金情形的,应当在招股说明书中披露应缴未缴的具体情况及形成原因,如补缴对发行人的持续经营可能造成的影响，揭示相关风险，并披露应对方案。

（2）《首次公开发行股票并上市管理办法》第18条第2款规定，发行人在最近36个月内不得存在违反工商、税收、土地、环保、海关以及其他法律、行政法规，受到行政处罚，且情节严重的情形。

（3）根据《中华人民共和国劳动合同法》《中华人民共和国社会保险法》及相关法律法规，若发行人未缴纳社保公积金的情形，属于劳务派遣、在校实习生、劳务外包、退休返聘、港澳台员工在港澳台当地已参加社会保险或者外籍员工无法参保等情形时，不违反法律法规的规定。

（二）社保公积金法律关注要点

（1）获取发行人报告期内的员工花名册、工资表、社保公积金缴纳凭证（记账凭证、银行回单、税收完税证明、汇缴明细），核对缴纳凭证信息与花名册、工资表信息是否对应，统计表信息是否完善；

（2）统计未缴纳社保公积金员工名单及未缴纳原因，同时收集相关资料（劳动合同、退休返聘证明文件、新农合与新农保缴纳证明、员工访谈记录或承诺函、发行人作出的相关说明）；

（3）对相关部门进行走访，取得覆盖报告期的社保公积金无违规证明，浏览相关网站进行核查，做好检索记录；

（4）如涉及劳务派遣，需获取劳务派遣协议、劳务派遣单位的资质、劳务派遣单位对缴纳情况的说明并对其进行走访，核查发行人劳务派遣是否合规；

（5）建议发行人的控股股东、实际控制人出具承担相关风险的专项承诺函。

（三）北交所问询案例

【案例】恒进感应科技（十堰）股份有限公司（证券代码：838670）主营感应热处理设备及核心部件、控制系统的研发、生产、销售和技术服务。在问询中，问询"（1）请发行人说明未全员缴纳社保公积金等情形是否符合《中华人民共和国社会保险法》《中华人民共和国劳动法》《中华人民共和国劳动合同法》《住房公积金管理条例》等法律法规的规定，并结合发行人与员工签订劳动合同相关条款，说明发行人用工是否符合劳动法律相关规定，是否构成重大违法违规以及被处罚的风险。（2）请发行人按照未缴社保公积金原因补充披露对应的人数、占比，测算发行人可能补缴的金额以及对报告期内发行人业绩的具体影响"。

【案例】杭州立方控股股份有限公司（证券代码：833030）主营车行、人行通道管理的解决方案和城市级停车运营。在问询中，问询"（1）请发行人说明未全员缴纳社保公积金等情形是否符合相关法律法规的规定，并结合发行人与员工签订劳动合同相关条款，说明发行人用工是否符合劳动法律相关规定，是否存在第三方代缴情形，是否构成重大违法违规以及被处罚的风险。（2）请发行人按照未缴社保公积金原因补充披露对应的人数、占比，测算发行人可能补缴的金额以及对报告期内发行人业绩的具体影响"。

【案例】深圳鑫汇科股份有限公司（证券代码：831167）主营感应灶、IH电饭煲等智能家用电器产品的研发、设计、生产及销售。在问询中，问询"（1）请发行人说明未全员缴纳社保、公积金是否符合相关法律法规的规定，是否存在构成重大违法违规以及被处罚的风险。（2）按照未缴纳社保公积金的原因补充披露对应的人数、占比，说明发行人可能补缴的金额以及可能对经营业绩产生的影响"。

社保公积金的审核要点为未全员缴纳社保公积金等情形是否违反法律法规及相应的法律风险，以及未缴纳社保公积金的人数和占比及对发行的影响。

（四）社保公积金问题解决方法

（1）基于相关审查部门对社保公积金问题的重视，发行人在日常运营中应合法合规地为员工缴纳社保公积金，以免因为违法违规受到处罚。

（2）针对无合法合理的理由不缴纳社保公积金的员工，发行人可以进行补缴。实践中，发行人控股股东和实际控制人承诺其承担未缴纳社保公积金的处罚和补缴费用等全部责任的，一般不会对申报上市造成影响。

参考文献

[1] 张可亮. 新三板改变中国 [M]. 北京：经济科学出版社，2017.

[2] 高晓东. 企业上市·注册制审核指引：要点解析与典型案例 [M]. 北京：中国民主法制出版社，2022.

[3] 刘平安. 大国资本市场：探索与实践 [M]. 北京：经济科学出版社，2020.

[4] 崔彦军，金祥慧. 北交所上市全程指引 [M]. 北京：机械工业出版社，2021.

[5] 邹健，罗书键. 中小企业创业板上市实务 [M]. 北京：法律出版社，2009.

[6] 申林平. 创业板上市法律实务（修订版）[M]. 北京：法律出版社，2011.

[7] 李寿双等. 红筹博弈：10号文时代的民企境外上市（修订版）[M]. 北京：中国政法大学出版社，2012.

[8] 徐永前等. 企业法律风险管理操作实务 [M]，北京：法律出版社，2011.

[9] 叶飞阳. 实行注册制改革对我国股票市场融资效率的影响研究 [D]. 天津：天津师范大学，2019.

[10] 李风华，葛凌. 注册制下券商定价责任与能力研究 [J]. 证券市场导报，2020，330（1）：11-21.

[11] 邱静，王琪. 注册制改革背景下IPO公司管理层机会主义行为及治理[J]. 商业经济，2019，519（11）：148-150.

[12] 李国英. 注册制改革背景下中国资本市场监管转型探索[J]. 中国管理信息化，2020，23（6）：161-163.

[13] 潘国梅. IPO企业前期财务准备与财务规范工作探讨[J]. 财会研究，2022，（18）：35-37.

[14] 陆凤霞. IPO企业IPO上市筹备中应重点关注的财务问题[J]. 当代会计，2021，（05）：58-60.

[15] 王成方，陈思佳. 新收入准则实施对IPO企业的影响[J]. 中国注册会计师，2021，10（28）：116-118.

专精特新企业北交所上市精品系列课程

- **01** 新三板挂牌和北交所上市实务
- **02** 北交所上市审核流程及审核
- **03** 特定行业企业在北交所上市的审核事项
- **04** 北交所审核所涉重大疑难问题解析
- **05** 新三板挂牌及北交所上市全流程解析重点法律问题解读
- **06** 多层次资本市场与公司IPO的选择（北交所篇）
- **07** 公司IPO上市结构规范与辅导工作解析
- **08** 公司上市的商业合理性与募投设计
- **09** 中小企业专精特新的定位与业务模式规范
- **10** "专精特新"优质中小企业发展策略与认定实务

联系方式：010-68487630

王老师：13466691261　　刘老师：15300232046
（同微信）　　　　　　　（同微信）

欢迎企业定制图书

联系方式：010-68487630
王老师：13466691261（同微信）
刘老师：15300232046（同微信）